KB174290

조선 왕실 문화의
제도화 양상 연구

4

조선 왕실의 민속종교

본 저서는 2013년 대한민국 교육부와 한국학중앙연구원(한국학진흥사업단)의 한국학총서(왕실문화총서) 사업의 지원을 받아 수행된 연구임(AKS-2013-KSS-1230006)

조선 왕실의 민속종교

최종성 지음

국학자료원

　한국종교를 연구하는 종교학도에게 민속종교는 이중적인 위치에 있는 듯하다. 종교적 삶의 기초로서 간과할 수 없는 것이라 힘주어 말하면서도 막상 가까이 끌어당겨 관찰하기를 주저하는 대상이기 때문이다. 마치 눈에 띌 만한 가시거리에 있으면서도 여전히 초점을 맞추려 하지 않는 피사체라고나 할까. 그간 학술적 변호를 받아온 것에 비해, 학술적 조명이 뒤처진 데에는 관찰자의 태도가 한몫했다고 생각된다. 밋밋한 것은 민속종교가 아니라 그것을 바라보는 연구자의 날렵하지 못한 시선이었는지도 모른다.

　이 책은 바로 그 문제의 민속종교를 다룬다. 이 책이 조선 왕실문화의 제도화를 다루는 총서의 하나로 참여하게 된 것은 개인적으로 행운이면서도 걱정거리였다. 그간 무속의 신화와 의례, 기우제를 비롯한 국가의례, 저항자들의 비결전통과 민중종교, 동학 및 신종교 등을 다뤄오면서 그것들을 수렴해낼 만한, 숙제와도 같은 민속종교를 다뤄볼 기회를 잡은 것은 분명 행운이 맞았다. 그러나 자율적인 연구주제에 걸맞게 서술과 분석을 짜임새 있게 구성해내야 하는 것은 과욕이 자초한, 어쩔 수 없이 감내해야 할 골칫거리였다. 사실, 한 권의 책으로 단번에 해치울 만큼 민속종교는 간단치 않다. 더군다나 전근대 왕실의 민속종교는 더더욱 그렇다. 완벽한 끝맺음에 다가서지 못하더라도 미완성의 지점에 부표라도 띄워놓고 다음을 기약하자는 식으로 용기를 낼 수밖에 없었다.

이 책은 모두 네 부문으로 구성되어 있다. 먼저, 총론적인 작업으로서 '왕실문화'와 '민속종교'에 대한 언어와 개념을 간략하게 정비해 보았다(1장). 왕실 친화적인 문화뿐만 아니라 왕실과 대내외적 경쟁 관계에 있던 반왕조의 문화도 포섭하려는 의도에서 왕실문화의 속성과 범위를 고민하였다. 아울러 왕실의 신앙적 삶을 걸러낼 만한 민속종교의 특성과 범주를 설정하는 데에 역점을 두었고, 그것을 '일반인의 종교적 일상문화'라는 틀에 맞춰 전개하였다.

둘째, 구성상 각론의 첫머리로서 왕실의 민속종교에 부합하는 경험군의 하나인 왕실의 산천신앙에 주목하였다(2장). 무엇보다도 왕실의 민속종교가 이루어진 장소성을 규명하는 작업으로서 왕실의 산천제장과 주요 제당들에 주목하고, 그곳을 둘러싸고 전개된 국가, 왕실, 민간

등이 상충하는 복합적인 의례전통을 살펴보는 데 주력하였다. 왕실의 산천제장과는 달리, 정감록 등의 비기도참 전승에 기댄 산의 담론과 의례적 실천을 통해 발휘된, 반왕조의 문화를 다룸으로써 왕실문화의 명암을 교차적으로 이해하고자 하였다.

셋째, 또 하나의 각론으로서 왕실의 신앙과 의례의 직능 주체를 탐색하는 차원에서 무속신앙을 다루었다(3장). 출발에 앞서 무속과 민속의 관계를 조명하면서 왕실의 무속신앙이 민속종교로 포섭될 수 있는 근거를 마련하고자 하였다. 그간 속(俗)보다는 무(巫)를, 기주(祈主)보다는 집례자를, 신도(devotee)보다는 종교전문가(devoter)를 우선하는 경향으로 인해 민속의 성원(folk)보다는 샤먼(shaman)이 이해의 중심이 되었던 게 사실이다. 이 책에서는 신도이자 기주인 왕실을 잠재적인 민속 그룹으로 인정하고 왕실의 바람에 부합하는 밝은 무속과 그것을 거스르는 어두운 무속을 살펴보았다.

넷째, 왕실 민속종교의 지적 기반과 작동 방식을 이해하는 차원에서 점복신앙에 접근해보았다(4장). 점복은 독특한 인지 및 해석체계를 갖춘 지식의 자원이면서도 그것의 유통과정에서 통제와 권위가 개입될 수밖에 없는 정치적 자원이기도 하였다. 특히 왕실과 관련된 점복은 권력을 옹호하는 상서로운 지식이 되기도 하고, 권위를 훼손하는 불온한 참언으로 간주될 수 있었다. 이 책에서는 왕실과 관련된 점복의 원리, 유통 방식, 점복의 담당자 등을 중심으로 왕실의 점복신앙을 살피고, 일상의 루틴으로 자리잡은 점후와 기양풍속을 다루면서 왕실의 민속종교에 관한 각론을 마무리하였다.

이 책은 왕실을 하나의 민속 그룹으로 설정하고, 민속의 일반성, 종교성, 일상성 등에 유념하면서 왕실의 신앙적 삶을 발굴하여 서술하되, 우선적으로 산천신앙, 무속신앙, 점복신앙 등에 시선을 한정시켰다. 가려졌던 왕실문화를 재발견하고, 왕실의 종교문화를 재평가하면서 민속종교에 대한 이해의 폭을 확장하는 일은 이제 시작에 불과하다. 그렇다고 전근대 왕실문화에만 머물러 있자는 얘기는 아니다. 시제를 바꾸고 보통사람으로 시선을 돌린 민속종교의 또 다른 이해의 길도 차차 정비될 필요가 있다.

이 책이 나오기까지 애써주신 분들에게 고마움을 전하고 싶다. 애초의 의욕과는 달리, 이 책의 초고는 2016년 이후 방치되다시피 서랍 속에 묻혀 있었다. 낙담에 빠진 원고가 다시 총서의 일원이 되기까지 묵묵히 기다려주시며 몸소 모범을 보여주신 오종록 교수님께 미안함과 고마움이 교차한다. 철 지난 원고를 꼼꼼히 읽어주고 되려 격려까지 보태준 제자 박병훈(박사)과 김유리(박사과정)에게도 빚을 지고 말았다. 내리 가르침보다 더한 치 가르침을 입었다 하더라도 책의 허물은 오로지 필자의 탓이다. 끝으로 책을 꾸며준 국학자료원과 편집을 도맡아준 김보선 선생님께도 감사의 인사를 전한다.

2022년 8월
관악산 기슭 연구실에서
최종성

차   례

1장

왕실의 민속종교

　민속종교(굳이 종교라는 말이 내키지 않으면 민간신앙이라 해도 무
방하다)라는 거름종이로 조선의 왕실문화를 걸러볼 수 있을까? 발견의
기쁨으로 받아들일 만한, 그럴듯한 건더기라도 여과될지 아니면 남김
없이 투과되어 맹탕으로 끝날지는 알 수 없다. 그만큼 문화의 성분에
대해 아직 모르는 게 많고, 거름종이에 대한 확신도 그다지 높지 않다
는 게 솔직한 대답일 것이다. 무책임한 말 같아 보이기도 하고 하나 마
나 한 소리로도 들리겠지만, 문화에 대한 가장 안정적인 소견은 그것이
복합적이고 총체적이라는 점일 것이다. 틀린 말은 아니지만 그렇다고
그것이 적당히 얼버무리고 넘어가도 좋다는 면죄부가 될 수는 없다.
　적어도 대상과 잣대에 대한 최소한의 설정과 통찰이 필요하다. 그러
나 각오는 해야 한다. 문화의 성격이나 단위를 구획하는 순간부터 관찰
과 분석이 순조로울 리 없기 때문이다. 그만큼 구획의 기준을 일관되게
제시하고 그에 따른 범주를 설정하는 일 자체가 어렵고 위험하기까지

하다. 그럼에도 불구하고 복잡다단한 문화를 직관적으로 이해하고 서술할 수 없는 한, 접근과 분석을 유용화하는 차원에서 작업가설적인 통로를 확보하는 일은 불가피하다. 조선 왕실의 종교적 민속문화, 즉 조선 왕실의 민속종교를 헤아려 보는 데 있어 '왕실문화'의 성격과 '민속종교'의 쟁점에 대한 최소한의 잠정적인 공감이 필요할 것이다. 그리고 이 길에 한번 발을 들여디딜 요량이라면 재개념화도 마다할 수 없을 것이다.

1. 왕실문화

누구든지 왕실문화에 대한 나름의 이미지를 가지고 있을 것이다. 그러나 어떤 관념적인 실체나 추상적인 특질을 기준으로 왕실문화를 단정짓기란 쉽지 않다. 굳이 그렇게까지 거창하게 굴 필요도 없을 것이다. 사전에 담길 만한 어떤 본질을 추론해내기보다는 실용적인 차원에서 왕실문화의 주체, 공간, 단위, 그리고 권력관계 등을 고려해보는 것으로도 족할 것이다.

먼저, 왕실문화를 구성하는 주체에 대해 생각해 보자. 왕실문화를 '왕실구성원들의 문화'(royal family culture)로 규정한다면, 그것은 일차적으로 군왕과 그 가족, 그리고 이들의 생활공간을 보조하는 구성원들이 만들어가는 총체적인 문화전통이라 할 수 있다. 다만, 왕실문화의 주체가 군왕, 왕족, 그리고 예하의 하부 직능자들로 구성된다고 하더라도 왕실 밖의 문화적 에이전트들이 수시로 개입될 가능성이 열려 있었다고 보는 게 타당할 것이다. 가령, 무당이나 승려는 혈연성을 기반으로 한 왕실의 구성원과는 직접적인 관련이 없지만 이들을 빼놓고 왕실의 종교문화를 논하기란 쉽지 않다. 더구나 변화무쌍한 정치적인 환경 속에서 왕실문화를 구성하는 주체들의 포섭과 배제, 폭과 깊이, 질과 양은 유동적일 수밖에 없었음을 감안해야 할 것이다.

두 번째로 왕실문화가 이루어지는 공간과 장소를 고려해보자. 아마도 서슴지 않고 담장 안 구중궁궐을 떠올릴지도 모르겠다. 결론부터 말하자면 왕실문화의 영역도 다분히 개방적이었다고 할 수 있다. 왕실문화가 왕실구성원의 문화라 하더라도 그것을 곧 '궁정문화'(royal court culture)로만 국한할 필요는 없다. 물론 왕실문화의 주요거점은 왕의 거처와 정무공간이 밀집한 궁정이라 할 수 있지만, 왕실 구성원이 축적한 문화전통은 궁정 안(here)에서 발휘될 수도 있고, 궁정 밖(there)에서 전개될 수도 있고, 심지어 그것을 넘나드는 불특정의 장소(anywhere)에서 기능할 수도 있는 것이다. 마치 가정신앙을 가옥 공간 내부의 것만으로 한정할 수 없는 이치와 마찬가지라 할 수 있다. 가족의 삶을 위해서라면 집 밖의 거리에서도 산천의 성소에서도 거행될 수 있는 게 가정신앙이었다. 왕실의 안녕과 복지를 비는 신앙의 전통을 예로 든다면, 그것은 궁 안의 전각에서도 궁 밖의 명소에서도 가능하며, 왕실의 목적과 기능을 위해서라면 공간에 구애됨이 없이도 실현될 수 있었다. 그런 점에서 왕실문화는 공간지향적이기보다는 목적지향적인 경향이 강했다고 할 수 있다.

세 번째로 왕실문화의 특질을 견주어볼 만한 인접문화의 단위들을 짚어보자. 왕실문화를 이해할 때, 우리는 국가와 민간 차원을 상대적인 안목에서 비교하곤 한다. 이른바 국가문화와 민간문화를 염두에 두면서 왕실문화의 위치를 이해하는 것이다. 획일적으로 말하기는 곤란하지만, 조선시대의 경우 대체로 국가문화의 지배적인 요소는 유교로 대표되는 공식화된 제도문화였다고 할 수 있다. 반면에 민간문화는 비유교문화의 관성이 관통하는 대중들의 문화였다. 왕실문화는 국가의 공식문화(official culture)와 민간의 대중문화(popular culture) 사이에 있는, 그러면서 둘을 가로지르거나 양자를 혼용하는 중간지대의 문화였다고 할 수 있다. 소위 국행(國行), 국론(國論), 국용(國用) 등으로 대표되는 공적인 국가문화에 비해, 왕실문화는 내행(內行), 내지(內旨), 내용(內用) 등을 골간으로 한다는 점에서 상대적으로 사적인 욕구가 개입될 여지가 많았다고 할 수 있다. 국가는 새로운 머리를 갖추고 습관을 바꿔 나가려 하였지만, 왕실은 여전히 오래된 몸에 밴 관성을 유지하려 하였다. 조선시대로 한정해서 말한다면, 왕실문화는 국가문화의 표본이라 할 수 있는 유교문화의 출발지인 동시에 민간문화의 관성을 내포한 비유교문화의 소비지라는 이중성을 지닐 가능성이 높았다. 이러한 왕실문화의 이중성은 왕실이 하향문화와 상향문화의 통로로서 공식적인 유교문화와 비유교적인 대중문화가 교차하고 충돌하고 절충하는 현장이었음을 의미한다.

사례를 하나 참고해보자. 현종(顯宗)이 재임 초에 눈병을 심하게 앓고 난 뒤에 겨우 치유되었는데, 당시 세간에 오르내린 몇몇 흥미로운 평론들을 정재륜(鄭載崙, 1648~1723)이 『공사문견록(公私聞見錄)』에 남긴 바 있다.

> 1년이 안 되어 눈이 평상시대로 회복되었는데, 이는 실로 천지의 신명과 종묘사직의 신령의 음덕에 힘입은 것이었다. 그러나 의사들은 그 공을 침과 약에다 돌리고, 시녀들은 그것을 신불(神佛)에다 돌리는 것이었다. 이로부터 의사들이 날로 거만해지고, 무격과 승니들도 (왕실과 통하는) 요로[蹊逕]를 얻게 되었다. 특히 무격과 승니들이 오가는 통로는 국왕도 알 수 없으니 지금도 여전히 국가의 폐해가 되고 있다.[1]

효종의 사위였던 정재륜의 입장에서 보자면, 손위처남뻘 되는 왕(현종)의 안질이 치유된 것은 어디까지나 천지신명과 종묘사직의 신력(神力)이 보우하는 음덕의 소치였음이 확실하였다. 그러나 당시에는 유교

---

1) 鄭載崙, 『東平尉公私聞見錄』 上篇. "未一年而復常, 實賴天地宗社默佑之靈. 而醫者歸功於鍼藥, 女侍輩歸功於神佛. 自此, 醫官輩, 日以驕肆, 巫覡僧尼又得蹊逕. 巫尼蹊逕, 非上所知, 而至今爲國家害."

적인 의례뿐만 아니라 침과 약으로 대변되는 의사의 치료행위와 더불어 왕실의 의뢰를 받은 무당의 귀신숭배나 승려의 불교의례가 병행하였고, 공로를 다투는 데 있어서도 이들은 경쟁적이었다. 왕의 치병을 위해, 국가의 권위에 의해 뒷받침되는 유교의례와 의약적 처방이 가해졌을 뿐만 아니라 왕실의 후원을 받은 무속과 불교의 기도의식이 거행되었던 것이다. 특히 왕실의 치병의례를 통해 무격과 승려가 궁중에 잠행할 수 있는 통로가 구비됨으로써 왕실문화 속에 민간의 신앙적 자원이 충분히 교차할 만한 여지가 마련되었던 셈이다.

마지막으로 왕실문화에 내재하고 있는 권력성에 대해 가늠해보자. 전근대 왕실문화는 기본적으로 근왕(勤王)과 호국(護國)이라는 정치적인 목표를 지향하고 있었다. 그러나 왕실은 그에 부합하지 않는 힘의 대립과 발산을 늘 직면해야 했다. 이른바 국왕과 왕조의 권위를 거스르는 반왕조적인(anti-dynastic) 문화가 바로 그것이다. 사실 권력의 적은 외부에만 있는 것이 아니라 내부에도 엄존한다. 따라서 왕실과 외부세력 간의 권력 다툼에서 빚어지는 대외적 차원의 반왕조 문화뿐만 아니라 왕실 내부의 갈등에서 비롯되는 대내적 차원의 그것도 함께 염두에 두어야 할 것이다. 이러한 대내외적 긴장을 내포한 왕실문화는 명암을 달리하는, 두 얼굴을 표출하곤 한다. 거기에는 치병의 기복뿐만 아니라 저주의 어두운 그림자도 깔려 있다. 아울러 충성의 맹약뿐만 아니라 반역의 기운도 도사리고 있다. 조선 왕실의 신앙적 측면을 헤아려 볼 때 기복/저주, 충(忠)/역(逆)으로 대비되는 두 가지 상반된 문화의 방향과 힘을 전제하지 않으면 안 될 것이다.

2. 민속종교

왕실문화에 이어 민속종교에 대해서도 몇 가지 기본적인 쟁점들을 짚어보자. 민속종교와 민간신앙 사이에 용어를 둘러싼 논란이 없지 않으나 원론적 논의에 근거해서 어느 하나를 일방적으로 선택·배제하는 것은 가급적 삼가려 한다.[2] 어쨌든 왕실의 민속종교 혹은 왕실의 민간신앙은 왠지 낯선 조합 같아 보인다. 왕실과 민간 사이의 계층적 대립을 구조화하는 경향에 익숙하다면 그 낯섦이 일리 있다고 하겠다. 그러나 왕실이 지닌 사적인 문화공간으로서의 성격을 감안한다면 그러한 조합이 자연스러울 뿐만 아니라 지극히 현실적일 수도 있다. 실제로 민

---

[2] 다만, 이웃하고 있는 일본의 종교민속학계의 상황을 잠시 언급해 두고자 한다. 먼저, 일본 민속학의 거두 야나기타 구니오(柳田國男)의 사위이자 도쿄대학교 종교학과 교수를 지낸 호리 이치로(堀一郎, 1910~1974)는 1950년대부터 1970년대에 걸친 노작에서, 특정의 교조가 없고 교단의 조직화가 미약하며 교리의 체계화가 이루어지지 않은 자연종교적인 신앙현상을 '민간신앙'이라고 규정하고 그것을 애용하였다(堀一郎, 『民間信仰』, 岩波書店, 1951, 12쪽; 『民間信仰史の諸問題』, 未來社, 1971, 10쪽). 둘째, 민속학 분야에 방대한 저작을 남긴 사쿠라이 도쿠타로(櫻井德太郎, 1917~2007)는 1970년대 후반까지는 '민간신앙'을 사용하다가 그 이후 '민속종교'를 사용하기 시작하였다. 사실 그는 두 용어가 동일한 의미를 담고 있다고 보았지만, 점차 성립종교와의 복합적이고도 역동적인 관계를 고려하고, 또 종교가 지닌 구제론적 의미를 감안하면서 민속종교 쪽으로 기운 듯하다(櫻井德太郎, 『日本民俗宗教論』, 春秋社, 1982, 198-200쪽). 그의 1982년 저작(『日本民俗宗教論』)은 서명으로는 민속종교를 사용하면서도 내용적으로는 민간신앙(1-2부)과 민속종교(3부)를 병행하는 과도기적 모습을 노출하고 있다. 셋째, 게이오대학교를 졸업한 뒤 도쿄대학교 대학원에서 종교학을 전공한 후 수험도(修驗道) 분야에 전문적인 저작을 남긴 미야케 히토시(宮家準, 1933~)는 특정 지역의 주민들이 생활 속에서 익혀온 신화나 의례 등의 종교를 지칭하는 용어로 민속종교를 사용하였다(宮家準, 『宗教民俗學』, 東京大學出版會, 1989, 7쪽). 정리하자면 일본학계에서는 1970년대 후반을 기점으로 다소 정적인 느낌을 주는 민간신앙보다는 민속종교를 사용하는 빈도수가 높아졌다고 할 수 있다. 아마도 이러한 경향은 영성과 구원에 대한 종교학의 성과가 민속학계에 적극 반영된 결과가 아닐까 짐작된다.

간과 왕실을 넘나들며 공유되었던 민속종교의 역사적 현실은 쉽게 포착된다. 출발에 앞서, 현실을 과하게 앞지르지 않으면서도 그것을 안정적으로 뒷받침할 수 있는 최소한의 개념 장치가 요구된다. 다소 명증성에 약점을 보일 수 있더라도 광의의 관점에서, '**일반인의 종교적 일상문화**'[3]라는 가설로 시작하고 싶다. 다만, 이 구절이 담고 있는 세 가지 요소, 1) 일반성, 2) 종교성, 3) 일상성 등을 간략하게나마 해명하는 것으로 논의를 제한하고자 한다.

먼저 **일반성**, 즉 **일반적인 민속종교의 주체**에 관해 생각해 보자. 이 문제는 민속학에서 민속의 주체를 누구로 설정할 것인지를 고민했던 정황과 맥을 같이한다. 민속의 전승 주체를 특정하는 순간 민속학의 이론적 경향도 특정의 것으로 동반되기 마련이다. 왜냐하면, 민속의 대상을 무엇으로 설정할 것인가에 관한 물음, 즉 민속종교의 전승 주체를 누구로 설정할 것인가에 따라 연구의 방향은 각양각색으로 분기될 수 있기 때문이다. 가령, 민속종교의 대상주체로서 피지배계층을 중심에 놓을 수도 있고, 때 묻지 않은 농민의 순박한 문화를 원형으로 간주할 수도 있으며, 도시문화에 주목하면서 도시의 노동자 문화를 주요한 이해 대상으로 설정할 수도 있고, 정치적인 주권을 행사하는 주체로서의 공민에 주목할 수도 있으며, 보다 포괄적으로 생물학적 인간 일반에 대한 이해를 목표로 삼을 수도 있다. 이에 따라 써발턴 이론(subaltern theory), 낭만주의(romanticism), 도시주의(urbanism), 인지이론(cognitive

---

3) 필자는 산신신앙과 조상숭배를 각각 검토하기에 앞서 그 전제로 '일반인의 종교적 일상문화'로서 민속종교를 규정한 바 있는데, 이를 되새기면서 이하의 논의를 재정리하고자 한다. 최종성, 「감악산의 민속종교」, 『종교와 문화』31, 서울대학교 종교문제연구소, 2016; 「일제강점기의 의례 매뉴얼과 민속종교」, 『역사민속학』52, 한국역사민속학회, 2017.

theory)[4) 등이 이론적 토대로 동원될 수도 있을 것이다.

그렇다면 민속의 대상을 일반인으로 삼겠다는 것은 무엇을 의미하는가? 종교적인 일상문화의 주체를 일반인으로 설정한 것은 어느 특정의 주체만을 대상으로 삼지 말자는 의도를 담고 있다. 민속의 주체를 바라보는 다양한 시선과 관점은 용인할 수 있다 하더라도 민속의 주체를 특정의 부류나 집단으로 엄격하게 고정하는 극단적인 태도만큼은 유보하자는 것이다. 흔히 민속종교의 대상을 주변부 하층민의 문화, 무기력하고 나약한 피지배자의 문화, 도시산업화에 뒤처진 농민문화, 문명화되지 않은 소박한 원시문화 등으로 간주하는 경향이 없지 않았던 게 사실이다. 그러나 민속문화의 대상을 상부계층이나 엘리트나 도시인이나 현대인 등의 부류와 상대되는 (그래서 폄하되기까지 하는) 고정적인 집단으로 치부하는 것은 피상적인 편견이자 편의주의적인 개념화에 불과하다. 특정의 본질적인 주체가 별도로 존재하는 것이 아니라 누구든지 어떤 환경에서 일시적으로나마 민속의 주체가 될 수 있다는 개방적이고도 동태적인 인식의 전환이 요구된다.

이러한 인식의 전환에 불을 당긴 이가 바로 미국의 민속학자 앨런 던데스(Alan Dundes, 1934~2005)였다고 생각한다. 그는 "누가 민속의 주체인가?(Who are the folk?)"라는 질문식 논제를 다루면서, 'folk'는 과거에도 그래 왔듯이 미래에도 끊임없이 유동하며 지속될 것이라 보고, 오늘날 어느 누구라도 민속의 주체가 될 수 있으며 그것은 "다름 아닌 우리(Among others, we are!)" 모두일 수 있다고 선언하며 논의를 인상적으로 마감하였다.[5) 그의 논의에 비춰보자면, 어느 한 집단이나 특정

---

4) 인지이론을 바탕으로 민속종교의 토대를 밝힌 논의로는 구형찬, 「민속신앙의 인지적 기반에 관한 연구: 강우의례를 중심으로」, 서울대학교 박사학위논문, 2017. 참조.

계층만을 전적인 민속의 주체(full-time folk)라고 단정짓는 것은 불가능하며, 일시적이라 하더라도 크고 작은 특정 민속집단(folk group)의 요소를 공유한다면 교양 있는 엘리트 집단이나 고상한 왕실구성원들도 여느 민중들과 마찬가지로 일시적인 민속의 주체(part-time folk)가 될 수 있다는 것이다. 민속종교는 시민에게 열려 있는 공공의 도서관과 같이 일반인 누구나 인출 가능한 공동의 문화자산이라 할 수 있다. 왕실도 당연히 그러한 공동의 문화자산을 향유할 수 있는 민속집단의 일원일 뿐만 아니라 민속을 구성하는 일반인의 한 부분으로서 충분히 인정될 수 있는 것이다.

두번째로, **민속의 종교성**에 대해 주목해보자. 본질론적 차원에서 종교의 테두리를 엄격하게 제한하려는 의도는 전혀 없다. 일반인의 '종교적' 일상문화라고 표현했듯이, 민속문화에서 종교적이라고 불릴 만한 것들의 특징을 느슨하게나마 전망해보는 것으로 족할 것이다. 저마다 '종교'에 대한 단상을 가지고 있겠지만, 우리의 상식을 지배하는 종교의 구성요소로 흔히 교리(사상), 의례(실천), 조직(공동체) 등이 지목되곤 한다.[6] 그러나 이 세 가지 경험적 요소를 엄격히 갖출 때라야만 종교로 승인할 수 있다는 말은 결코 아니다. 인간의 종교경험이라는 것이 어디 힘, 방향, 속도를 골고루 조절해가며 동반해야 하는 3인조 경기라도 되는가. 그렇지 않다. 그중에 어느 하나가 두드러질 수도 있고, 반대로 미미할 수도 있는 것이다.

---

5) Alan Dundes, "Who Are The Folk?," *Interpreting folklore*, Bloomington: Indiana University Press, 1980, pp. 1-19.

6) Joachim Wach, *The Comparative Study of Religions*, New York: Columbia University Press, 1958, Chap.3-5; 김종서 역, 『비교종교학』, 민음사, 1988, 3-5장.

우선, 민속종교와 관련해서 넘어서야 할 상식의 장벽은 제도종교 (institutional religion)와 관련된다. 사실, 종교를 둘러싼 고착된 편견 중의 하나는 종교가 공식적인 조직(공동체)을 필수적으로 구성하고 있어야 한다는 논리이다. 외형적으로 교단조직을 갖추고 있느냐의 여부가 종교와 종교 아닌 것을 판가름하는 중요한 기준으로 설정되기 일쑤다. 그러한 사회학적인 기준을 통과한, 소위 제도화된 종교만이 번듯한 종교로 대접받는 게 현실이다. 실제로 이러한 상식이 사회적으로나 법률적으로 여전히 맹위를 떨치고 있음을 부정할 수 없다. 그러나 이러한 근대의 공식적 모델에 기반한 상식이 다원화된 현대사회에서 점차 약발을 잃어가며 뒷방으로 밀리고 있다는 사실도 직시해야 한다. 제도성, 형식성, 소속감 등의 굴레를 거부하며 '종교 아닌 영성'(NRBS, not religious but spritual), '소속 없는 믿음'(BWB, believing without belonging)을 강조하는 움직임이 이미 종교의 세계에 자리잡은 지 오래다.

물론 민속종교도 이러한 탈근대적 속성을 지니고 있다는 말을 하려는 게 아니다. 그보다는 이러한 탈근대적 관점으로 보았을 때, 뚜렷하고도 상시적인 조직체를 갖추고 있지 않더라도 영적 사고나 믿음의 형태로 존속하는 혹은 의례적 실천에 기반하고 있는, 민속종교의 특성이 드러날 수 있다는 점을 상기해보자는 것이다. 일반인의 일상을 좌우하는 영적 자원에 대한 담론과 실천은 생활세계에서 통용되기 마련이다. 소박하지만 지속성을 지닌, 세계에 대한 인지체계와 삶의 문제를 해결하려는 실천체계가 민속의 종교적 전통으로 자리잡고 있다. 가령, 점상 (占相) 속에 내재된 코드를 판독해내는 점복의 해석전통이나 질병의 원인을 진단하는 민간의 병인론(病因論)을 통해 우리는 신비한 지식에 기반한 민간의 교리를 확인할 수 있다.

민속의 의례문화는 더욱 각별한 데가 있다. 민속의 종교전통은 의례에 기반한다고 말할 수 있을 정도로 다종다양한 의례를 통해 삶의 문제가 가시적으로 표출된다. 맬러리 나이(Malory Nye)가 구사했던 용어로 구분해보자면, 민속종교는 관념적인 명사어 '종교'(religion)보다는 실천적인 의미를 지닌 동사 형태의 '종교하기'(religioning)에 특화되었다고도 할 수 있다.[7] 그만큼 삶의 위기와 질곡을 극복하는 실천체계야말로 민속의 종교적 맥락을 이해할 수 있는 유효한 통로가 될 수 있다. 다만, 민속의 의례문화에 이지적이고도 확고부동한 믿음이 결부되어 있다고 말하는 것은 곤란하다. 물론 민속집단이 진지함과 열정을 결여하고 있다는 뜻은 결코 아니다. 배타적 믿음을 바탕에 두고 어떤 의례적 성취를 도모하겠다는 생각보다는 특정의 의례적 실천을 생략했을 때에 정서적으로 느끼게 될 개운찮은 심적 상태를 유발하는 느슨한 믿음이야말로 민속종교의 의례문화를 뒷받침하는 동력이자 저력이 아닐까.

민속종교와 관련해서 넘어서야 할 또 하나의 장벽은 순수하고도 단일한 종교전통에 대한 환상과 관련된다. 제아무리 엄격하게 통제된 종교문화라 하더라도 순정한 단일전통을 전제하는 것 자체가 어불성설이다. 저작권도 판권도 따로 없는 게 종교의 세계이다. 상대가 제도종교라 하더라도 민속종교는 그와 더불어 끊임없이 혼합, 혼종, 교차의 과정을 거쳐 자기를 변모시키는 데 익숙하다. 종교문화 사이의 혼합현상(syncretism) 혹은 교차성(cross-cultural tendency)의 이해는 문화연구에 있어 하나의 상식으로 통하지만, 간혹 세계종교와 민속종교 간의 상관성보다는 이질성을 토대로 하여 각기 고정적이고 본질적인 실체를

---

7) Malory Nye, *Religion: The Basics,* London: Routledge, 2003, pp. 6-7; 유기쁨 역, 『문화로 본 종교학』, 논형, 2013, 21-22쪽.

규명하는 데에 치중한 감이 없지 않았다. 그러나 평범한 민중이더라도 삶의 위기와 고통을 극복하고자 하는 의도에서, 타자의 이질적인 상징마저도 자기의 것으로 수렴하는 '해석학적 전유'(hermeneutic appropriation)를 마다하지 않는 게걸스러움이 그들에게 있음을 상기할 필요가 있다. 따라서 민속종교를 이해할 때, 종교의 원천을 소급하기보다는 종교적 인간의 선택적 결합과 창조행위를 주목해보는 것이 마땅하다. 남들이 하찮게 여기는 '종이 호랑이'도 까딱 잘못하다가는 곧 깨어날지도 모를 '잠든 사자'로 탈바꿈시킬 수 있는, 종교적 상상력과 창조의 힘이 발휘될 수 있는 것이다.

세번째로 **일상성** 혹은 **일상문화**에 대해 검토해보자. 종교라 하면 으레 특별하고 이례적인 것을 떠올리기 마련이다. 물론, 비범한 영적 자원이 종교의 근원적 요소라고 하는 사실을 부정할 수는 없지만, 삶의 위기와 고통을 극복하는 실천으로서의 종교문화는 현실의 바다에 담겨 유통되지 않는 한, 지속성을 갖기 어렵다. 일상성을 거론하는 이유는 추상적 관념에 의거한 객관적 세계가 아니라 인간이 수시로 경험하는 주체적인 생활세계(Lebenswelt)를 주목하자는 데에 있다. 일반인이 표출하는 종교의 세계를 포착할 때 일상성의 가치가 주목되지 않을 수 없기 때문이다. 평상심시도(平常心是道)를 내세우며 깨달음의 체험을 비일상적인 신비세계로 고립시키기보다는 평상시의 삶의 자리로 끌어들이고자 했던 선(禪)의 전승이야말로 일상의 가치를 종교적인 경지로 승화시킨 예라 할 수 있다. 도의 진실함을 다름 아닌, 평상의 말(庸言)과 평상의 행실(庸行)에서 구현하고자 했던 유교도 일상을 종교의 터전으로 삼고 있다는 점에서 크게 다르지 않다. 『순례자』의 작가 파울로 코엘료가 "비범한 것은 평범한 사람들의 길 위에 존재한다"[8]고 했던 발언 역시 순례와 같은 필생의 종교적 실천마저도 일상에 근거하고 있음을 적실하게 표현한 것이라 생각된다.

교리나 이념이 아닌 삶의 문제를 해결하려는 종교적 노력은 삶의 자리, 생의 한복판에서 발생하고 유통되기 마련이다. 종교 간의 혼합과 교차가 이루어지는 곳도 관념의 세계가 아니라 일반인이 경험하는 삶의 세계이다. 우리가 민속종교의 연구대상을 개방적이면서도 동태적으로 파악해야 하는 것도 바로 인간 주체가 경험하는 생활세계가 상황적이고 변동적이라는 사실과 무관하지 않다. 민속종교의 일상성과 관련해서는 양(C. K. Yang)이 제안한 '분산종교'(diffused religion)의 개념을 되새겨볼 만하다. 분산종교는 흔히 민속종교에 조응하는 말로도 사용된다. 그에 따르면 분산종교는 제도종교와 달리, 별도의 독립된 조직체계를 갖추지 않은 채 일반 사회제도 속에 스며들어 있는 종교다.[9] 따라서 가정 및 마을의 조직과 종교적 삶이 분리되거나 단절됨이 없이 일상의 질서를 공유할 수밖에 없다. 지그문트 바우만의 레토릭에 빗대 말하자면,[10] 자기만의 분리와 고립을 강화하는 고체가 아니라 일상과의 경계와 장벽을 녹여낸 유동하는 액체와도 같은 것이 민속종교라 할 수 있다.

민속종교는 일상의 향상(向上)보다는 항상(恒常)에 주목하는 경향이 있다. 일상을 초월하기보다는 잃었던 일상의 질서를 되찾는 것을 큰 다행으로 여기는 것이 민속종교이다. 복을 얻어 누구도 넘볼 수 없는 크

8) 박명숙 역, 『순례자』, 문학동네, 2006, 10-11쪽, 작가의 <헌사>.
9) C. K. Yang, *Religion in Chinese Society*, Los Angeles: University of California Press, 1961, pp. 20-21.
10) 이일수 역, 『액체 현대』, 필로소픽, 2022.

나큰 잉여를 쌓자는 게 아니라 그저 손(損)이 나고 탈(頉)이 났던 결핍이라도 메워보자는 게 관심거리다. 초월적인 선경으로 향하는 구원의 배까지는 아니더라도 적어도 일상을 지켜줄 구명보트만큼은 챙기고픈 심사라 할 수 있다. 민속종교는 일상을 뛰어넘는 특별한 이름값을 내세우기보다는 일상의 쓰임새에 충실한 편이다. 유명(有名)보다는 유용(有用)이 일상에 녹아든 민속종교의 미덕인 셈이다.

3. 왕실의 민속종교: 산천, 무속, 점복

지금까지 왕실의 민속종교에 접근하기 위해, 왕실문화의 성격과 민속종교를 둘러싼 쟁점들을 간략하게 살펴보았다. 외형적으로 번듯하게 보이는 공식종교나 성립종교에 비해, 민속종교 또는 민간신앙은 그저 주변부의 잔존물로 취급받기 일쑤였다. 그러다 보니 문화를, 그것도 왕실문화를 걸러보는 거름종이로 애써 활용하기를 꺼릴 수도 있겠다. 그러나 민속종교라는 렌즈를 통해 문화의 역동성과 총체성을 이해하는 데에 유용함이 있다면, 오히려 그것을 외면하려 했던 지적 옹졸함을 꺼려야 할 것이다. 일본의 종교민속학자인 이케가미 요시마사(池上良正, 1949~)의 언급대로, 민속종교도 엄연히 일상의 삶 속에서 종교현상을 읽어내는 하나의 관점(a viewpoint)이자 종교문화를 연구하는 데 있어 간과할 수 없는 하나의 시각(one perspective)이라는 점을 되새겨 볼 필요가 있다.[11]

조선의 왕실문화는 국가와 민간 사이에서 유교문화와 비유교문화의 이중성을 내포하였다는 점에서 왕실의 민속문화를 거론할 수 있을 것이다. 더욱이 왕실 자체도 전적이라 할 수는 없어도 부분적인 민속의 주체(part-time folk)로 인정되는 한, 민속문화의 단위, 즉 민속 그룹으로서의 왕실을 배제할 이유가 없다.

민속종교란 특정의 주인이 따로 없는, 그래서 누구나가 빈도수와 수량의 제한 없이 이용할 수 있는, 공동우물과도 같은 문화자산이라 할 수 있다. 당연히 왕실도 공동의 문화를 길어갈 수 있었다. 왕실의 민속종교에 대한 접근을 위해서는 왕실의 민속문화 중에서도 일상에서 행

---

11) 池上良正, 『民間巫者信仰の硏究』, 未來社, 1999, 17쪽.

해지는 삶의 위기를 극복하는 실천체계에 주목할 필요가 있다. 삶의 현실에서 드러나는 극복시스템으로서의 종교행위는 대개 양재초복(禳災招福)의 근간을 깔고 있으며, 앞으로 다룰 왕실의 산천신앙, 무속신앙, 점복신앙의 경우에도 여기에서 벗어나지 않는다. 재앙을 떨쳐내고 복을 확대하고자 했던 왕실의 의례들은 외세, 정적, 반왕조의 조력자들로부터 왕실의 정통성과 권위를 영속시키려는 희구에서 비롯되었고, 전형적인 왕실의 민속종교 전통으로 축적되었다.

본서에서 다룰 왕실의 민속종교에 대해 간단히 언급하면서 논의를 매듭짓고자 한다. 왕실문화와 민속종교에 대한 최소한의 범주화와 개념화를 설정하였지만 막상 무엇을 다루어야 하는가에 대해서는 답이 어렵다. 그도 그럴 것이 고정되고 독립되고 전형화된 민속종교만의 실체가 따로 없기 때문이다. 민속종교만은 늘 일정하게 우리 삶의 저류를 형성할 것이라 말하곤 하지만, 사람도 종교도 일상도 늘 유동적이고 상황적일 뿐이다. 사정이 이렇다면, 앞서 느슨하게 설정했던 테두리를 오갈 만한 몇몇 민속의 경험군들을 선택적으로 다루되, 그것을 통해 우리의 논의를 되짚어 성찰하는 게 현명한 방법일 수도 있겠다.

그렇다면 어떤 기준으로 민속의 종교적 경험들을 선택할 것인가? 어차피 모든 것을 담아내는 것은 불가능할 뿐만 아니라 우리의 목표도 아니다. 다만, 다음 세 가지 사항을 고려할 만한 전형적인 대상들을 주목하고자 한다. 먼저, 왕실의 민속종교가 어디에서 벌어졌는가에 주목하고자 한다. 이는 신앙의 대상과도 결부되는 문제이지만, 직접적으로는 신앙의 **장소**에 대한 관심과 관련된다. 2장에서 다룰 왕실의 산천신앙이야말로 장기지속적인 전통을 간직하고 있을 뿐만 아니라 왕실 민속종교의 공간성과 장소성을 여실히 보여주는 사례라 할 수 있다. 둘째,

왕실의 민속종교를 누가 도맡아왔는가에 주목하고자 한다. 이는 신앙과 의례의 직능 **주체**에 대한 관심이라 할 수 있다. 3장에서 다룰 왕실의 무속신앙은 왕실 가까이에서 종교적 직능을 발휘했던 무당들의 활동을 통해 왕실 민속의 종교적 실상에 접근하는 통로가 될 것이다. 셋째, 왕실의 민속종교는 어떤 지적 기반에서 유지되었는가에 주목하고자 한다. 이는 민속의 신념이 창출되고 유통되는 **방식**에 관한 문제라 할 수 있다. 4장에서 다룰 왕실의 점복신앙은 민속의 상징과 지식이 독특한 해석체계를 거쳐 사회화되기까지의 작동방식을 물을 것이다. 사실, 왕실의 민속종교는 장소, 주체, 방식 등으로 분리될 리 없지만, 본서에서는 편의상 장별로 구분해서 순차적으로 다룰 것이다.

마지막으로 덧붙이자면, 본서에서 왕실의 조상신앙을 다루지 못하는 게 아쉬움으로 남는다. 사실, 한국의 민속을 대표하는 신앙으로 조상숭배와 산신신앙을 꼽을 수 있을 정도로 조상신앙은 중요한 테마임에 틀림없다. 전자가 혈연성에 기반을 둔 가족의 민속종교라면 후자는 지연성에 기초한 지역의 민속종교랄 수 있다. 왕실의 민속에 있어서도 이 두 가지 신앙전통은 중시되었다. 그러나 조상의 경우 국가의례(종묘)의 영역으로 공식화된 측면이 있어 본 연구에서는 다루지 않을 것이다.[12] 다만, 사적인 영역이 개입된 왕실의 조상신앙에 관해서는 권용란의 연구로써 아쉬움을 대신할 수 있을 것이다.[13]

---

12) 조선시대 종묘에 관해서는 이현진, 『조선후기 종묘 전례 연구』, 일지사, 2008. 참조.
13) 조선시대 종묘 이외의 왕실 조상의례에 관한 자료 및 해석에 대해서는 권용란, 『조선시대 왕실 조상신에 대한 연구』, 민속원, 2015. 참조.

2장

왕실의 산천신앙

왕실의 종교문화는 궁정 밖에서도 활발하게 전개되었다. 그것을 대표하는 것이 왕실이 주도한 산천신앙이었다. 대규모의 비용과 장기간의 인력동원이 요구되었고, 거기에다 유자들의 날센 비판을 감내해야 했지만, 왕실의 산천신앙은 장기지속의 전통을 유지했을 정도로 왕실의 민속종교 문화를 대표하는 것이었다.

왕실의 산천신앙에 접근하기 위해서는 무엇보다도 산천신앙의 전통과 맥락에 대한 전체적이고도 일반적인 특질을 이해하는 것이 우선일 것이다(1절). 그러한 바탕 위에서 왕실의 산천신앙이 전개된 제장과 제당에 대한 구체적인 탐색이 가능할 것이다(2~3절). 아울러 그러한 제장 공간과 장소에서 행해진 의례적 양상(별기은, 산기도)의 실제도 가늠할 수 있을 것이다(4절). 그러나 왕실의 산천신앙은 그것과 대척점에 있던 반왕조적인 산천의 상징 및 실천을 통해 그 성격이 보다 선연히 드러날 것이다(5절).

1. 산천신앙의 전통과 맥락

조선 왕실의 산천신앙을 탐색하기에 앞서, 산천 혹은 산천신에 대한 의례적 맥락과 전통을 이해할 필요가 있다고 본다. 조선의 개국과 서울 천도의 단행 이후 국가차원에서 전개한 산천제의 특징은 1) 의례양식을 '유교-중심주의'로 혁신하는 것과 2) 의례공간을 '서울-중심주의'로 재편하는 것이었다. 소위 유교적 의례화와 서울의 제장화를 통한 예제의 정립과 편성이 조선전기 산천제의 핵심적인 과제였다.

그러나 유교문화와 서울공간을 중심으로 구심력을 갖춰나가려는 국가의 산천제는 민간차원에서는 물론 심지어 왕실차원에서조차도 거부되거나 무시될 정도로 산천신앙의 고대적 전승과 관성은 쉽게 가라앉지 않았다. 동아시아 유교사회에서 산천제는 엄연히 국왕의 의례적 권한에 속하는 것이었으며, 왕이 아닌 다른 주체에 의한 산천신앙은 제아무리 정성과 제물을 아끼지 않는다 하더라도 음사(淫祀)로 간주될 수밖에 없었다. 그러나 그러한 음사의 비난 속에서도 왕실, 사대부, 민간 등의 차원에서 전개된 산천신앙은 열렬하게 지속되었다. 산천신앙에 관한 한, 조선은 새로운 머리와 오래된 몸이 조율되지 않은 채 여러 갈래의 전통을 간직하였다고 할 수 있다.

1) 산천제의 정립

유교 고전이 입증하고 있는 바대로, 국왕은 황제만의 특권인 천지제사는 결코 지낼 수 없더라도 경내의 산천제만큼은 자유롭게 행사할 수 있는 의례적 권한을 지니고 있었다. 즉, 하늘의 제사가 천자의 의례적 특권이라면 국내 산천의 제사는 국왕의 당연한 의례적 권리였다. 이러한 의례적인 헤게모니를 관철시키면서 권력을 행사하는 의례정치학(ritual politics)이 동아시아 유교사회에서 발휘되었으며, 그러한 정치적인 명분을 실현하는 차원에서 조선의 산천제도 정비되어 나갔다.

주지하다시피 의례를 통해 집단의 힘이 통합되기도 하고, 그러한 통합된 권력이 의례를 통해 전시되기도 한다는 점에서 의례와 정치는 떼려야 뗄 수 없는 관계에 놓인다. 의례는 초월을 다루지만 그러한 초월적 원천은 정치적인 힘을 발휘하기 마련이다. 통치자의 입장에서 보자면 의례는 권력의 단순한 반영에 그치지 않고 새로운 권력을 창출해내기도 한다는 점에서 단순한 겉치레로 치부될 수 없다. 다소 극단적으로 말하자면 의례는 권력을 부여하기도 하고 그것을 박탈하기도 한다. 인류학자 데이비드 커처(David Kertzer)가 다양한 논의를 통해 보여주었듯이, 정치적 과도기에는 권력자도 모반자도 그러한 의례의 힘을 적극적으로 활용하려 한다.[1] 왕조 교체기나 권력의 이양기에 의례의 정비와 확립에 부심하는 것도 의례의 정치성과 무관하지 않기 때문일 것이다.

흔히 지리적 조건과 정치적 현상 사이의 관계를 지정학(geopolitics)이라 명명하듯이, 의례적 규범과 정치적 관계의 역학을 의정학(儀政學, ritopolitics)[2]이라 불러도 좋을 것이다. 의정학의 관점에서 보자면, 의례의 규범을 어기는 것은 그것 자체로 부적절한 의례, 즉 음사(淫祀)로 간주될 뿐만 아니라 참람하고도 위험한 정치적 일탈행위로 지목될 수도

---

[1] 데이비드 커처는 의례가 정치적 권위와 사회적 연대감을 창출해내는 권력의 구축 양상뿐만 아니라 역으로 그것이 기존의 정치적 정당성을 훼손하는 권력투쟁과 혁명 운동의 과정을 두루 제시한 바 있다. David Kertzer, *Ritual, Politics, and Power*, Yale University Press, 1988.

[2] 최종성, 「조상에 대한 의례학적 쟁점: 기복, 윤리, 구제」, 『종교연구』81-2, 한국종교학회, 2021, 138쪽.

있었다. 개국과 더불어 조선 정부가 의례의 정비를 서둘렀던 것도 그것이 정치권력의 정립에 더할 나위 없이 긴요했기 때문일 것이다. 산천제의 정비야말로 국토의 공간과 방위를 유교적 명분과 정치적 질서에 따라 배분하는 중대한 기획이었다고 할 수 있다.

조선의 산천제 정비와 관련해서는 이미 숙성된 논의가 있는 터라 새삼 반복적인 서술이 무의미하다고 판단된다.[3] 따라서 산천제의 정립과 관련하여 몇 가지 특징적인 사항들만 간략하게 거론하는 것으로도 족할 것이다. 산천을 유교적 양식으로 국제화(國祭化)하려는 노력은 크게 두 가지 방향으로 전개되었다. 1) 하나는 산천의 봉작을 혁파하고 산천신의 과도한 인격적인 이미지를 제거하는 것이었고, 2) 다른 하나는 산천의 위상과 등급을 분류하고 체계화하는 것이었다. 다만, 후자의 경우에는 장소성을 초월한 '국내산천'이라 불리는 포괄적이고도 일반적인 산천신의 제도를 설정하는 것과 더불어 개별적이고도 장소지정적인 '산천들'을 체계적으로 분류하는 작업을 병행하는 것이었다.

먼저, 산천신의 봉작을 혁파하는 문제는 고려말에 중국을 평정한 명나라의 등장과 깊은 관련이 있다. 주지하다시피, 명나라가 중국의 정치와 문화를 재편하면서 당시까지 고려에 유지되어온 제천의례를 제약하는가 하면, 악진해독(嶽鎭海瀆, 악과 진은 산에 해당되며 해와 독은 각각 바다와 강을 의미한다는 점에서 전체적으로는 산천을 지칭)에 명호를 봉하던 관례마저도 혁파할 것을 명하기에 이른다. 물론 산천에 봉

---

3) 산천제의 전승과 예제화에 대한 본격적이면서도 풍부한 논의로는 박호원, 「한국 공동체 신앙의 역사적 연구」, 한국정신문화연구원 박사학위논문, 1997, 131-189쪽을 참조할 만하다. 이밖에 김해영, 『조선초기 제사전례 연구』, 집문당, 2003, 112-119쪽; 이욱, 『조선시대 재난과 국가의례』, 창비, 2009, 95-107쪽. 참조.

작을 금지하는 원칙이 쉽사리 관철되지는 않았지만, 적어도 명으로부터 하달된『홍무예제(洪武禮制)』로 인해 관성적으로 행해지던 산천신앙의 양식에 점차 제약이 가해지는 것과 더불어 유교적 질서와 명분에 합당한 조선의 산천제가 정비되는 계기가 촉발되었다.

고려 공민왕 19년(1370) 7월에 명 황제가 보낸 조서 중에 주목되는 것이 "무릇 전대로부터 악진해독에 봉했던 명호는 다 제거하고 산천 본래의 이름에다 신의 호칭만을 부른다. 군현의 성황에 대한 신의 호칭도 모두 고쳐서 다시 봉한다."[4]는 구절이다. 이러한 구절에 담긴 의례의 원칙에 따른다면, 산천신은 '모산천지신'(某山川之神)이 될 것이고, 부·주·현의 성황신은 '모부성황'(某府城隍), '모주성황'(某州城隍), '모현성황'(某縣城隍) 등으로 간소화될 수밖에 없다. 사실, 고려 때에는 산천에 봉작을 가하는 것은 물론 가족관계에 상응하는 신의 형상을 다양하게 설정하였었다. 그리고 이러한 유습은 조선초기에도 그치지 않고 그대로 이어졌다. 태종 13년(1413)에 예조에서 보고한 내용을 통해 그러한 사정을 분명하게 알 수 있다.

> 『홍무예제』가 규정한 악진해독의 제사에는 '모악(某岳)·모해(某海)의 신'을 칭하고 있으나 봉작의 호칭에 대해서는 있지 않았습니다. 고려 때에 경내산천에 각기 봉작을 더하고, 처첩, 자녀, 생질 등의 신상을 진설하여 모두에게 제사를 베풀었으니, 진실로 합당하지 않았습니다. 우리 태조께서 즉위하셨던 초기에 예조에서, 각관 성황신의 작호를 모두 없애되, 단지 '모주성황지신'(某州城隍之神)이라 부를 것을 건의하여 윤허를 얻은 바 있습니다. 해당 관청이 따르도록 분명하게 법

---

4)『高麗史』권42, 세가, 공민왕 19년 7월 임인. "凡嶽鎭海瀆, 並去其前代, 所封名號, 止以山水 本號稱其神. 郡縣城隍神號, 一體改封."

령이 마련된 셈이지만, 지금에 이르러서도 제대로 거행되지 않고, 여전히 작호와 신상의 진설을 예전처럼 함으로써 음사를 행하고 있습니다. 엎드려 바라건대, 태조께서 내리신 교지를 거듭 밝히어, 단지 '모주성황지신'(某州城隍之神)이라고만 칭하고, 하나의 신주만을 남기고 나머지 처첩 등의 신위는 모두 철거하게 하십시오. 또 산천(山川)과 해도(海島)의 신의 경우에도 마찬가지로 하나의 신주만을 남기되, 나무로 만든 신주(木主)에 '모해모산천지신'(某海某山川之神)이라 쓰고, 신상은 모두 철거함으로써 사전(祀典)을 바르게 하십시오.5)

당시 예조에서 보고한 내용에 따르면, 강산과 바다에 작위를 봉하여 제사하는 관례와 여러 신위를 가족화하여 진설하는 전통이 고려 이래로 지속되었음을 확인할 수 있다. 이에 반해, 명의『홍무예제』는 '모악지신'(某岳之神), '모해지신'(某海之神), '모산천지신'(某山川之神) 등등의 호칭만을 용인하였고, 조선 태조도『홍무예제』에 준하여 작호를 없애고 신위를 단순화하도록 강화하였다. 이러한 신체(神體)의 반(反) 형상화와 신위의 규범적 문자화로 대표되는 예제의 개혁은 전통의 지양을 요구하며 유교화의 지향을 꾀하는 척도로 여겨질 정도였다.

그러나 전통의 관성도 만만하지 않았다. 태조 2년(1393)에 송악산의 성황신에게 '진국공'(鎭國公)을, 화령·안변·완산의 성황에 '계국백'(啓國伯)을, 삼각산과 백악산 등의 여러 산의 성황에 '호국백'(護國伯)을 각각 봉하기도 하였다.6) 이어 태조 4년에는 다시 백악산을 '진국백'(鎭國伯)으로, 남산을 '목멱대왕'(木覓大王)이라 칭하였으며,7) 태종 6년(1406)

---

5)『太宗實錄』권25, 태종 13년 6월 을묘.
6)『太祖實錄』권3, 태조 2년 1월 정묘.
7)『太祖實錄』권8, 태조 4년 12월 무오.

에는 백악의 성황신에게 녹을 베풀기까지 하였다.[8] 무엇보다 세종 6년 (1424)에, 왕은 성황과 산천신에게 태왕(太王), 태후(太后), 태자(太子), 태손(太孫), 비(妃) 등의 칭호를 사용하는 것에 질타를 가하고 있으나 신료들은 산천제의 구례를 인정하지 않을 수 없음을 토로하고 있다.[9] 이렇게 신위에 작호를 가하고 다수의 신상을 가족관계로 인격화하여 진설하는 구습을 혁파하려는 조처는 쉽게 관철되지 않았다.

그러나 조선 초기에 의례적인 개혁조처들이 관성의 장벽에 부딪히기도 하였지만, 산천신의 인격화와 가족화를 제약함으로써 음사(淫祀)를 지양시키고 유교적 양식의 정사(正祀)를 보편화하려는 노력은 점차 국가적인 차원에서 진전되어 갔다고 할 수 있다. 세종 12년(1430) 8월에 각도산천단묘순심별감(各道山川壇廟巡審別監)의 조사보고에 따라 작호와 신상진설의 문제가 본격적으로 비판되었고,[10] 세종 19년(1437) 3월에 각도순심별감의 조사보고에 의거하여 예조에서 악해독 및 산천의 단묘와 신패의 제도를 상정하면서 기존의 봉호가 일괄적으로 정리되기에 이르렀다.[11] 무엇보다도 오례의(五禮儀) 체제를 갖춘 예제(禮制)가 확립되고, 그에 따른 산천제의 세부적인 의주(儀註)가 마련됨으로써 유교적 산천제 양식의 기본적인 틀이 자리잡게 되었다고 할 수 있다.

두 번째로 산천제의 분류와 편제에 대해 살펴보자. 유교적 산천제를 실현하기 위해 시도된 것이 산천의 등급을 분류하고 체계화하는 작업이었다. 산천제의 사전화(祀典化) 작업은 봉작과 신상을 혁파하려던 조

---

8)『太宗實錄』권11, 태종 6년 1월 무술.
9)『世宗實錄』권23, 세종 6년 2월 정사.
10)『世宗實錄』권49, 세종 12년 8월 갑술.
11)『世宗實錄』권76, 세종 19년 3월 계묘.

처에 비해 전통의 저항에 시달리지는 않았으며, 다만 고전적 예서를 참작하여 내부적인 조율을 이뤄내는 것이 관건일 뿐이었다. 앞서 언급한 대로, 산천제의 사전분류와 등급의 편성은 장소성보다는 보편성이 강조된 추상화된 '국내산천'과 장소성 및 개별성이 강조되는 개별적인 '산천들'의 문제로 양분해서 생각해 볼 수 있다.

먼저, 경내의 모든 산천을 포괄하는 '국내산천'은 특정의 지역성과 장소성을 담고 있지 않은 추상적인 개념이다. 천자가 천지에 대한 의례적인 권위를 가지고 있듯이, 제후인 국왕은 자신이 통치하는 경내의 산천에 제사할 수 있는 의례적인 특권을 지녔다는 점에서, 지방의 개별 산천들과는 대별되는, 즉 국가의 관할 구역을 포괄하는 일반산천에 대한 제사가 주목을 받았다고 할 수 있다.

국내산천에 대한 제사의 원칙이 마련되는 데에 결정적인 영향을 미친 것은 『홍무예제』라 할 수 있다. 국내산천의 제장공간이라 할 수 있는 산천단을 마련하는 데에 있어 『홍무예제』가 주요한 참고가 되었기 때문이다. 태종 11년(1411)에 예조에서는 아래와 같은 내용을 왕에게 아뢰어 재가를 얻는다.

> 또 『홍무예제』를 살펴보니, 산천단의 제사는 풍운뢰우의 신을 가운데에 두고, 산천신을 왼쪽에 두며, 성황신을 오른쪽에 둔다고 하였습니다. 따라서 우리나라에서도 이러한 제도에 의거하여 세 신위를 마련하고 제사해야 합니다. 지금 풍운뢰우의 신을 버리고 단지 산천신만을 제사하고 있는데, 이는 제사의 뜻에 전혀 합당하지 않습니다. 바라건대 이제부터 날이 가물 때에 『홍무예제』에 의거하여 풍운뢰우와 성황의 신을 함께 제사하게 하십시오.[12]

『홍무예제』는 풍사(風師), 우사(雨師), 뇌신(雷神) 등에 운사(雲師)를 더하여 '풍운뢰우'의 신으로 조합하고, 중앙에 풍운뢰우의 신을 두고 산천신과 성황신을 좌우에 합사하는 원칙을 제시하고 있다. 태종 13년(1413)에는 『홍무예제』의 예에 따라 준행하고 있는 풍운뢰우제를 중사(中祀)의 격으로 격상시키고 산천과 성황을 함께 제사하는 규범을 설정하기에 이른다.13)

그러나 풍운뢰우와 산천 및 성황을 합사하는 것에 대한 비판과 우려가 없었던 것도 아니다. 세종 12년(1430)에 박연은 천신(天神)의 부류인 풍운뢰우의 신과 지기(地祇)에 해당되는 산천 및 성황의 신을 함께 제사하는 것은 기류(氣類)가 다르고 존비(尊卑)의 구별이 있어 따르기 어렵고, 더구나 중국의 입장에서 보면 부·주·현의 지방 의례규범에 해당되는 『홍무예제』의 격식을 조선의 국가 예제에 무리하게 적용하다 보니 주현의 성황신을 전례 없는 국도(國都)의 예로 편입시키는 오류가 있을 수 있다고 비판하였다.14)

이러한 비판에도 불구하고, 풍운뢰우·산천·성황의 제사는 이미 태종 대에 수용되어 준용된, 즉 조종조의 전통적 가치를 부여받은 제도라는 명분을 배경으로 지속될 수 있었다. 가령, 『세종실록오례』에 정기제인 '사풍운뢰우산천성황의'(祀風雲雷雨山川城隍儀)와 비상시의 기고제(祈告祭)인 '풍운뢰우단기우의'(風雲雷雨壇祈雨儀)가 독립된 의주로 정착하였고, 이후 『국조오례의(國朝五禮儀)』에서도 '사풍운뢰우의'(산천성

---

12) 『太宗實錄』 권21, 태종 11년 5월 무진. "又考洪武禮制, 山川壇祭, 風雲雷雨之神居中, 山川居左, 城隍居右, 故本國亦依此制, 設三位而祭之. 今捨風雲雷雨之神, 而止祭山川, 殊未合義. 願自今如遇旱氣, 依洪武禮制, 幷祭風雲雷雨城隍之神."
13) 『太宗實錄』 권25, 태종 13년 4월 신유.
14) 『世宗實錄』 권47, 세종 12년 2월 경인.

황附)와 '풍운뢰우단기우의'로 유지되었다.

국내산천에 대한 의례는 그럭저럭 이어지다가 대한제국기에 이르러 커다란 변화를 겪는다. 광무 원년(1897) 제천의례의 제장인 원구단이 세워지고, 천신에 속하는 풍운뢰우의 신이 원구단으로 옮겨가면서 산천단이 독립되기에 이른다. 국내산천은 황제(천자)의 격식에 걸맞은 '천하명산'(天下名山) '천하대천'(天下大川)의 신위로 나뉘어 단의 중심에 자리잡고, 성황과 사토(司土)가 배위로 정착하게 되었다.[15]

이제 장소성과 개별성을 띠고 있는 '산천들'에 대해 살펴보자. 산천의 분류와 체계화는 대중소(大中小)의 규모로 길례(吉禮)를 편제하는 작업과 궤를 같이하였다. 여기에서 말하는 길례는 오례의(吉·凶·軍·賓·嘉)의 핵심 구성요소로서 국가차원에서 천신(天神)·지기(地祇)·인귀(人鬼)의 대상에게 거행하는 제사를 의미하는데, 규모에 따라 대사, 중사, 소사 등으로 삼분된다. 개별 '산천들'에는 중사(中祀) 격인 '악해독', 소사(小祀) 격인 지역의 산천, 그리고 이외에 지방의 소재관이 독립적으로 거행하는 산천 등이 포괄된다. 태종 14년(1414)에 확정된 전국 산천의 사전분류는 다음의 표와 같다. <표 1>에 따르면, 중사인 악해독 13곳과 소사인 산천 24곳을 포함하여 37개소의 지역산천(바다도 포함)이 국행의례로 치러졌고, 7곳의 산천에서 소재관이 독립적으로 운영하는 의례가 거행되었다. 국행 산천제는 물론 소재관이 스스로 거행하는 산천제에서도 유교적인 양식에 부합하는 의례가 보편화되었을 것이라 짐작된다.

---

15) 『高宗實錄』 권36, 고종 34년 12월 27일.

<表 1> 산천의 분류

	중사(악해독)	소사(산천)	소재관행
京城	三角山, 漢江	木覓	
京畿	松嶽山, 德津	五冠山, 紺岳山, 楊津	龍虎山, 華嶽, 開城大井, 朴淵
忠淸道	熊津	鷄龍山, 竹嶺山, 楊津溟所	
慶尙道	伽倻津	亏弗神, 主屹山	晉州城隍
全羅道	智異山, 南海	全州城隍, 金城山	
江原道	東海	雉嶽山, 義館嶺, 德津溟所	
豊海道	西海	牛耳山, 長山串, 阿斯津, 松串	
永吉道	鼻白山	永興城隍, 咸興城隍, 沸流水	顯德嶺, 白頭山
平安道	鴨綠江, 平壤江	淸川江, 九津, 溺水	

　태종 대에 전국의 산천들이 사전체계로 자리잡고 난 뒤, 세종조에 이르러 그에 해당되는 세부적인 의주들이 마련되었다. 태종 14년에 고려의 길례 체계에 누락되었던 악해독과 명산대천을 중사와 소사의 격에 맞춰 등재하고, 『세종실록오례』에 이르러 '제악해독의'(祭嶽海瀆儀), '제삼각산의'(祭三角山儀)[한강의부(漢江儀附)], '시한북교망기악해독급제산천의'(時旱北郊望祈嶽海瀆及諸山川儀), '시한축기의'(時旱祝祈儀), '제산천의'(祭山川儀), '제목멱의'(祭木覓儀) 등의 의주를 마련하여 전국의 산천을 공식적으로 의례화할 수 있었던 것이다. 그리고 이러한 의주들은 성종 대의 『국조오례의』를 거치면서 조선전기 산천의례의 양식으로 확정되기에 이른다.

　아래 <표 2>는 조선전기에 갖추어진 산천제와 관련된 의주들을 정리한 것이다. 앞서 거론한 바 있듯이, 풍운뢰우단의 의례에 국내산천이 합사되어 있다는 점에서 해당 규범 역시 산천의례와 관련된 의주라 할 수 있다. 또한 장마를 멎도록 사방의 국문(國門)에서 지우제(止雨祭)로 거행했던 사문영제(四門禜祭)의 경우에도 해당 방위를 총칭하는 '모방

산천지신'(某方山川之神)이 의례의 대상이라는 점에서 이 역시 산천의 례의 범주에 해당된다고 할 수 있다. 다만, 풍운뢰우단과 사문영제의 경우에는 개별 산천보다는 추상적인 총칭으로서의 국내산천, 혹은 해당 방위의 산천(사방산천)을 총괄적으로 명명한다는 점에서 개별적인 산천의례들과는 차별된다고 할 수 있다.

〈표 2〉 산천 관련 의주

	세종실록오례	국조오례의
일반적 산천의례	祀風雲雷雨山川城隍儀 風雲雷雨壇祈雨儀 久雨禜祭國門儀	祀風雲雷雨儀[山川城隍附] 風雲雷雨壇祈雨儀 久雨禜祭國門儀 久雨州縣禜祭城門儀
개별적 산천의례	祭嶽海瀆儀 祭三角山儀[漢江儀附] 時旱北郊望祈嶽海瀆及諸山川儀 時旱祝祈儀 祭山川儀 祭木覓儀	祭嶽海瀆儀 祭三角山儀[白岳山附] 祭漢江儀 祭州縣名山大川儀 祭木覓儀 時旱北郊望祈嶽海瀆及諸山川儀 時旱就祈嶽海瀆及祭山川儀

2) 서울 중심의 산천제장

앞서 살펴본 대로, 조선의 개국과 더불어 국가 차원에서 산천제의 개혁과 정비가 점진적으로 진행되어 갔다. 그리고 그러한 산천제의 정비 과정에서 주목되는 특징 중의 하나는 비유교적인 관행들을 제약하면서 유교적인 틀과 양식들을 세부적으로 갖추어 나갔다는 점이다. 이러한 유교화된 산천제의 구성과 별도로 또 하나의 특징으로 거론할 수 있는 것이 바로 산천제의 정비과정에서 두드러진 서울 중심의 제장화라는 것이다. 서울 천도와 더불어 왕도(王都)이자 국도(國都)인 서울을 중심으로 산천제를 구성함으로써 새 왕조의 위상과 정체성을 투영하였다는 것이다. 결국, 조선전기 산천제의 정비과정에서 두드러진 경향은 문화적 의미에서 유교-중심적이었고, 문화지리적 의미에서 서울-중심적이었다는 것이다.

산과 강은 주요한 자연자원이자 지리적인 환경이면서 서울의 중심적 위상과 신성성을 부여하는 주요한 문화적 요소로 기능했다. 서울 천도와 더불어 개성의 산천을 중심으로 한 지리적 정향성(定向性)은 삼각산과 한강을 기준으로 한 그것으로 재편되어 나갔다. "북으로 화산(華山)을 의지하고, 남으로 한수(漢水)에 임하고 있다"[16]고 한 것처럼 서울의 형상화는 도성의 주맥으로 간주된 삼각산과 도성을 감싸 도는 한강으로 대변되었고, "화산이 높이 솟아 있고, 한수가 철철 흐르는데, 하늘이 만든 땅 평탄하게 널리 펼쳐 있다"[17]고 한 권근(權近, 1352~1409)의 시구처럼 서울의 신성성과 자긍심도 삼각산과 한강을 근간으로 찬미되었다. 뿐만 아니라 조선후기 신경준(申景濬, 1712~1781)의 언급에서 드러나듯이, 국내 모든 산의 발원으로 백두산이 지목되고 모든 물의 종착지로 바다가 지적되지만, 12산의 으뜸으로서의 삼각산과 12물의 으뜸으로서의 한강이 단연 주목을 받았다.

> 하나의 근본으로부터 만 가지로 나뉘는 것이 산이고, 만 갈래에서 하나로 합해지는 것이 물이다. 국내의 산수는 열둘로 집약할 수 있다. 백두산으로부터 열둘로 나뉘어 열두 산이 되고, 열두 산이 나뉘어 팔도의 여러 산이 되었다. 팔도의 여러 물이 합해져 열두 물이 되고 열두

---

16) 『高麗史』 권71, 지25. "北據華山, 南臨漢水."
17) 『新增東國輿地勝覽』 권3, 한성부.

물이 합해져 바다가 된다. 흐르고 솟은 형세와 나뉘고 합해지는 오묘함을 여기에서 볼 수 있다. **열두 산의 첫번째는 삼각이요,** 두번째는 백두요, 세번째는 원산이요, 네번째는 낭림이요, 다섯번째는 두류요, 여섯번째는 분수요, 일곱번째는 금강이요, 여덟번째는 오대요, 아홉번째는 태백이요, 열 번째는 속리요, 열한번째는 육십치요, 열두번째는 지리이다. **열두 물의 첫번째는 한강이요,** 두번째는 예성이요, 세번째는 대진이요, 네번째는 금강이요, 다섯번째는 사호요, 여섯번째는 섬강이요, 일곱번째는 낙동이요, 여덟번째는 용흥이요, 아홉번째는 두만이요, 열번째는 대동이요, 열한번째는 청천이요, 열두번째는 압록이다. **산으로는 삼각을 으뜸으로 삼고, 물로는 한강을 으뜸으로 삼는 것은 수도 서울을 높이기 위함이다.**[18)]

삼각산과 한강이 국토 전체의 관점에서 서울의 근원과 중심을 상징하였다면, 국도(國都) 자체 내에서 도성의 근원과 중심을 상징하는 것은 백악과 목멱이었다. 가령, 태조가 한양 천도를 단행하면서 백악을 진국백(鎭國伯)으로, 남산을 목멱대왕(木覓大王)으로 봉했던 것도 예사롭지 않다.[19)] 도읍을 좌정하는 데에 있어, 산을 진(鎭)으로 봉하고 물을 기(紀)로 표하는 관례에 비추어볼 때, 한양 천도와 더불어 백악이 진국(鎭國)의 이미지를 부여받고 그와 남북의 축을 이루는 목멱이 더불어 인격적인 봉호를 받았다는 것은 의미심장한 일이다. 사실, 한양 천도

---

18) 申景濬, 『旅菴全書』 권10, 山水考1. "一本而分萬者, 山也. 萬殊而合一者, 水也. 域內之山水, 表以十二. 自白頭山, 分而爲十二山, 十二山, 分而爲八路諸山. 八路諸水, 合而爲十二水. 十二水, 合而爲海. 流峙之形, 分合之妙, 於玆可見. 十二山, 一日三角, 二日白頭, 三日圓山, 四日狼林, 五日豆流, 六日分水, 七日金剛, 八日五臺, 九日太白, 十日俗離, 十一日六十峙, 十二日智異. 十二水, 一日漢江, 二日禮成, 三日大津, 四日錦江, 五日沙湖, 六日蟾江, 七日洛東, 八日龍興, 九日豆滿, 十日大同, 十一日淸川 ,十二日鴨綠. 山以三角爲首, 水以漢江爲首, 尊京都也."

19) 『太祖實錄』 권8, 태조 4년 12월 무오.

이전에는 개성 송악산의 성황신이 진국공(鎭國公)으로 봉해졌으며, 백악의 성황은 호국백(護國伯)으로 불렸던 것[20]을 감안할 때, 한양 천도 후에 진국(鎭國)의 상징과 이미지는 송악에서 백악으로 대체되었다고 할 수 있다. 봉호뿐만 아니라 송악의 성황신에게 내려지던 녹도 백악의 성황신에게 반록(頒綠)하는 것으로 대체되었다.[21] 신도(新都)의 건설을 고유(告由)하거나 도성을 수축하거나 준천을 하거나 임란을 수습하고 한양을 수복할 때에도 빠지지 않았던 것이 백악산과 목멱산의 신에게 제사하는 것이었다.

이제 시선을 전환하여 조선시대에 전국의 산천들을 분류하면서 삼각, 한강, 백악, 목멱, 양진 등 서울 내외곽의 산천에 어떤 위상을 부여했는지 점검해보자. 조선시대에 악진해독(岳鎭海瀆) 및 명산대천을 구성했던 방식과 내용을 살펴보면 어느 정도 그런 사정을 이해할 수 있을 것이다.

주지하다시피, 이미 통일신라기에 악진해독을 중사(中祀)로 등급시키고, 5악·4진·4해·4독 체제를 구축하였었다.[22] 이는 중국에서 천자의 5악·4진·4해·4독 체계 및 등급과 범주상에 차이가 없는 것이었다. 그러나 제후국을 명분화한 조선으로서는 천자의 악진해독 체계를 변용해 수용하되, 대체로 4악·3해·4독의 체계를 구성하여 사전에 등재하였다. 다소의 변화를 보여온 악진해독의 인식체계 혹은 의례체계에서 우리는 거기에 투영된 왕도이자 국도인 서울의 문화적 의미와 위상을 읽어낼 수 있다.

---

20) 『太祖實錄』 권3, 태조 2년 1월 정묘.
21) 『太宗實錄』 권11, 태종 6년 1월 무술.
22) 『三國史記』 권32, 志1, 祭祀.

먼저, 악에 대한 범주와 구성을 들여다보면서 방향감각에 주목해보자. 예서, 지리서, 실록류의 문헌 속에서 조선시대 악의 체계와 더불어 정향성을 파악할 수 있는 자료를 중심으로 도식화한 것이 아래 <표 3>이다.

〈표 3〉 악의 체계와 정향

	문헌	중악	동악	서악	남악	북악
예서	세종실록오례	**삼각**		송악	지리	비백
	국조오례의	**삼각**		송악	지리	비백
	대한예전	**삼각**	금강	묘향	지리	비백
지리서	신증동국여지승람	**삼각**		송악	지리	비백
	동국여지비고	**삼각**		송악	지리	비백/백두
실록	세조실록	**삼각**	금강	구월	지리	장백
	고종실록	**삼각**	금강	묘향	지리	백두

<표 3>에서 알 수 있듯이, 예서와 지리서는 4악 체계를 유지하고 있되, 대한제국 이후의 상황을 담고 있는『대한예전』의 경우에는 천자의 5악 체계를 준수하고 있다.『고종실록』(1903)[23]의 기록이야 대한제국기라는 점에서 5악 체계가 쉽게 이해되지만,『세조실록』(1456)[24]의 경우에는 조선전기의 예서가 갖추어지던 과정 중이었음에도 불구하고 5악의 인식체계를 보여준다는 점에서 특이하게 보이기도 한다. 이에 대해서는 약간의 설명이 필요하다.

즉위 초부터 왕권의 정통성에 시달려야 했던 세조가 유독 제천의례에 관심을 가졌던 점을 고려할 때, 5악의 체계야말로 취약한 왕권과 지배력을 과시할 수 있는 또다른 소재였다고 짐작된다. 당시 집현전 직제

---

23)『高宗實錄』권43, 고종 40년 3월 19일.
24)『世祖實錄』권3, 세조 2년 3월 정유.

학이었던 양성지(梁誠之, 1415~1486)는 세조의 대업을 대외적으로 진작시키기 위한 방안으로 국가적 기틀을 쇄신하자며 여러 방안을 국왕에게 진달하였다. 그의 제안 중에 악진해독의 개선안도 들어있었는데, 악에 관한 것이 <표 3>에 기재된 5악의 항목이다. 당시 양성지의 상소를 세조가 전적으로 윤허하였다고 기록되어 있으나 이후 성종 대에 확정된 내용을 담고 있는 예서(국조오례의)와 지리서(동국여지승람)에 그것이 반영되지 않은 것으로 보아 양성지의 제안이 실제적으로 의미 있는 변화를 이끌어내지는 못한 것으로 보인다.

4악이든 5악이든 특이한 것은 중악의 위상이 예외 없이 삼각산으로 지정되고 있다는 점이다. 5악의 체계에서 동·서·남·북 4악과 더불어 중앙에 1악을 배치하는 것은 자연스럽고도 균형감 있게 보인다. 그러나 4악 체계에서 동·서·남·북의 일반적인 배치를 따르지 않고 동악을 제외하면서 서·남·북·중의 비대칭적 배치를 보인다는 것은 특별한 의미가 있어 보인다. 조선왕조의 개국과 더불어 삼각이 갖는 문화지리적 근원성과 중심성을 표출한 카테고리의 구성이 아닐까 생각된다.

두 번째로 진의 체계와 구성에 주목해보자. 다만, 조선왕조는 고종 때를 제외하고는 천자의 5악·4진·4해·4독 체제를 그대로 의례화하지 못하고, 대체로 4악·3해·4독 체계를 따랐다는 점에서 악해독에 비해 진의 범주와 구성이 예서와 지리서에 전면화되지 않았음을 유념해야 한다. 조선시대 문헌 속에서 확인할 수 있는 진의 체계와 방향성에 대해서는 <표 4>를 참조할 수 있다.

〈표 4〉 진의 체계와 정향

문헌		중진	동진	서진	남진	북진
예서	세종실록오례					
	국조오례의					
	대한예전	**백악**	오대	구월	속리	장백
지리서	신증동국여지승람					
	동국여지비고					
실록	세조실록	**백악**	태백	송악	금성	묘향
	고종실록	**백악**	오대	구월	속리	장백

고종 때에 5진에 대한 제사가 갖추어졌음을 『대한예전』과 『고종실록』에서 확인할 수 있으며, 두 기록 간에 방향과 구성 내용이 일치한다. 조선전기의 예서와 지리서의 경우 5진에 대한 인식을 드러내고 있지 않지만, 『세조실록』은 나름의 5진 체계를 구성하고 있다. 5진의 구성에서도 주목되는 것이 중진(中鎭)으로서의 백악이다. 세조 대와 고종 대 사이에 동·서·남·북 4진이 불일치하고 있으나 중진인 백악은 변함없이 일관성을 갖는다. 앞서 언급한 바 있듯이, 백악은 한양 천도 후에 위상이 급부상하여 도읍의 근간이 되는 진(鎭)과 진국(鎭國)의 이미지를 부여받았다는 점에서 고려의 송악을 대체하는 왕도의 중심상징이었다.

세 번째로 독의 체계와 방향성을 들여다보자. 천자의 5악·4진·4해·4독 체계나 조선의 4악·3해·4독 체계 중에서 유일하게 4독의 규모만이 일치하는 대목이다. 그만큼 4독 체계는 조선시대 내내 변함없이 유지되었다고 할 수 있다. 예서, 지리서, 실록류의 문헌 속에서 확인되고 있는 4독의 범주와 구성은 다음의 <표 5>와 같다.

<표 5> 독의 체계와 정향

	문헌	중독	동독	서독	남독	북독
예서	세종실록오례	한강		덕진 평양강 압록강	웅진 가야진	두만강
	국조오례의	한강		덕진 평양강 압록강	웅진 가야진	두만강
	대한예전		낙동강	패강	한강	용흥강
지리서	신증동국여지승람	한강		덕진 평양강 압록강	웅진 가야진	두만강
	동국여지비고	한강		덕진 평양강 압록강	웅진 가야진	두만강
실록	세조실록		용진	대동강	한강	두만강
	고종실록		낙동강	패강	한강	용흥강

<표 5>에서 보이듯이, 중악으로서의 삼각산과 중진으로서의 백악산이 중심성을 확보한 것에 비하면, 한강이 지닌 중독으로서의 위상은 일관되지 않는다. 물론 그렇다고 해서 한강이 4독의 체계에서 완전히 누락된 것은 아니다. 다만, 중독과 남독의 혼선이 있을 뿐이며, 고종 때를 제외한 조선시대의 예서와 지리서에서는 한강을 중독으로서 일관되게 인식하고 있었다고 할 수 있다.

네 번째로 해에 대한 범주와 구성을 살펴보자. 내해 혹은 지중해의 조건이 아니라면 바다를 문화지리적인 중심성에 위치시키는 것 자체가 곤란하다는 점을 전제할 필요가 있다. 서울을 중심에 두고 국토 외곽의 바다를 지정하는 것이 당연하였다. 즉, 동·서·남·북의 4해 체계든 북해를 제외한 동·서·남 3해 체계든 간에 중해로서의 방향감각은 조선의 지리적 특성상 설정하기 어렵다는 것이다. 조선의 예서나 지리서에

서는 조선이 마련한 제후의 4악·3해·4독 체계에 따라 3해를 규정하였고, 세조나 고종 대에는 천자의 5악·4진·4해·4독 체계에 따라 4해를 범주화하기도 하였다. 특히 세조 때 양성지는 기존의 동해(양양), 남해(나주), 서해(풍천) 등 3해의 입지가 개성을 기준으로 한 방위 설정이었었다는 점을 지적하며 서울을 기준으로 한 강릉(동해), 인천(서해), 나주(남해), 갑산(북해) 등의 4해 체계를 제안하였다.[25] 그의 논리 속에도 서울-중심주의가 굳건히 자리잡고 있었다. 조선시대 3해 혹은 4해의 체계는 아래 <표 6>과 같다.

〈표 6〉 해의 체계와 정향

	문헌	동해	서해	남해	북해
예서	세종실록오례	양주(襄州)	풍천	나주	
	국조오례의	양양	풍천	나주	
	대한예전	양양	풍천	나주	경성(鏡城)
지리서	신증동국여지승람	양양	풍천	나주	
	동국여지비고				
실록	세조실록	강릉	인천	순천	갑산
	고종실록	양양	풍천	나주	경성(鏡城)

마지막으로 명산대천의 범주와 구성에 대해 살펴보자. 앞서 <표 1>에서 확인할 수 있듯이, 태종 14년에 소사로 분류된 명산대천은 11명산과 8대천이었다. 그 후『세종실록오례』(길례, 서례, 변사)에서도 11명산과 8대천이 소사로 확정되었지만, 사전에 편제된 명산대천의 방향성을 추적하는 것은 곤란하다. 다만, 지리서를 통해 10~11명산과 10대천의 방향성을 확인할 수 있을 뿐이다.

---

25)『世祖實錄』권3, 세조 2년 3월 정유.

문헌		중	동	서	남	북
신증동국여지승람	명산	**목멱**	치악	오관/우이	계룡/죽령 우불/주흘	감악/의관
	대천			장산관/아사진 /송관/청천/ 구진/익수	양진(충주) 양진(양주)	덕진명소 비류수
동국여지비고	명산	**목멱**	치악	오관/우이	계룡/죽령 우불/주흘	감악/의관
	대천	**양진**		장산관/아사진/ 송관/청천/ 구진/익수	양진명소	덕진명소 비류수

명산대천의 구성에서 확인되는 것은 전국 동서남북으로 포진된 10여 개의 명산을 대표하는 중산으로서의 목멱이 기준을 잡고 있다는 점이다. 대천의 경우에는 서·남·북으로 치중해 있어 혼란함이 없지 않지만, 『동국여지비고』에서 한강 본류 중의 하나인 양진을 중진으로 설정하고 있는 점이 눈에 뜬다. 악해독에 비해 명산대천은 방향보다는 영험성을 고려했을 가능성이 높다는 점을 감안하더라도 목멱과 양진을 명산대천의 중심으로 인식했었다는 단초만큼은 확인할 수 있다.

3) 산천신앙의 의례적 통제권

조선전기 산천제의 정비과정을 유교화와 서울중심론의 입장에서 살펴보았다. 다양한 산천신앙 중에서 유교적 양식과 국도 중심의 정향성을 강화하고 설득하기 위해서는 실천과 의례를 통제하는 이데올로기와 힘이 전제되어야 했다. 이른바 올바른 행위와 그릇된 행위를 판별하고, 후자를 통제하면서 전자를 보편화하려는 일련의 노력이 음사론과 반(反) 음사정책을 통해 실현되었다.

유교문화가 내세운 의례적 통제권은 유교 특유의 예론(禮論)에서 비롯된다고 할 수 있다. 고전적인 유교의 예론은 무엇보다도 '차이' 혹은 '구별'로부터 출발한다. 즉 예는 기본적으로 차이를 드러냄으로써 가치 있는 질서와 의미 있는 세계를 만들어내는 데에 주력한다.

> 무릇 예라고 하는 것은 친밀함과 소원함을 정함으로써, 싫어하는 것과 의심스러운 것을 결정하고, 같음과 다름을 분별하며, 옳음과 그름을 밝히는 것이다.26)

예경에서 분명히 하고 있듯이, 친밀함과 소원함, 같음과 다름, 옳음과 그름 등을 혼동하지 않고 양자 간의 차이를 확실하게 구별 짓게 하는 근거가 예의 개념이라 할 수 있다. 사회적 가치의 실현은 무조건적인 대동(大同)이나 조화가 아니라 차이와 분별을 의미화하는 데에서 기인하지 않으면 위험하다고 보는 것이 고전적인 유교의 가르침이었다. 상하 간 혹은 남녀 간에 있어 공경과 공존을 추구하기 위해서는 높음과 낮음 혹은 남성다움과 여성다움을 명확하게 분별해야 하고, 또 그렇게 하는 것이 예의 주된 가치라고 보았던 것이다.

> 악(樂)은 사람 사이를 같게 하고 예(禮)는 사람 사이를 차이 나게 한다. 같아지면 서로 친근해지고 차이가 나면 서로 공경하게 한다. 악이 지나치면 문란해질 것이고 예가 지나치면 소원해질 것이다.27)

악이 인간관계의 조화를 강조하였다면 예는 차이와 분별에서 기인

---

26) 『禮記』, 「曲禮上」. "夫禮者, 所以定親疏, 決嫌疑, 別同異, 明是非也."
27) 『禮記』, 「樂記」. "樂者爲同, 禮者爲異. 同則相親, 異則相敬. 樂勝則流, 禮勝則離."

하는 공경과 기강을 강조했다고 할 수 있다. 수직적이든 수평적이든 질서 있는 인간관계는 분별을 인식하고 그에 합당한 행동양식을 발휘할 때 가능한 것이었다. 의례도 마찬가지라 할 수 있다. 인간과 인간 사이의 질서뿐만 아니라 그것이 비가시적으로 확장된 인간과 신과의 질서에서도 차이에 근거한 행동양식이 규정되지 않으면 사회 및 정치 질서가 혼돈에 휩싸인다고 본 것이다. 신분과 계층에 따라 등급(等級)과 차서(次序)가 강조되었던 것도 그 때문이었다. 천자면 천자, 제후면 제후, 사대부면 사대부, 서인이면 서인에 걸맞은 행동양식을 따라야 하는데, 그것이 흐트러지는 순간 의례는 물론 정치도 분수를 잃게 되고 만다고 보았던 것이다. 차이를 의미화하여 정치적·사회적 효과를 얻고자 한 유교사회의 전통을 고려할 때, 의례를 '차별화된 행동 전략'[28]이라고 보는 관점도 무리 없어 보인다.

화제를 다시 산천제로 돌려보면, 산천제의 정비는 차이를 부각시키고 강화시키는 방향으로 진행되었다. 천지제사가 황제의 독점적인 의례라면, 경내의 산천제는 제후가 향유할 수 있는 의례적 특권이었다. 태종 14년에 악해독과 명산대천에 등급을 부여하고 세종 대부터 산천제를 실행할 독립적인 의주를 갖춰 예서에 반영했던 것도 차별화된 행동양식을 통해 권위를 표현하고 창출하는 효과를 의도했기 때문이었다고 할 수 있다.

차이와 분별, 등급과 차서를 혼동하는 행동양식은 흔히, 그릇된 제사를 뜻하는 음사(淫祀)로 규정되었다. 이를 규정한 고전을 참조할 때, 음

---

28) 형식화되고 고정된 의례(ritual) 자체보다도 의례가 생성되는 실천적 맥락과 의도에 주목한 캐서린 벨은 실천이론의 관점에서 구별된 행동을 통해 권위의 증진을 노리는 전략적 실천을 이해하기 위한 개념으로서 '의례화'(ritualization)를 논의한다. Catherine Bell, *Ritual Theory, Ritual Practice*, Oxford University Press, 1992, pp. 88-93.

사는 음란한 제사라는 뜻이기보다는 분수를 뛰어넘은 의례(excessive ritual), 그래서 규정에 어긋난 '부적절한 의례'(improper ritual)로 간주되었다.

> 자기가 제사지낼 수 없는 것임에도 불구하고 제사지내는 것을 음사라 한다. 음사에는 복이 없다.[29]

자기분수나 신분질서에 합당한 의례가 아님에도 불구하고 그것을 뛰어넘어 의례화하는 것이 음사의 정의였다. 다시 말해 등급과 차서의 분별을 무시한 제사가 바로 음사였던 것이다. 유교의 고전은 음사를 정의하는 데에 그치지 않고, 규범화된 질서를 넘어서는 의례는 제아무리 경건한 마음으로 제물을 아끼지 않는다 하더라도 복이 있을 리 없다고 잘라 말하고 있다.

> 공자께서 말씀하시길, 자기가 제사지내야 할 귀신이 아님에도 불구하고 제사지낸다면 아첨일 뿐이라 하였다.[30]

계통과 범위를 무시한 제사 역시 신에 대한 보은과 감사의 예에 온전할 수 없다고 본 것이다. 자신의 분수와 혈연적 계통에 따라 자기의 조상을 제사지내야 하는데, 남의 집 조상을 모시는 것은 아무리 정성을 기울인다 하더라도 유령에 대한 제사이며 진정성이 결여된 아부행위에 지나지 않는다. 나의 집 울타리를 넘어 들어온 남의 조상은 제자리

---

29) 『禮記』, 「曲禮下」. "非其所祭而祭之, 名曰淫祀, 淫祀無福."
30) 『論語』, 「爲政」. "子曰, 非其鬼而祭之, 諂也."

를 잃은(out of place) 떠돌이 유령이어서 위험스런 존재일 뿐이다. 마찬 가지로 나의 집에 제자리(in place)를 잡고 있던 나의 조상도 남의 집으로 들어서는 순간 제자리를 잃은 유령으로 간주될 수밖에 없다.

> 신은 제사지낼 일족이 아닌 사람의 제사는 흠향하지 않고, 사람은 자기의 족속이 아니면 제사지내지 않는다.[31]

제사하는 주체와 제사를 받는 객체 사이의 일정한 계통과 범주를 무시한다면 의례는 성립될 수 없다. 올바른 제사가 성립되기 위해서는 신과 인간 사이에 일정한 분수가 있고, 그러한 분수가 일치되어야 한다는 것이다. 결국, 음사는 신과 인간 사이에서 지켜져야 할 함수관계를 잃어버린, 분수에 어긋난 의례인 것이다.

조선이 차별화된 행동양식을 구비하고, 이에 부합하지 못하는 의례를 음사로 규정하며 차단하고자 고심했던 이유는 유교문화의 정통성을 조선사회에서 실현하고자 했기 때문이다. 유교의 문화적 정통성은 혼동과 혼합을 거부하는 반혼합주의(anti-syncretism)에 의거하여 유교만의 문화적 순수성을 확보하려는 태도에서 출발하였다. 그런데 유교문화의 정통성을 보장하기 위한 유교의 반혼합주의적 태도는 정통론(orthodoxy)과 정통행(orthopraxy)이라는 두 가지 차원으로 진행되었다. 정통론은 담론과 지적인 측면에서 '바른 학문'(正學)을 강화하되, '그릇된 학문'(邪學)을 척결하려는 벽이단론(闢異端論)으로 구체화되었다고 할 수 있다. 이에 비해, 정통행은 실천과 의례적인 측면에서 '바른 행위'(正祀)를 보편화하는 반면, '그릇된 행위'(淫祀)를 규제하는 반(反) 음

---

31) 『左傳』, 僖公 10年. "神不歆非類, 民不祀非族."

사정책으로 구체화되었다. 벽이단론이 지식인 그룹에서 학술·논변의 형태로 이루어졌다면, 반 음사정책은 국가차원에서 공권력을 동원한 물리력 행사로 표출되었다.[32]

조선전기 산천제의 정비과정에서 유교사회가 표방한 의례적인 통제권은 등급과 차서에 따른 차이를 문화화함으로써 사회질서와 권위의 창출 효과를 거두고, 차이를 혼동시키는 행동양식을 음사로 규제함으로써 유교문화의 정통성을 보증하기 위해 행사되었다고 할 수 있다. 국왕의 의례적인 통제권의 핵심 영역인 산천제가 비유교문화 혹은 분수를 거스르는 주체에 의해 훼손될 때 국가는 적극적으로 음사론의 이데올로기와 반 음사정책을 통해 그릇된 행동양식을 교정하는 데에 총력을 모으고자 하였다. 그러나 그러한 반혼합주의적인 이상은 가장 지근거리에 있는 왕실에 의해, 때로는 가장 명분론에 투철했던 사대부에 의해 무시될 만큼, 성사되기 어려운 불가능한 꿈이었는지도 모른다.

4) 산천신앙의 주체들

유교적인 양식에 입각한 산천제의 의주가 갖춰지고, 국도를 구심점으로 하여 산천제의 제장이 재편되고, 반혼합주의적 태도에 입각하여 산천제가 국왕의 의례적 특권으로 강화되어 나갔다고 해도 산천신앙은 결코 왕과 유교의 전유물로 국한되지 않았다는 사실을 유념할 필요가 있다. 전근대 동아시아 유교사회를 뒤덮고 있던 예교의 질서를 고려할 때, 산천신앙은 제후의 의례적 특권으로 간주되었지만, 산천신앙에

---

32) 유교의 반-혼합주의를 드러내는 정통론과 정통행에 대해서는 최종성, 「조선전기 종교혼합과 反혼합주의」, 『종교연구』47, 한국종교학회, 2007. 참조.

대한 의존과 기대는 국가, 왕실, 사대부, 민중 등의 계층을 망라하였고, 산천제의 양식 또한 유교, 불교, 도교, 무속, 그 밖의 특정의 것으로 명명하기 곤란할 정도로 민간의 다양한 신앙전통이 교차되기 마련이었다.

먼저, 산천신앙의 공식적인 주체는 국왕이었고, 그 의례는 국행(國行)의 위상을 부여받았다. 국행 산천제의 경우, 중춘(仲春)과 중추(仲秋)에 풍운뢰우·산천·성황과 악해독 및 명산대천에 제사지내는 것이 공식화되었기 때문에 적어도 1년에 2회의 정기적인 의례가 마련되었다고 할 수 있다.33) 정기의례 이외에 변고와 대사가 있을 때마다 수시로 거행하는 기고의례가 있었다. 기고의례는 기본적으로 홍수나 가뭄[水旱], 전염병[疾疫], 충해[虫蝗], 전쟁[戰伐] 등의 변고가 있을 때 기(祈)하고, 봉책(封册)이나 관혼(冠昏) 등의 국가적 대사가 있을 때 고(告)한다34)는 원칙에 따라 빈번하게 거행되었다. 특히 천도공사, 도성수축, 준천, 기우, 기청, 기설, 치병, 양재, 서울수복 등등의 대사와 변고에 즈음하여 고유하거나 기양하는 의례들이 산천제로 치러지기도 하였다.

두 번째로 산천신앙의 주요 소비자로서 왕실을 주목할 수 있으며, 그 의례는 내행(內行)이라 불리었다. 후술하겠지만, 이른바 별기은(別祈恩)이라 불리는 왕실의 산천신앙은 고려조의 전통을 이어받은 것으로서 조선전기에 국무(國巫)를 명산대천에 파견하여 거행한 대표적인 기도행사로 주목받았고, 조선후기에는 궁중발기에 표현되어 있듯이, '산기도' 혹은 '별기도'의 전통으로 이어졌다. 국가의 산천제가 유자로 구성된 제관에 의해 주도되었고 서울-중심의 제장에서 거행되는 것이 일

---

33) 『國朝五禮序例』 권1, 吉禮, 時日.
34) 『國朝五禮序例』 권1, 吉禮, 時日. "如水旱疾疫虫蝗戰伐則祈. 如封册冠昏, 凡國有大事則告."

반적이었다면, 왕실의 산천신앙은 주로 무당에 의해 주도되었고 개성-중심의 제장이 주목받았다는 데에 차별성이 있다. 별기은은 대개 사시(四時) 혹은 춘추(春秋)에 정기적으로 거행되기도 하고, 비상시에 임시적으로 거행되기도 하였다. 조선전기에 유자들은 음사비판의 핵심 대상 중의 하나로 왕실의 별기은을 지목하였는데, 이는 국가에서 마련한 예제가 가까운 왕실에서부터 거부되는 상황에서, 이를 제쳐두고 민간의 음사만을 다스리는 것이 명분도 실리도 없다고 보았기 때문이다.

세 번째로 민간에서 거행한 산천제도 주목되며, 이들의 의례를 국행(國行) 및 내행(內行)과 구별하여 민행(民行)이라 할 수 있을 것이다. 민행 산천신앙은 지역단위를 중심으로 한 집단의례와 집안단위를 중심으로 한 개별의례의 성격을 포괄하며, 일반 민중뿐만 아니라 사족의 신앙을 아우른다. 민간의 집단의례든 개별의례든, 사대부든 하층민이든 간에 민간의 산천신앙은 분수와 명분에 어긋난 음사로 간주되어 늘 비난의 대상으로 지목받았다.

> 이조에 명하여, 백악을 진국백으로 남산을 목멱대왕으로 봉하게 하고, 경대부와 사서인들의 의례를 금지하게 하였다.[35]

> 왕이 말하기를, "천자는 천지에 제사지내고 제후는 산천에 제사지내는 것임에도 불구하고, 요즘 대신들이 송악이나 감악에 제사지낸다고 하며 휴가를 요청하는데, 이 어찌 예이겠는가?" 하였다.[36]

---

35) 『太祖實錄』권8, 태조 4년 12월 무오. "命吏曹, 封白岳爲鎭國伯, 南山爲木覓大王, 禁卿大夫士庶不得祭."
36) 『太宗實錄』권24, 태종 12년 11월 을사. "上曰, 天子祭天地, 諸侯祭山川, 今大臣或以祀松岳紺岳請暇, 是何禮也."

첫 번째 인용문은 백악과 목멱에 봉호하는 전통을 유지하면서도 왕을 제외한 계층의 의례적 관행을 통제하려는 의지를 보여주고 있다. 두 번째 인용문은 국왕의 산천제에 대한 의례적 권위를 강조하는 왕의 입장에서 송악산이나 감악산에 제사지낸다는 구실로 청원휴가를 도모하는 대신들을 향해 음사론을 무기로 비판을 가하고 있는 대목이다. 조선시대에 서울의 사대부가에서 송악의 여러 제당에 가서 제사지내는 일은 낯설지 않은 일이었고, 사대부든 일반 민중이든 송악이나 감악과 같은 명산에 기도하는 관행은 오랜 전통을 지닌 것이어서 쉽사리 통제되지도 않았고 경우에 따라서는 유교적인 관행과 민중의 관행이 병행되는 상황37)이 묵인되기도 하였다.

　　잡인들이 송악과 감악에서 의례를 행하는 것은 오랜 습속이어서 갑자기 변경하기 어려운 일이다. 만일 무지한 서민들이 절기가 순조롭지 않은 때를 당해 질병이라도 나면 반드시 송악과 감악에 제사를 금지하여서 그렇게 된 것이라고 구실을 삼을 것이다. 잠시 (송악과 감악의 치제에 대해) 금하지 말고 점진적으로 바뀌어 나가길 기다리도록 하라.38)

---

37) 이른바 세종 당시의 '상하통제'(上下通祭)라는 표현이 그것을 압축적으로 보여준다(『世宗實錄』 권23, 세종 6년 2월 정사). 상하통제는 본래 산하(山下)의 설단(設壇)만을 고집하던 세종에 대해 산상(山上)의 입묘(立廟) 전통도 긍정할 수밖에 없다는 신료들의 답변에서 흘러나온 말이다. 유교식의 산천제장으로 일원화하려는 국왕의 의지에도 불구하고 구래의 산천신앙의 유습은 한순간에 제어될 수 없었고, 그로 인해 하나의 산천에서 다각적인 의례가 용인되는 상황이 전개될 수밖에 없었다. 결국 산 아래에서 거행하는 유교 산천제와 산꼭대기를 선호하는 민중들의 산천신앙이 상하에서 병행될 가능성이 높았다고 할 수 있다. 다만, 송악과 감악의 경우에는 산 아래에 단을 설치하지 않고 산 위에 별도의 국행사묘(國行祠廟)를 짓는 것으로 결정되는 바람에 새로운 국제사(國祭祠)와 오래된 민간의 사당이 산상에 몰려 있게 되었다.

위의 내용은 국왕 태종이 예조에게 민간에서 거행하는 송악산과 감악산의 제사를 금하지 말라고 당부하는 장면이다. 갑작스런 금지 조치가 오히려 재앙의 탓을 찾는 이들에게 그릇된 빌미로 제공될 염려가 있으므로, 차라리 시간이 걸리더라도 점진적인 풍속의 변화를 기대하는 편이 낫다고 본 것이다.

위에서 살펴본 대로, 하나의 산천에 다양한 주체들이 산천신앙을 견지할 수 있음을 확인하였다. 국왕의 의례적 권위를 실현하고, 유교적인 양식에 따라 산천제를 일원화하고, 왕도를 중심으로 산천제장을 정비하고, 반혼합주의적인 태도에서 비유교적인 관행들을 통제해나가려고 했음에도 불구하고, 여전히 산천신앙의 주체자로서의 국왕, 왕실, 민간 등의 구성에는 커다란 변화가 없었다고 할 수 있다. 이러한 환경에서 우리는 왕실 산천신앙의 분명한 전통을 읽을 수 있는 것이다.

---

38) 『太宗實錄』권35, 태종 18년 1월 을해. "雜人之致祭于松嶽紺嶽, 習俗已久, 難以遽變. 若無知庶人, 幸遇時令不和, 致有疾病, 必以禁松嶽紺嶽之祭爲辭. 姑且無禁, 以待漸變."

2. 왕실의 산천제장

왕실의 산천신앙을 본격적으로 논의하기 위해, 제한적이나마 조선 시대 산천신앙의 전통과 맥락에 대해 간략하게 살펴보았다. 이러한 바탕 위에서 우리는 왕실의 산천신앙이 전개된 공간과 실천에 주목할 수 있다. 이번 절에서는 왕실에서 주목했던 의례의 공간에 대해 주목하려고 한다. 조선 왕실의 산천신앙은 주로 개성 중심의 제장(祭場)에서 거행되었다.

앞서 논의한 바 있듯이, 조선전기에 신도(新都)를 중심으로 유교적인 산천제가 새롭게 정비되어 나갔다. 이와는 달리 고려의 유풍을 지속했던 왕실의 산천신앙은 상대적으로 구도(舊都)를 중심으로 한 산천에서 거행되었다. 즉 왕실의 산천신앙은 소위 별기은처로 알려진 제장에서 이루어졌는데, 그들 대부분이 구도였던 개성을 중심으로 하여 포진되어 있었던 것이다. 별기은처에 대한 기본적인 단서는 고려 공양왕 2년(1390)의 기록을 통해 확인할 수 있다.

> 왕은 즉위한 이래로 매월 초하루와 보름마다 반드시 궁중에 승려를 불러 경을 강하게 하였다. 매번 사시(四時)에도 반드시 **13곳에서 기은 (祈恩)**하였다. 도량이니 법석이니 **별기은**이니 하면서 사리에 맞지 않게 귀신과 부처를 섬기었다.[39]

위 기록에서 주목되는 것은 별기은처라 할 수 있는 13곳에 대한 언급이다. 내용에 따르면 13곳의 별기은처에서 춘하추동 4시마다 기도행사

---

39) 『高麗史』 권45, 공양왕 2년 9월 계사. "王自卽位以來, 每月朔望, 必於宮中, 招僧講經. 每四時, 必於十三所祈恩, 曰道場, 曰法席, 曰別祈恩, 諸事神佛."

가 벌어졌다고 할 수 있다. 이와 관련하여 2년 뒤의 『고려사』 열전의
기록을 참조할 만하다.

> 불교의 설도 믿기 어려운데 하물며 괴이하고 황망한 무격(巫覡)에
> 대해서는 말해 무엇하겠습니까. 나라에 무당(巫堂)을 설치한 것 자체
> 가 이미 불경스러운데 소위 **별기은을 행하는 처소가 10여 개**에 이릅
> 니다. 여기에서 사시에 제를 지내고 또 무시(無時)로 별제를 지내니 한
> 해 동안의 낭비를 다 열거할 수 없습니다. 제를 행할 때에는 비록 금주
> 령이 엄하여도 여러 무당들이 떼를 지어 국행(國行)이라 칭하니 담당
> 관리도 감히 비난하지 못합니다. 따라서 무당들은 태평스럽게 노상에
> 서 북치고 나팔불며 춤추고 노래하며 무엇이든 다 합니다. 풍속의 더
> 럽혀짐이 매우 심합니다.[40]

위 내용은 당시 신앙과 관련된 다수의 정보를 제공하고 있지만, 사시
마다 정기적으로든 아니면 수시로 별제의 형식을 빌리든 간에 10여 곳
에서 별기은(別祈恩)이 행해졌다는 점에 주목할 필요가 있다. 그러나
13개소 혹은 10여 곳에 대한 정보는 더 이상 언급되고 있지 않아 다른
기록을 참조할 수밖에 없다. 가령, 조선 태종 대에 들어와 구래의 산천신
앙을 정비하는 과정에서 별기은처에 대한 정보가 드러나기도 하였다.

> 국왕이 예조에 명하여 말하기를, "**송악, 덕적, 감악** 등 명산의 신에
> 게 축문을 쓰고 조신을 보내 분향하게 하는 것이 예이다. 고려 이래로
> 내행기은(內行祈恩)이라 하여 사절(四節)마다 양전(兩殿)께서 내신(內
> 臣), 사약(司鑰), 무녀(巫女)로 하여금 암연히 이름도 없는 제를 지내게
> 하였는데 지금도 없어지지 않고 있으니 예에 맞지 않는다." 하였다.[41]

---

40) 『高麗史』 권120, 열전33, 金子粹傳.

예조에 명하여 **덕적, 감악, 개성대정**의 제례를 정하였다. 이에 앞서 국가에서 고려의 오류를 이어 **덕적, 백악, 송악, 목멱, 감악, 개성대정, 삼성, 주작** 등에서 춘추로 기은하였는데, 매번 환시(宦寺), 무녀(巫女), 사약(司鑰) 등으로 하여금 제사하게 하고, 또 여악(女樂)을 베풀게 하였다. 이때에 이르러 임금이, "신은 예가 아니면 흠향하지 않는다"고 하면서, 예관(禮官)에 명하여 널리 고전을 상고하여 모두 혁파하고, 내시별감으로 하여금 향을 받들어 제사지내도록 하게 하였다.[42]

위의 인용문은 태종 7년(1407) 5월과 7월의 기록이다. 두 기록 모두 환관과 무녀가 주도한 기은행사를 언급하고 있다. 사약(司鑰)은 궁궐의 주요 전각 및 출입문의 잠금장치를 관리하는 액정서 소속의 잡직 관원을 말하는데, 이 역시 내관의 소임과 무관하지 않았을 것이다. 앞의 5월 기록에는 사시마다 명산에서 거행하는 왕실의 내행기은에 대해 다루고 있으며, 기은처로 송악, 덕적, 감악 등 3곳을 언급하고 있다. 뒤의 7월 기록에서는 고려의 유습을 이어 행하던 춘추 기은행사에 대해 비판하면서 덕적, 백악, 송악, 목멱, 감악, 개성대정, 삼성, 주작 등 8곳을 열거하고 있어 주목된다. 특히 여기에서 제시된 8곳의 기은처는 고려시대의 전통을 이은 것으로서 『고려사』 김자수전에서 언급된 10여 곳의 기은처와 거의 일치하는 것이라 여겨진다. 『태종실록』에 제시된 8개소의 제장을 중심으로 왕실의 산천제장을 검토해볼 수 있을 것이다.[43]

---

41) 『太宗實錄』 권21, 태종 11년 5월 계미.
42) 『太宗實錄』 권22, 태종 11년 7월 갑술.
43) 일찍이 이혜구 선생께서 별기은처 9곳에 대한 문헌들을 검토한 바 있어, 좋은 참조가 되고 있다. 이혜구, "別祈恩考", 『한국음악서설』, 서울대출판부, 1967, 299-336쪽.

1) 송악

송악은 고려 때는 물론 조선에 이르러서도 주목받는 제장이었다. 조선전기에 산천제가 정비되는 과정에서 송악은 중사(中祀) 급인 악해독의 범주에 해당하였으며, 각종 예서나 지리서에 등장하는 4악 중에 서악으로 대표될 정도였다. 태조 2년(1393)에 국내 명산대천과 성황에 봉호를 내릴 때에 송악의 성황이 나라를 대표하며 국도를 호위하는 진국공(鎭國公)의 작위를 얻었던 것만 보더라도 송악의 비중을 알 수 있다.[44] 물론 태조 4년에 신도(新都)의 백악이 호국백(護國伯)에서 진국백(鎭國伯)으로 격상되면서 구도(舊都)의 송악과 대등한 지위를 누리긴 했지만,[45] 태종 6년(1406)까지는 백악이 아닌 송악의 성황신이 국가의 반록(頒綠) 대상으로서 확고한 위치를 점하고 있었다.[46]

국가차원뿐만 아니라 왕실차원에서도 송악은 주목받는 제장이었다. 고려말 신우 11년(1385) 2월의 기록에 의하면, "궁녀가 송악에 제사지내고 돌아올 때에 신우가 마중 나갔다가 개를 사냥하여 돌아왔다"[47]고 한다. 이후 조선시대에도 송악은 무녀 기은처의 일순위로 지목받을 정도로 왕실의 주요 제장이었다.

별기은처를 밝힌 기록에서 주목되는 것은 송악의 제장이 '국무당'(國巫堂)과 깊은 관련이 있다는 사실이다.[48] 여기에서 말하는 국무당이란 종교전문가로서의 국무(國巫)가 아니라 종교공간으로서의 무속 신당

---

44) 『太祖實錄』 권3, 태조 2년 1월 정묘.
45) 『太祖實錄』 권8, 태조 4년 12월 무오.
46) 『太宗實錄』 권11, 태종 6년 1월 무술.
47) 『高麗史』 권135, 열전48, 신우 11년 2월 갑오. "宮女祭松嶽還, 禑往迎之, 射狗以歸."
48) 송악과 국무당의 친화성에 대해서는 최종성, 「국무와 국무당」, 『비교민속학』21, 비교민속학회, 2001, 413-416쪽.

(神堂)을 가리킨다. 조선전기의 몇몇 역사기록을 통해 송악이 국무당과 동일시된 것이 아닌가 짐작된다. 가령, 정종 2년에 무녀의 기은처로 국무당, 감악, 덕적 등 3처가 거론되는데,[49] 그 후 태종 11년 5월의 기록에서는 송악, 감악, 덕적 등 3처로 제시된다.[50] 둘 사이의 기록에서 다른 공간은 고정되어 있는 반면, 국무당만이 송악으로 대체되어 거론된 것이다. 이어 태종 16년 5월의 기록에서는 거론된 바 있는 국무당, 감악, 덕적 등 3처 이외에 목멱과 삼성이 추가된 5처가 제시된다.[51] 앞서 살펴보았듯이, 8개의 별기은처를 제시하고 있는 태종 11년 7월의 기록에서는 송악, 감악, 덕적 등에다 목멱 및 삼성뿐만 아니라 백악, 개성대정, 주작 등 3처를 더 언급하고 있다.[52] 위에서 열거한 기록을 정리하면, <송악, 감악, 덕적> 혹은 <국무당, 감악, 덕적>을 기본형으로 하여, <목멱, 삼성>이 추가되거나 거기에 다시 <백악, 개성대정, 주작>이 재추가된 형태로 구조화된다.

⟨표 8⟩ 별기은처

기본형(3처)	송악, 감악, 덕적
기본형(3처)	국무당, 감악, 덕적
추가형(5처)	국무당, 감악, 덕적, 목멱, 삼성
재추가형(8처)	송악, 감악, 덕적, 목멱, 삼성, 백악, 개성대정, 주작

위의 <표 8>에서 알 수 있듯이, 송악과 국무당은 동시에 거론된 적이 없다. 송악이 거론되면 국무당이 빠지고 국무당이 거론되면 송악이

---

49) 『定宗實錄』 권6, 정종 2년 12월 임자.
50) 『太宗實錄』 권21, 태종 11년 5월 계미.
51) 『太宗實錄』 권31, 태종 16년 5월 병진.
52) 『太宗實錄』 권22, 태종 11년 7월 갑술.

빠지는 형태를 취하는 것으로 볼 때, 송악과 국무당 사이에 뭔가 친연성이 있어 보인다. 송악에 여러 제당이 소재하였던 것이 확인되고 있으나 이에 대해서는 별도로 후술할 것이다.

조선후기 궁중의 발기[件記] 자료에서 확인되듯이, 왕실에서 거행한 장기간의 산기도 일정에서 송악은 최종 목적지로 주목을 받았다. 1866년 2월 '온산숭악별긔도블긔'나 1889년 5월 '松岳德物禮緞블긔'에 나와 있는 산기도 순례는 서울에서 개성을 오가는 노정으로 구성되었고 송악(당)은 산천신앙의 귀착지였다. 유교식의 산천제가 신도인 서울을 중심으로 정립된 것과는 달리 왕실의 산천신앙은 구도 중심의 신앙적 방향감각을 지속적으로 유지했던 것으로 보인다.

2) 덕적

송악(국무당)과 더불어 왕실의 별기은처로 함께 거론된 제장공간이 바로 덕적이다. 실제로 송악이 안산(內山)이라면 덕적은 밧산(外山)으로 대비될 정도로 두 곳은 늘 왕실의 제장으로 손꼽힌 곳이다. 덕적산 봉수가 동으로 교하현 검단산과 북으로 개성부 송악산 성황당에 각각 응한다고 한 점과[53] 덕적산이 있는 풍덕군(해풍+덕수)은 동으로 장단, 남으로 통진, 서북부로 개성 등과 맞닿아 있는 지역이라는 점을 함께 고려할 때, 개성의 외성 동남부에 위치한 덕적산은 안쪽의 송악과 맞닿은 바깥 산으로 인정될 만하다. <그림 1>에서 보이듯이, 개성의 중심에 자리잡은 송악으로부터 외성 동남쪽에 덕적이 위치하고 있다.

---

53) 『新增東國輿地勝覽』 권13, 덕풍군, 봉수. "東應交河縣黔丹山, 北應開城府松岳山城隍堂."

〈그림 1〉 송경폭원도(『松京廣攷』 소재)

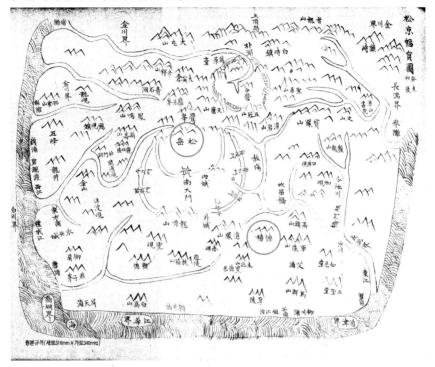

원본규격(세로316mm×가로340mm)

    덕적산(德積山)도 송악 및 감악과 더불어 왕실의 신앙이 주목하는 주
요한 영험처로 거론된 곳이다. 『세종실록지리지』 해풍군 조에는 덕수
현에 덕적사(德積祠)가 있으며, 봄과 가을에 국제(國祭)를 거행한다고
기록되어 있다.[54] 한편, 『신증동국여지승람』 풍덕군 조에는 덕적사 자
체에 대한 기록은 없지만, 풍덕군의 동쪽 30리에 위치한 덕적산에 덕적
산사(德積山祠)가 있다고 언급하고 있다.[55] 따라서 산천 기도처 및 제

---

54) 『世宗實錄』 권148, 해풍군. "德積祠, 在德水縣, 春秋行國祭."
55) 『新增東國輿地勝覽』 권13, 덕풍군, 산천/사묘.

사처로 알려진 덕적은 곧 덕적산사라고 봐도 무방할 것이다.

송악과 마찬가지로 덕적에서도 무녀가 주도하는 내행의례가 정기적으로 치러졌다고 할 수 있다.56) 한발이 닥치면 덕적에서 기우제를 거행하였고,57) 기우제를 지낸 뒤에 비를 얻으면 이에 대한 답례로 명산의 신에게 보사(報祀)의 예를 행하는데, 송악 및 감악과 더불어 덕적이 보사처로 지목되기도 하였다.58) 명종 대에 개성부의 유생들이 왕실 및 민간이 거행하는 음사처로 지목하여 소각한 제장이 바로 송악산과 더불어 덕적이었을 정도로 덕적은 왕실이 애용하는 산천제장이었다.59)

덕적이 위치한 덕수현은 고구려 때 덕물현으로 불리던 곳임을 상기한다면,60) 덕적은 덕물과 통하며, 실제로 덕물로 불리는 경우가 많았다. 1832년(순조 32)경 임효헌(林孝憲)이 편찬한 개성부 지리지인 『송경광고(松京廣攷)』 사묘(祠廟) 조에 기록되어 있듯이, 덕적산사(德積山祠)는 곧 덕물사(德物祠)로서 최영의 소상을 봉안하고 있었다.61) 아울러 1882년 개성읍지로 간행된 『중경지(中京誌)』(사단)에도 덕적산은 풍덕에 속해 있으며, 덕적산신당에는 최영의 소상(塑像)이 있다고 기록하고 있다.62)

『택리지』의 기록을 빌리면, 송도의 성에서 동남쪽 10여 리 밖에 위치한 덕적산 정상에 최영 사당이 있으며, 사당 옆 침실에 민간의 어여

---

56) 『定宗實錄』 권6, 종종 2년 12월 임자.
57) 『世宗實錄』 권101, 세종 25년 7월 기미.
58) 『太宗實錄』 권21, 태종 11년 5월 계미.
59) 『明宗實錄』 권32, 명종 21년 1월 병진.
60) 『高麗史』 권56, 지10, 덕수현. "德水縣, 本高勾麗, 德勿縣.";『世宗實錄』 권148, 해풍군. "德水, 本高句麗 德勿縣."
61) 『松京廣攷』 책6, 祠廟. "德積山祠, 卽德物祠, 有崔武愍公瑩塑像."
62) 『中京誌』 권5, 祠壇. "德積山神堂, 亦有崔瑩塑像, 山今屬豊德."

쁜 처녀를 두어 신을 모시게 했는데, 장군신을 모시는 처녀들이 밤에 신령과 교접한다고들 했다고 한다.[63] 『택리지』의 내용을 근거로 보자면, 개성 동남부에 위치한 덕적산은 최영 장군의 신앙으로 유명한 소위 무산(巫山)이라 칭해지는 덕물산과 상통한다고 볼 수 있다.[64] 정동유(鄭東愈, 1744~1808)가 1800년대 초반에 저술한 『주영편』에도 풍덕 덕물산의 최영 장군사당에 관한 짤막한 언급이 보이는데, 최영 사당에 제물로 바쳐졌던 종이와 베를 관아에서 거출해가는 실태와 그것을 두둔하고 있는 법령에 대해 꼬집고 있다.[65] 저자는 귀신의 제사를 근본적으로 막으려 하기는커녕 오히려 무속의 신당에서 가혹하게 공포를 거출해가는 데에 치중하는 국가의 모순된 처사를 덕물산의 최영 사당의 사례로써 비판한 것이다. 그가 법령 운운한 것은 지방의 무녀에게 1필의 공포를 거두게 한 『속대전』(호전 잡세)에 규정된 무세(巫稅)[66]를 가리키는 것으로 보인다.

요컨대, 덕적은 최영 중심의 신앙을 이끌어온 무속신앙의 본산으로서 왕실의 산천신앙에 있어 빠뜨릴 수 없는 중요한 제장이었을 것이다. 조선후기 병인(1866) 2월 '온산숭악별긔도볼긔'에서 왕실의 산천기도터로 명시된 '밧산'은 곧 덕물산을 의미한다. 한편, 기축(1889) 5월 '松岳德物禮緞볼긔'에는 송악과 더불어 덕물이 짝으로 명시되어 있다. 이로 볼 때, 서울에서 송악을 향하는 왕실의 기도행렬상에 덕적(덕물)은 최종 목표지를 앞둔 필수적인 노정이었다고 할 수 있다.

---

63) 안대회 외역, 『완역 정본택리지』, 휴머니스트, 2018, 217쪽.
64) 1931년 덕물산의 신앙적 풍경을 답사한 아키바의 기록에 대해서는 최길성 역, 『조선무속의 현지연구』, 계명대출판부, 1987, 134-142쪽.
65) 안대회 외역, 『주영편(晝永編)』, 휴머니스트, 2016, 114쪽.
66) 『續大典』戶典, 雜稅. "外方巫女, 錄案收稅(每名稅木一匹)."

3) 감악

감악은 서울에서 개성을 오가는 중간 길목에 위치한 명산으로서 왕실의 민속 제장으로 중시된 곳이다. 감악은 이미 신라대부터 영험한 명산으로 주목받았고 소사(小祀)로 치제된 곳이었다. 『고려사』 지리지에 따르면, 감악산의 정상에 있는 사당에 향과 축을 내려보내 제사지냈다고 한다. 한편, 고려 현종 때에 침략한 거란군이 감악산의 사당에 군기와 군마가 있는 것으로 착각하여 침입하지 못하자 후에 왕이 신령에 보답하도록 했다고 한다. 그리고 당시 지역민들 사이에서 신라인들이 당나라 장수 설인귀를 산신으로 모셨다는 얘기를 회자하고 있었다고 한다.[67] 충렬왕은 원나라 황제를 도와 내안(乃顔)을 토벌할 때에 감악산신의 둘째 아들을 도만호(都萬戶)로 봉하여 원정에서의 신공(神功)을 얻고자 했다.[68] 산신의 차자(次子)를 운운할 정도로 당시에 이미 감악산신의 가족화 경향이 두드러졌던 것으로 보인다.

조선시대에 이르러서도 감악산은 소사(小祀)에 편제되었고, 정기적으로 춘추(孟春, 仲春, 仲秋)에 국행제가 거행되었던 곳이다.[69] 개국초인 태조 2년에 이미 감악산은 지리산, 무등산, 금성산, 계룡산, 삼각산, 백악산, 진주성황 등과 나란히 호국백(護國伯)의 봉호를 받을 정도로 국토수호의 거점으로 주목받았다.[70] 더욱이 감악은 명산대천의 분류상, 지리적으로 북방을 대표하는 명산으로 인정받았고(<표 9>), 오행체계

---

67) 『高麗史』 권56, 지10, 적성현. "自新羅爲小祀, 山上有祠宇, 春秋降香祝行祭. 顯宗二年, 以丹兵至長湍嶽, 神祠若有旌旗士馬, 丹兵懼而不敢前, 命修報祀. 諺傳, 羅人祀唐將薛仁貴爲山神云."

68) 『新增東國輿地勝覽』 권11, 적성현, 사묘.

69) 『京畿邑誌』 책2, 적성현지, 단묘, 감악신묘.

70) 『太祖實錄』 권3, 태조 2년 1월 정묘.

상으로는 중앙의 토덕(土德)에 해당하는 백악을 배후에서 뒷받침해주는, 수덕(水德)을 구비한 북산으로 간주될 정도로 위상이 드높았다.[71]

〈표 9〉 명산의 분류체계

문헌	중	동	서	남	북
신증동국여지승람	목멱	치악	오관/우이	계룡/죽령 우불/주흘	**감악**/의관
동국여지비고	목멱	치악	오관/우이	계룡/죽령 우불/주흘	**감악**/의관

송악과 더불어 감악에서도 국행 산천제가 정기적으로 거행되었지만, 그와는 별도로 춘추에 왕실의 기은행사가 이중적으로 거행된 곳이기도 하다.[72] 당연히 무녀가 동반된 의식이었음은 두말할 나위 없다.[73] 다만, 당시 왕실의 신앙적 차원에서 감악산이 갖는 종교적 위상이 어떠했는지를 간접적으로 엿볼 수 있는 사례 두 가지를 짚어보고 싶다.

먼저, 세종 6년(1424)에 동전의 주조를 위해 동서반의 품관은 물론 무녀와 경사(經師)에게도 구리의 차등 징수량을 할당하였다.[74] 무업 종사자들만 따로 떼어놓고 보자면 감악의 무당(9근)에게 할당된 구리의 양은 송악무당(8근)을 넘어선 최고의 수준으로서 국무당(신당이 아닌 국무)과 동등한 것이었다(〈표 10〉). 이는 전체적으로도 정2품의 품관과 맞먹는 양이었다. 두 번째로, 세종 32년에도 명과의 무역을 위해 말을 징수하게 되었는데, 이때에도 감악무당에게 부과된 중마(中馬) 1필은 국무당과 동일한 최고의 수준이었고, 송악과 덕적의 두 무당이 합쳐

---

71) 『東國輿地備攷』 권1, 京都; 『林下筆記』 권13, 文獻指掌編, 都京備五德.
72) 『太宗實錄』 권22, 태종 11년 7월 갑술.
73) 『定宗實錄』 권6, 종종 2년 12월 임자.
74) 『世宗實錄』 권25, 세종 6년 8월 경술.

서 납부해야 하는 양과 같았다.[75] 두 사례를 통해 적어도 조선전기에 감악무당이 지닌 종교적 위상이 국무와 어깨를 나란히 할 정도였고, 질적으로 송악을 능가하는 것이었다고 짐작할 수 있다.

〈표 10〉 세종 6년 무녀의 구리 징수량

무당구분	국무당	전국무당	송악무당	덕적무당	삼성무당	내승무당	**감악무당**	무당
구리 할당양	9근	8근	8근	6근	6근	8근	**9근**	1근

이렇게 된 데에는 감악산에 대한 지역민들의 호응도 한몫했겠지만 무엇보다도 왕실신앙의 후원에 힘입은 바도 크다고 생각된다. 감악무당과 관련해서 한 가지 빼놓을 수 없는 기록에 주목할 필요가 있다. 세종 30년(1448) 경전과 고전에 고루 능통했던, 집현전 직제학을 지낸 김문(金汶)이 중풍을 앓다 세상을 떠나게 되었는데, 당시에 세종은 그의 장례를 위해 관곽(棺槨), 쌀 10석, 종이 70권 등을 하사하며 부의를 전했다. 김문은 과거를 거쳐 종3품직에 오른 박학문사(博學文士)였지만 그의 집안 내력과 가계에 대해서는 알려진 게 전혀 없다. 흥미롭게도 감악사(紺嶽祠)에서 무당노릇하던 이가 그의 모친이었다는 사실만이 기록에 전하고 있을 뿐이다.[76] 고려말 충주 출신으로서 군공을 세워 정2품의 정승직인 문하찬성사(門下贊成事)에까지 올랐고 태조 이성계와 사돈의 연을 연속해서 맺었던 지윤(池奫)도 어머니가 무당이었으니,[77] 여말선초의 과도기에 김문의 이력도 아예 불가능하지는 않았을 것이다. 김문의 부계에 대해 알려진 게 없을 정도로 한미한 집안이었을지

75)『世宗實錄』권127, 세종 32년 1월 기축.
76)『世宗實錄』권119, 세종 30년 3월 무술.
77)『高麗史』권125, 열전38, 간신1, 지윤.

모르지만, 국무에 버금갈 만큼 왕실과 민간의 호응을 얻는 감악무당의 자손이었다면, 명예는 아니더라도 경제적 뒷배는 갖춘 셈이었다고 할 수 있지 않을까.

애기가 옆으로 흘렀지만 다시 왕실이 주목한 감악산의 애기로 돌아오자. 한발이 지속되면 명산대천에 향축을 보내 기우하는 예에 따라 감악산에서 기우제를 봉행하는 것은 흔하디흔한 일이었으며, 국왕과 왕실의 병환이 있을 경우에도 감악은 빠지지 않는 기도터였다.[78] 태종이 대신들이 사적으로 산천제를 거행하기 위해 청원휴가를 요청한다고 질타할 때에도 주목된 것이 송악과 감악의 제사였을 정도로 국가, 왕실뿐만 아니라 사족에게도 감악은 영험한 산천으로 이해되었다.[79] 사족뿐만 아니라 민중들 사이에도 감악은 주요한 기도터였으며, 국가의 금제로도 강요할 수 없는 곳이었다.[80] 세종이 서민들이 몰려드는 산상(山上)의 사당을 보고, 산하(山下)에 단을 설치하는 예로 일원화하여 민간의 산천신앙을 통제하려 하였으나 결국 상하통제(上下通祭)를 인정할 수밖에 없게 만들었던 곳도 바로 감악이었다.[81]

성종 대에는 목멱신사를 지키는 차을중(車乙仲)이라는 사람이 목상을 만들어 감악산신이 옮겨 왔다고 칭하며 사람들을 미혹시켰다고 사죄(死罪)에 처해질 뻔하기도 했다.[82] 설인귀라 여겨지는 감악산신의 영험성이 대중들의 종교적 열망을 부추긴 것이라 할 수 있다. 병인(1866) 2월 왕실의 '온산슝악별긔도블긔'에도 감악산이 명시되어 있으며, 현

---

78) 『世宗實錄』 권29, 세종 7년 윤7월 신유.
79) 『太宗實錄』 권24, 태종 12년 11월 을사.
80) 『太宗實錄』 권35, 태종 18년 1월 을해.
81) 『世宗實錄』 권23, 세종 6년 2월 정사.
82) 『成宗實錄』 권165, 성종 15년 4월 무인.

재 무속에서도 감악산신은 비뚤대왕(빗돌대왕)으로 모셔지고 있다.

4) 백악

고려를 마감시키고 개국한 조선이 국도를 송도에서 서울로 옮기면
서 백악의 문화적 위상은 급부상하였다. 천도 이전까지 구도의 송악산
성황신이 진국공(鎭國公)으로 백악의 성황이 호국백(護國伯)으로 각각
봉해졌지만,[83] 천도 이후에는 신도의 백악도 진국백(鎭國伯)으로 봉해
지면서 왕도를 진호하는 진국(鎭國)의 이미지가 점차 백악으로 기울기
시작하였던 것이다.[84] 더욱이 태종 6년에 이르러 송악의 성황신에게
지급되던 반록(頒祿)의 혜택이 백악으로 대체되면서 명실상부하게 백
악이 진국의 기호를 독차지하게 되었다고 할 수 있다.[85] 물론 이렇게
백악에 반록하는 제도 자체는 산천신의 인격적 이미지를 제약하는 조
처로 인해 점차 혁파될 수밖에 없었다.[86] 그러나 백악이 동·서·남·북 4
진의 중심에 위치한 중진(中鎭)으로서 왕도를 진호하는 상징성만큼은
결코 약화되지 않았다. 더욱이 시대에 따라 동·서·남·북 4진의 구성이
변화를 겪더라도 백악은 늘 중진으로 인정되었다.

백악의 정상에 위치한 백악사(白岳祠)는 중사(中祀)에 편제된 삼각산
의 제사가 실제적으로 이루어지던 제장이기도 하였다. 태종 14년에 악
해독, 명산대천, 성황 등의 제사 등급을 매겨 사전에 편제하는 조처를
취하는 과정에서 백악은 독립된 산천으로 등장하지 않았다. 그러나 그

---

83)『太祖實錄』권3, 태조 2년 1월 정묘.
84)『太祖實錄』권8, 태조 4년 12월 무오.
85)『太宗實錄』권11, 태종 6년 1월 무술.
86)『世宗實錄』권76, 세종 19년 1월 갑오.

것은 당시에 삼각산의 신위를 백악사로 안치하고 백악을 거기에 부속시켰기 때문에 벌어진 일이었다. 『국조오례의』를 비롯한 각종 예서에서 백악산에 대한 독립된 의주가 보이지 않는 것은 삼각산제에 백악산제가 포함되어 있었던 사정과 관련된다고 할 수 있다. 백악사의 제단구성에서 드러나듯이, 삼각산의 신위가 북쪽에서 남향하고 백악산의 신위가 동쪽에서 서향하는 방식으로 통합되어 있었다.

백악은 국가적인 대사가 있을 때 거행하는 고유제의 주요 대상이었다. 왕도의 건설을 시작하기 전이나[87] 도성의 토대를 마련한 후[88], 혹은 때때로 도성을 수축할 경우나[89] 왕도를 수복하여 입성할 때에도[90] 백악에 고유하는 의식이 거행되었다. 더욱이 국가적인 위기의 상황에서도 백악은 초월의 대상으로 설화되기도 하였다. 가령, 『동패락송』에는 백악산신을 만난 이항복(李恒福, 1556~1618)의 설화담이 전해지고 있는데, 내용인즉슨 임진년을 1년 앞둔 신묘년(1591)에 백악산신이 사람의 형상을 하고 나타나 임진년의 전란을 예고해 주었다는 것이다.[91] 국가적인 대사뿐만 아니라 각종 재앙과 고통을 해소하기 위한 기양제가 설행된 곳도 백악이었다. 일일이 열거할 수 없을 정도로 왕실의 치병, 기우, 기청, 기설 등을 포함한 각종 기양의식이 백악에서 빈번하게 거행되었다.

왕실차원에서도 백악은 주요한 기도처였다. 고려시대에 이어 조선시대에도 백악에 무녀를 파견하여 기은하는 행사가 이어졌음을 확인

87) 『太祖實錄』 권6, 태조 3년 12월 무진.
88) 『太祖實錄』 권9, 태조 5년 1월 무진.
89) 『世宗實錄』 권15, 세종 4년 1월 임신.
90) 『宣祖實錄』 권42, 선조 26년 9월 임술.
91) 김동욱 역, 『국역 동패락송』, 아세아문화사, 1996, 91-93쪽.

할 수 있다. 태종 11년 7월에 백악을 포함하여 송악, 감악, 덕적, 목멱, 삼성, 주작, 개성대정 등 7처에 봄가을로 무녀를 보내 여악(女樂)을 벌이며 기은하는 고려의 전통을 비례(非禮)로 단정하고, 내시별감(內侍別監)을 보내 봉향(奉香)하는 양식으로 대체하도록 하였다.[92] 당시에 고전을 참조하여 내린 결론이 의례의 주체를 무녀에서 별감으로 교체하고 의례양식을 여악이 아닌 봉향의식으로 바꾸는 것이었다. 그럼에도 불구하고 예전의 습속은 여전하였다. 세종 18년(1436)에 내린 교지에 다음과 같은 내용이 들어 있었다.

> 지금 이후로 송악과 백악 등 여러 곳에서 중궁(中宮)이 별기은(別祈恩)을 행하는 것과 살곶이에서 사복시가 행하는 마제(馬祭)는 거행하지 말도록 하라.[93]

별기은은 왕실의 후원 아래 무격(巫覡)이 주재하는 산천의 기도행사였다. 송악은 그렇다 치더라도 새 왕조에서 유교적인 양식에 맞춰 의례의 중심으로 구성해나가고자 했던 백악마저도 왕실의 사적인 의례가 고민거리로 등장한 것이다. 더욱이 연산군의 경우에는 본인 스스로 백악사에 올라 무당굿을 거행할 정도였다고 한다. 즉 본인 스스로 무당 행세를 하며 모친인 폐비 윤씨가 빙의된 형상을 보이기도 하고, 수차례 백악사에 올라 무당굿을 거행하다 보니 궁중에서는 이 모든 것이 폐비 윤씨가 빌미가 되어 벌어진 일이라고 판단하기도 했다는 것이다.[94] 동

---

92) 『太宗實錄』 권22, 태종 11년 7월 갑술.
93) 『世宗實錄』 권72, 세종 18년 5월 병자. "今後勿行, 松岳白岳等各處, 中宮別祈恩, 及箭串司僕寺馬祭."
94) 『燕山君日記』 권59, 연산군 11년 9월 병신.

시대인들의 과장된 평가가 가해진 기술일 수도 있다는 점을 감안해야 겠지만, 무당굿과 백악사의 연합이 그리 별스러운 일로 여겨지지 않았던 것으로 보인다.

왕실뿐만 아니라 민간에서도 백악은 영험한 제장이었다. 세종 21년 (1439)에는 소격전제조(昭格殿提調)가 백악산의 신사(神祠)를 통행하는 민간인들이 소격전을 통로로 삼아 오가는 것을 막아달라고 상언할 정도였다.[95] 특히 보안상의 이유로 궁궐 가까이 있던 백악의 성황당을 오가는 민간의 신앙인들을 통제하는 경우도 허다하였다.[96] 특별히 『천예록』의 기록에 따르면, 조선시대에 백악사 혹은 백악당은 목멱산의 국사와 부부관계에 있는 정녀부인의 사당으로 인식되었고 민중들로부터 영험성을 인정받았던 것으로 보인다.[97]

5) 목멱

삼각이 중악으로, 백악이 중진으로 각각 인정되었다면 목멱은 중앙을 대표하는 명산, 즉 중산(中山)의 위상을 지니고 있었다. 새로운 왕도를 둘러싼 동서남북 4산의 구성에서 동서의 축을 잇는 낙산과 인왕산보다는 남북의 축을 잇는 백악과 목멱이 주축으로 인정되었다고 할 수 있다. 한양으로 천도한 이후 백악을 진국백으로 봉할 때, 그 짝패로 남산을 목멱대왕이라 봉한 데에서도 그런 점을 엿볼 수 있다. 아울러 앞서 언급했듯이, 백악사의 정녀부인의 짝으로 목멱의 국사가 설화될 정도

---

95) 『世宗實錄』 권85, 세종 21년 4월 갑신.
96) 『燕山君日記』 권51, 연산군 9년 11월 병자.
97) 김동욱, 최상은 역, 『천예록』, 명문당, 2003, 230-231쪽.

로 목멱은 백악과 더불어 서울의 종축을 이루고 있었다고 할 수 있다.

목멱은 산천제의 정비과정에서 소사(小祀)의 치제대상으로서 정기적으로 봄(仲春)과 가을(仲秋)에 국행제가 거행되었다. 정기적인 의례뿐만 아니라 한발의 상황에서 치러지는 국행기우제나 국행기설제의 공식적인 제장으로도 인정되었다. 숙종 30년(1704)에 확립된 국행기우제 12제차에서 목멱은 1차 기우제와 6차 기우제의 제장이었으며, 조선후기에 표준화된 국행기설제에서도 2차의 기설제에 목멱이 포함되어 있었다.[98] 이외에도 기청제나 기양제는 물론, 국가적 사건에 대한 고유제가 목멱에서도 빈번하게 거행되었다. 특히 전국을 공포로 휩싸이게 했던 19세기 괴질의 광풍이 몰려왔을 때에 목멱에서의 양재제(禳災祭)가 주목을 받기도 하였다.[99]

국가차원의 의례뿐만 아니라 왕실과 민간차원에서도 목멱은 주요한 신앙의 대상이었다. 고려 때뿐만 아니라 조선전기에도 목멱은 내행기은처로 주목받았음은 백악과 별반 다르지 않다. 목멱은 왕실의 환후가 발생하면 치병의 제장으로 주목받은 곳이었다. 특히 목멱의 성황은 민간에서도 큰 인기를 얻었었다.

6) 삼성

별기은처로 이름난 삼성은 황해도 문화현 구월산에 소재한 삼성사(三聖祠), 즉 환인·환웅·단군을 모신 사당과는 별도의 공간이므로 구분

---

98) 최종성, 『기우제등록과 기후의례: 기우제, 기청제, 기설제』, 서울대학교 출판부, 2007, 90쪽, 120쪽.
99) 『承政院日記』 책2144, 순조 21년 8월 22일.

할 필요가 있다. 고려에 이어 조선 왕실에서 산천의 기도터로 주목한 것은 서울과 개성을 오가는 사이에 위치했던 제장으로 보는 것이 타당하다고 할 수 있다. 특히 태종 11년에 양질(楊秩)을 해풍(海豊)으로 파견하여 삼성(三聖), 주작(朱雀), 대국(大國) 등의 제사에 대해 알아보게 한 일이 있었는데,[100] 삼성의 조사지역이 멀리 황해도 문화현의 구월산이 아닌 경기도 해풍군의 바다와 만나는 한강 하구였음을 유념할 필요가 있다.

『세종실록지리지』 부평도호부(해풍군) 조에 따르면, 당시 군내에 봉화가 세 곳 있었는데, 덕적-삼성당-둔민달(芚民達)로 이어지는 전달체계를 갖추었던 것으로 보인다.[101] 한편, 『신증동국여지승람』 풍덕군, 산천 조에는 군 동쪽 30리에 덕적산이 있고, 덕수현 남쪽 5리에 삼성당산(三聖堂山)이 있다고 기록되어 있으며,[102] 동 사묘 조에도 성황사, 덕적산사, 백마산사 등과 함께 삼성당사가 소개되어 있다.[103] 특이한 것은 『고려사』(세가)의 충숙왕 6년 8월 임자일의 기록에, 왕이 덕수현에 사냥을 나갔다가 매와 말이 죽자 분노하여 성황신사(城隍神祠)를 불태우도록 명했다고 하는데,[104] 그 현장이 바로 삼성당사였다는 것이다.[105]

왕실의 별기은처로 손꼽히던 삼성사에는 당연히 그곳을 주재하는 의례전문가인 무당이 있었다. 세종 6년 당시, 송악무당, 덕적무당, 감악

---

100) 『太宗實錄』 권22, 태종 11년 7월 갑술.
101) 『世宗實錄』 권148, 지리지, 경기, 부평도호부, 해풍군.
102) 『新增東國輿地勝覽』 권13, 풍덕군, 산천.
103) 『新增東國輿地勝覽』 권13, 풍덕군, 사묘.
104) 『高麗史』 권34, 세가34, 충숙왕 6년 8월 임자. "王畋于德水縣, 王怒海靑及內廐馬之斃, 命焚城隍神祠."
105) 『新增東國輿地勝覽』 권13, 풍덕군, 사묘. "高麗忠肅王六年, 畋于德水縣, 怒海東靑及內廐馬之斃, 命焚城隍神祠, 卽此."

무당 등과 마찬가지로 삼성무당에게도 납부할 구리의 할당량이 지정되었는데, 그것은 감악(9근)과 송악(8근)에는 미치지 못하지만 덕적무당과는 동일한 6근이었다.106) 그렇다면 삼성무당이 주재하는 삼성당에는 과연 어떤 신이 모셔져 있었을까.

안타깝게도 삼성당 혹은 삼성당사에 대한 역사의 기록은 많지도 않고 자세하지도 않다. 그러나 태종 11년 양질이 해풍에 기거하던 김첨(金瞻)으로부터 얻었다는 답변 속에 중요한 정보가 들어있다.

> 삼성은 고려 충렬왕이 원나라 세조 황제의 딸에게 장가들면서 중국 남방의 신을 청하여 제사지낸 것입니다. 대개 그 신은 수로[水道]의 화복을 주관합니다.107)

위에서 보듯이, 김첨의 대답은 간결하고도 강렬했다. 당시 삼성사에서 제사하는 신은 1274년(원종 15) 충렬왕이 원나라 제국대장공주와 결혼할 즈음에 중국 남쪽에서 모셔온 신위인데, 주로 물길의 안전과 화복을 담당한다고 여겨졌다. 당시 충렬왕이 들여온 대국신이 중국 북방의 신이라면 삼성신은 남방에서 기원한 외래신이었다.

사실, 이 이상 삼성사의 제신(祭神)에 대한 이해를 진전시키기 어려웠다. 중국 남방 출신의 외래신으로서 해운과 수로의 안전을 주관하는 신이고, 더구나 원대에 수용되었다면 어렴풋하게나마 마조신(媽祖神)을 연상해볼 수도 있겠지만, 부족한 사료를 근거로 논의를 체계화하기가 여간 곤란한 일이 아니었다. 그러나 다행스럽게도 중국의 문헌자료

---

106) 『世宗實錄』 권25, 세종 6년 8월 경술.
107) 『太宗實錄』 권22, 태종 11년 7월 갑술. "三聖則前朝忠烈王尙世祖皇帝女, 請中國在南之神祭焉, 蓋主水道禍福也."

를 충실하게 동원해서 한국 민속종교의 난제들을 규명해온 서영대 선생님의 또 다른 노작으로 인해 삼성당의 신위 문제가 한층 가닥을 잡게 되었다.[108] 그 논지의 일부를 정리하자면, 삼성신은 남송대 복건 지역에서 시작해 원대에 중국 북쪽으로 확산된 마조여신이고, 그 여신이 13세기 충렬왕 때에 원으로부터 고려로 전래된 이래 해상무역과 항해의 보호신으로서 풍덕의 삼성사에 모셔지게 되었다는 것이다.

충렬왕 이후 원나라 공주로 왕실이 구성되면서 중국으로부터 내방한 신을 모셨던 삼성이 왕실의 제사에서 주목받았을 것이고, 그 전통이 조선전기 왕실의 산천제장으로 이어졌다고 할 수 있다. 다만, 충렬왕대에 삼성과 함께 들여온 대국의 신앙전통은 조선 후기 궁중발기 자료를 통해 쉽게 확인되고 있으나 삼성에 관한 것은 찾아보기 곤란하다. 조선전기 왕실의 별기은처로서 주목받던 삼성당이 이후 어떤 역사적 경로를 거치며 부침했는가에 대해서는 앞으로 풀어내야 할 과제로 남길 수밖에 없다.

7) 주작

태종 때에 왕실의 별기은처로 지목된 제장 중 덕적, 삼성, 주작 등 3처는 경기도 해풍(풍덕)군에 소재했었다고 여겨진다. 앞서 언급한 바 있듯이, 태종 11년 양질은 해풍(海豊)에 거하던 김첨으로부터 주작(朱雀)의 내력을 전해 듣게 된다. 김첨의 말에 따르면, 주작은 고려 때에 송도의 본궐 남훈문 밖에 주작칠수(朱雀七宿)를 제사하기 위해 세웠던 것

---

108) 서영대, 「고려 말, 조선 초의 三聖信仰 연구」, 『한국학연구』46, 인하대학교 한국학연구소, 2017, 245-292쪽.

이었다.[109] 이는 동서남북 28수 중에 남방(주작)에 해당하는 7수(井·鬼·柳·星·張·翼·軫)를 남쪽에서 제사하던 성수 및 방위 신앙의 전통과 관련되는 것으로 보이지만, 이것이 어떻게 왕실의 산천신앙과 연관성을 가지게 된 것일까.

『신증동국여지승람』 풍덕군 사묘 조에는 주작신당(朱雀神堂)은 속칭 당두산(堂頭山)이라는 곳에 있으며, 옛날 장원정(長源亭)에서 서남쪽으로 2리 떨어진 해변가에 위치한다고 기록되어 있다.[110] 남방의 성수를 모신 주작신당은 당두산에 위치했던 것으로 파악된다. 『신증동국여지승람』 풍덕군 고적 조에 실린 장원정의 기록에 따르면, 장원정은 도선의 송악명당기(松岳明堂記)가 말하는 '군자어마명당'(君子御馬明堂) 터로서 고려 왕건이 통일을 이룬 해(936)로부터 120년이 지난 후에 집을 지으면 국운이 오래갈 것이라고 하던 곳이었다.[111] 남효온(南孝溫, 1454~1492)의 『추강집』에도 당두산 신당과 장원정에 대한 언급이 나오고 있다.

> 잠시 뒤, 승려들과 작별하고 장원정을 찾아 나섰다. 거의 20리쯤을 가서 장원정 옛터에 이르렀다. 곧장 철리곶을 지나 당두산(堂頭山)에 올랐다. 산 정상에 신당이 있었기에 그렇게(당두산이라) 이름한 것이다. 산세가 깎아질 듯 솟았다가 바닷속으로 달음질쳐 박히다 보니 삼면이 모두 물로 둘러싸여 있다.[112]

---

109) 『太宗實錄』 권22, 태종 11년 7월 갑술.
110) 『新增東國輿地勝覽』 권13, 풍덕군, 사묘. "俗稱, 堂頭山, 在古長源亭西南二里海邊."
111) 『新增東國輿地勝覽』 권13, 풍덕군, 고적, 장원정.
112) 『秋江集』 권6, 雜著, 松京錄, 戊午. "須臾, 辭僧輩訪長源亭. 行將二十里, 至亭之故基. 徑往鐵里串, 登堂頭山, 頂有神堂故名. 山形峭竦, 走入海曲, 三面皆水."

주작신당은 바다 쪽으로 돌출하여 삼면이 물로 둘러싸인 당두산 정상에 자리잡고 있던 제당이었다고 할 수 있다. 앞서 언급한 태종 11년의 기록에 송도 남훈문 밖에 있던 주작을 서울로 옮겨와 궁 남쪽에 세우게 했다고 하는데, 실제로 그것이 어떤 과정을 거쳐 변화하게 되었는지에 대해서는 여전히 분명한 답을 얻기가 어렵다.

8) 개성대정

'큰우물' 혹은 '한우물'로 불리는 개성대정은 의조(懿祖), 즉 작제건이 용녀를 아내로 맞아 개성의 산록에 이르러 은 바리(銀盂)로 땅을 파자 물이 용출하였으므로 우물이 되었다는 전설을 간직하고 있다.113) 대정은 용녀가 서해를 오가는 통로로 설화되었을 뿐만 아니라 용이 거하는 곳으로 인식되어 가물 때에 기우제장으로 애용되었고, 박연(개성) 및 덕진(임진)과 더불어 3대 용왕처로 이름을 날리기도 하였다.114) 고려시대뿐만 아니라 조선시대에도 개성대정에서 빈번하게 기우제를 거행하였고, 특히 세조 3년(1457)에는 세자의 병으로 인해 개성대정에 향과 축을 내려보내 기도하게 하였다.115)

태종 14년에 전국 산천의 제사등급을 분류하면서 개성대정을 경기도 소재관행(所在官行)으로 규정하였지만, 세종 19년 산천의 단묘와 위판 제도를 개혁하는 단계에서도 개성대정은 여전히 전통적인 제당의

113) 『高麗史』 권56, 지10, 지리1, 개성현. "世傳, 懿祖娶龍女, 初到開城山麓, 以銀盂掘地, 水隨涌, 因以爲井."
114) 『世宗實錄』 권148, 지리지, 구도개성유후사. "在宣義門外十一里, 有泉湧出, 滿深二尺許. 春秋行國祭, 遇旱則禱. 與朴淵德津, 號三所龍王."
115) 『世祖實錄』 권8, 세조 3년 8월 계사.

형태를 유지했던 것으로 보인다.

> 개성대정묘의 북벽에는 신상을 설치하고 동북벽에는 잡신의 화상
> 을 펼쳐 놓은 채, 항상 음사를 행합니다. 이제 우물가 가까운 곳을 골
> 라 단을 설치하고 위판은 '대정지신'(大井之神)이라 써서 제사를 행하
> 기를 청합니다.116)

아마도 왕실의 별기은처로 알려진 개성대정의 사당은 신상과 도상
이 어우러진 공간이었을 것이다. 실제로『택리지』의 저자 이중환이 대
정리(大井里)의 옛 사당을 직접 방문한 적이 있는데, 당시 신당에서 용
녀(온성왕후)의 소상(塑像)을 보았다고 한다.117) 개성대정의 제신은 다
름 아닌 한우물 설화의 주인공인 용녀였다고 할 수 있다. 개성대정은
조선시대 내내 왕실의 기도처로 중시되었으리라 짐작된다. 조선후기
궁중의 산천기도가 벌어졌던 때에도 개성대정의 신앙적 전통은 유지
되고 있었다. 1889년 5월 '山禮緞쓰온볼긔'에 따르면, 당시 개성을 돌
아오는 산천기도에서 한우물도 순례지 가운데 하나였고, 그곳에서 무
속의 굿거리가 거행되었음을 알 수 있다.

---

116)『世宗實錄』권76, 세종 19년 3월 계묘. "開城大井廟, 設神像於北壁, 又東北壁, 排
設雜神圖畵, 常行淫祀. 請擇井邊近地設壇, 位版書大井之神, 行祭."
117) 안대회 외역,『완역 정본택리지』, 휴머니스트, 2018, 214쪽.

3. 왕실의 산천제당

앞서 왕실의 산천신앙이 전개된 제장에 대해 간략하게 살펴보았다. 국가차원에서는 신도(新都)를 중심으로 한 유교적인 산천제장이 새롭게 정비된 반면, 왕실차원에서는 구도(舊都)를 중심으로 한 전래의 산천제장이 유지되었음을 확인할 수 있었다. 이번 절에서는 왕실이 주목한 주요 산천에 소재했던 특정 제당(祭堂)들의 면면과 그에 얽힌 경험과 기억의 서사들을 탐색하고자 한다. 논의의 대상은 서울-개성 행로상의 의례적 거점이었던 송악의 제당, 감악의 제당, 백악과 목멱의 제당 등으로 한정할 것이다.

1) 송악의 제당

송악산의 신앙을 주도했던 주체는 다양하였다. 그야말로 왕실의 별기은뿐만 아니라 국가의 산천제와 민간의 산신신앙이 교차하는 주요 제장 중의 하나가 바로 송악이었다. 굳이 종교전통별로 구분한다 하더라도 송악산에는 왕륜사(王輪寺)를 비롯해 귀산사(龜山寺), 석방사(石房寺), 건성사(乾聖寺), 안화사(安和寺), 복령사(福靈寺) 등의 불교사찰이 깃들어 있었으며,[118] 이름 그대로 도교적 색채를 띠고 있는 것으로 보이는 팔선궁(八仙宮)과 소격전[119]이 자리하고 있었고, 국가의 공식

---

118) 『新增東國輿地勝覽』 권4, 개성부상, 불우.

119) 『新增東國輿地勝覽』(개성부상, 불우)에서는 송악산의 소격전(昭格殿) 동쪽 옆에 귀산사가 있었다고 하였고, 서긍의 『선화봉사고려도경』(권17, 사우)에서는 숭산신사(崧山神祠)를 가는 길에 귀산사와 복원관(福源觀)을 지나간다고 하였는데, 귀산사 근처의 사우에 대해 조선시대 자료는 소격전으로 고려시대의 자료는 복원관으로 묘사하고 있어 양자 사이에 차이가 있어 보이나 도교의 신을 모신 도관이라

적인 산천제가 벌어지는 국제사(國祭祠)도 마련되어 있었을 것이며, 그리고 왕실과 민간에서 애용한 기도의 제당이 여럿 분포되어 있었다.

송악산의 제당으로서 주목되는 것이 송악산사(松岳山祠), 즉 인종 때에 고려에 귀국했던 송나라 사신 서긍(徐兢)이 숭산신사(崧山神祠)라고 했던 바로 그것이다. 서긍의 진술에 따르면, 재난과 질병이 있을 때 숭산신사에 옷을 시주하고 좋은 말을 바쳐 기도했다고 한다.[120] 그런데 한 가지 유의할 점은 조선시대에 송악산사가 단일한 특정 제당을 가리키는 고유명사라기보다는 송악산에 소재한 여러 제당을 통칭하는 일반명사로 이해된다는 점이다.

> 송악산사(松岳山祠): 산 위에 5개의 사우(祠宇)가 있다. 첫째는 성황이요, 둘째는 대왕이요, 셋째는 국사요, 넷째는 고녀요, 다섯째는 부녀이다. 모두 어떤 신인지 알 수 없다.[121]

적어도 15세기 후반기의 『동국여지승람』 단계에서 바라볼 때, 송악산의 사당은 성황당, 대왕당, 국사당, 고녀당, 부녀당 등 5개였다고 할 수 있다. 이보다 앞선 『세종실록지리지』의 기록에는 성황당, 대왕당, 국사당 등 3개의 사당이 산 정상에 있으며, 봄가을로 국행의례를 거행하며 중사(中祀)에 등재되어 있다고 하였다.[122] 두 기록 사이에 성황당, 대왕당, 국사당 등 세 곳은 완전히 일치하지만, 시기적으로 뒤에 편찬

는 점에 있어서는 상통한다고 할 수 있다.

120) 『宣和奉使高麗圖經』 권17, 사우, 숭산묘.

121) 『新增東國輿地勝覽』 권5, 개성부하, 사묘. "松岳山祠, 上有五宇, 一曰城隍, 二曰大王, 三曰國師, 四曰姑女, 五曰府女, 俱未知何神."

122) 『世宗實錄』 권148, 지리지, 구도개성유후사.

된 기록에 고녀당과 부녀당이 추가되어 있는 점은 다르다. 양자 간의 불일치를 송악산의 사당 증설로 보아야 할지, 아니면 전자가 송악산 전체에 분포한 사당을 언급한 반면에 후자는 산 정상에 위치한 당만을 고려한 것이라고 판단해야 할지는 분명하지 않다.

한편, 15세기 당시의 지리지를 참조하면, 송악산에는 국사당봉수(國師堂烽燧)와 성황당봉수(城隍堂烽燧)가 있었던 것으로 보인다.[123] 봉수의 입지적 특성상 송신자와 수신자 간에 위치 식별이 분명해야 하고, 또 연락망상에 각자 호응해야 하는 봉수가 지정되어 있었다는 점을 상기할 때, 봉수가 있던 국사당과 성황당은 산 정상에 있었을 것이고, 서로 현저하게 다른 봉우리에 위치했을 것임은 분명하다.

그런데, 같은 15세기에 송도여행기를 남긴 바 있는 유호인(兪好仁, 1445~1494)은 송악산 북쪽 봉우리에 대왕당(大王堂)이 있었고, 남쪽 봉우리에 성모당(聖母堂)이 있었다고 지적하였다.[124] 서긍의 『선화봉사고려도경』에서 밝힌 동신사(東神祠)의 정전에 씌어진 '동신성모지당'(東神聖母之堂)과 유호인이 관찰한 성모당과 관련이 있어 보이나, 동신사의 경우에는 선인문(宣仁門) 내에 있었던 반면에, 성모당은 송악산 봉우리에 있었다는 점을 고려할 때 동일시하기는 어려워 보인다. 그 문제는 차치하고, 성황당과 국사당이 봉수대가 설치된 송악산 봉우리에 있었고, 또 유호인의 견문기대로 대왕당과 성모당도 송악산의 남북 봉우리에 위치하고 있었다면, 적어도 15세기 후반기에 송악산의 봉우리에는 성황당, 국사당, 대왕당, 성모당 등 4개의 당이 자리잡고 있었다고 말할 수 있을 것이다. 이 네 개의 사당 중에서 성황당, 국사당, 대왕

---

123) 『新增東國輿地勝覽』 권4, 개성부상, 봉수.
124) 『㵢谿集』 권7, 「遊松都錄」(『한국문집총간』15, 184쪽).

당 등은『세종실록지리지』의 내용과 일치하지만, 성모당은 추가된 내용이라 할 수 있다. 이를『동국여지승람』과 비교할 경우, 성황당, 국사당, 대왕당 등은 일치하지만, 나머지 고녀당 및 부녀당이 성모당과 대비되고 있다. 다만 고녀당이나 부녀당이 성모당과 더불어 여신의 이미지를 갖추고 있다는 점에서 명칭 및 숫자상의 차이보다는 의미상의 친연성도 없지 않아 보인다.

한 가지 더 짚어야 할 문제로서 송악산 절정에 있었다는 팔선궁(八仙宮)의 실체이다. 서긍의『선화봉사고려도경』에는 송악산의 숭산신사(崧山神祠)에 대한 언급만 있을 뿐, 팔선궁에 대한 언급은 보이지 않는다. 그러나 고려말 이색(李穡, 1328~1396)은 어린 시절부터 여러 차례 송악산정의 팔선궁에 올랐던 경험을 시적인 언어로 표현하기도 하였는데, 때로는 의례의 준행을 목적으로 한 행차도 그 속에 포함되어 있었던 것으로 보인다.

> 일찍이 거마를 타고 송산에 올라 팔선에 제사하노니
> 지성으로 올리는 기도가 어찌 헛되겠는가
> 태후를 보우하사 천복을 받으시게 하시고
> 밝은 임금을 인도하여 만년을 누리게 하소서[125]

조선전기의『동국여지승람』단계에서도 팔선궁이 송악산 꼭대기에 있다고 하면서, 이색의 '팔선궁에 절하다'는 시의 두 소절을 인용한 바 있다.[126] 그 시 전체의 내용은 아래와 같다.

---

125)『牧隱詩藁』권16, 詩, 登松山(『한국문집총간』4, 192쪽). "凤駕松山祀八仙, 至誠祈禱豈徒然, 扶持太后膺千福, 啓迪明君享萬年."
126)『新增東國輿地勝覽』권5, 개성부하, 사묘.

돌길 얼기설기 돌아올라 산꼭대기 오르니
팔선의 궁관이 신주(神州)를 굽어보네
처자의 원이라도 들어주자고 한번 온 것인데
재배하고 나니 어느새 사직에 대한 염려가 솟구치네
정상에 걸친 구름과 안개 사이로 아침 햇살이 비치고
큰 소나무 비바람이 가을날 빈 하늘을 채우네
가마 맨 하인들 흘린 땀방울 덕에 편히 왔는데
음복하여 이는 흥을 거둘 수 없구나127)

  앞선, '송산에 오르다'는 시에서는 송악산 정상에 있는 팔선궁의 제
사를 통해 태후와 국왕의 안녕을 빌고 있는 장면을 묘사하고 있는 데
반해, '팔선궁에 절하다'는 시에서는 처자들의 사적인 기복적 욕망에
못 이겨 팔선궁의 의례에 참여하였지만, 어느새 나라를 걱정하는 기도
의 마음이 이는 것을 어쩌지 못하고 있음을 밝히고 있다.

팔선궁은 가장 높은 등성이에 자리잡고서
여염집을 굽어살피사 많은 복을 내리시네
복을 빌고 돌아와서는 이내 축수의 염원 올려
양친의 무탈과 강녕을 비누나128)

  이색이 남긴 시를 통해 알 수 있듯이, 팔선궁은 송악산 꼭대기에 자
리잡은 제당으로서 사적인 신앙이나 국가왕실의 기복을 위해 의례가

---

127) 『牧隱詩藁』 권6, 詩, 拜八仙宮(『한국문집총간』4, 24쪽). "石路縈回到上頭, 八仙宮
    觀俯神州, 一來只塞妻孥願, 再拜翻興社稷憂, 絶頂雲煙初日曙, 長松風雨半空秋, 僕
    夫流汗肩輿穩, 飮福微酣興未收."
128) 『牧隱詩藁』 권15, 詩, 卽事(『한국문집총간』4, 161-162쪽). "八仙宮在冣高岡, 俯視
    閭閻降百祥, 乞福歸來仍壽, 兩親無恙更康强."

활발하게 전개된 곳이었다. 그런데『동국여지승람』의 편자들이 팔선궁을 송악산사에 편입시키지 않고 독립적인 사묘로 기술한 데에는 그만큼의 구별의식이 있었기 때문일 것이다. 그것은 아마도『신증동국여지승람』이 김관의(金寬毅)의『편년통록(編年通錄)』에서 거론하고 있는 '팔선주처(八仙住處)'[129] 즉 여덟 신선이 거하는 곳과 깊은 관련이 있을 것이라 생각된다. 적어도 도교적인 궁관이 주도하는 팔선궁과 송악산사에 속하는 성황당, 국사당, 대왕당 등과는 외형적인 구별이 가능했을 것으로 보인다. 인조 26년(1648) 개성유수 김육(金堉, 1580~1658)이 편찬한『송도지(松都志)』에 따르면, "옛날에 팔선궁이 있었는데 후에는 주악(主岳)의 영사(靈祠)가 있다"[130]고 하는데, 소위 주악영사(主岳靈祠)가 무엇인지는 분명하지 않다. 앞서 언급한 바 있는 유호인(兪好仁)이 송악산 남쪽 봉우리의 성모당(聖母堂)의 신상과 의례의 분위기를 묘사하면서, 옛날 팔선궁의 풍취와 유비시키고 있지만, 그것은 어디까지나 기본적으로 다른 맥락에 있는 것을 동일화시키는 반어적 전략 속에서 표현된 것이라 여겨진다.[131]

지금까지 송악산사로 통칭되는 송악산 제당의 다양한 소재에 대해 훑어보았다. 이제 그러한 제당 내의 실태에 대해 접근해볼 필요가 있다. 일찍이 태종과 세종을 거치면서 악해독 및 명산대천의 의례적 범주와 등급이 결정되고, 산천신을 과도하게 인격화하거나 가족화하던 옛 관행을 제지하는 조처들이 취해졌음은 주지의 사실이다. 그러나 송악산의 제당을 살펴볼 때, 제장을 하나의 양식으로 통일하고 제당의 구조

129)『新增東國輿地勝覽』권4, 개성부상, 형승, 팔선주처.
130)『松都志』책1, 산천. "舊有八仙宮, 後有主岳靈祠."
131)『潘谿集』권7,「遊松都錄」(『한국문집총간』15, 184쪽).

를 일원화하는 것이 얼마나 힘겹고 불가능한 일이었는지를 명확하게 확인할 수 있다.

송악산의 제당에 신주를 능가하여 토상(土像)이나 목상(木像)을 비치하는 것은 비일비재하였다. 그리고 이러한 통제불능의 민간의 사당에 대한 왕실의 산천신앙도 옛 관행대로 지속되었다. 이런 세태를 바라보는 유자(儒者)의 시선이 『명종실록』에 실린 사신(史臣)의 날카로운 논평을 통해 드러나기도 한다.

> 음사(淫祠)에서의 의례가 근래에 들어 더욱 극성이다. 궁중의 대소
> 인들이 모두 미혹에 휩쓸려 경쟁적으로 금은주옥을 들여가며 치성하
> 고 있다. 급기야 임금의 관복마저 보내어 흙과 나무로 만든 신상에 입
> 혀대며 국본의 탄생을 빌 정도다. 국본은 만민의 복인데, 어떻게 비는
> 것으로 얻을 수 있겠는가?[132]

당시 왕실에서 토상과 목상을 배치한 송악의 제당에 어관과 어복을 폐백으로 보내 신상을 치장하였음이 유자의 비판을 통해 드러나고 있다. 사실 이것은 송악산의 제당뿐만 아니라 당시 개성 인근에 소재한 국제사에서 흔히 있는 실태였다. 1735년(영조 11)에 간행된 임창택(林昌澤, 1682~1723)의 『숭악집(崧岳集)』에는, 송도의 한 서생이 병든 부친의 치유를 위해 대국신당에서 빌었으나 효험을 보지 못하고 끝내 사망에 이르자 분을 참지 못하고 신당의 신상(回回世子)을 부숴버렸다는 얘기가 실려있다.[133] 1782년(정조 6) 개성유수 정창순(鄭昌順, 1727~?)이 주관하여 편찬한 『송도지(松都誌)』의 기록에 따르면, 송악에 다섯

---

132) 『明宗實錄』 권32, 명종 21년 1월 병진.
133) 『崧岳集』 권4, 雜著, 神像說.

신당이 있고 오정문(午正門)[134) 밖에 대국신당과 덕물신당 두 곳이 있는데, 대국신당에는 회회세자(回回世子)의 소상(塑像)이 덕물신당에는 최영의 소상이 각각 배치되어 있었다고 한다.[135) 1882년 간행된 개성 읍지인 『중경지(中京誌)』의 기록에도 동일한 내용이 그대로 담겨 있다.[136) 앞서 살펴본 바 있는, 고려 충렬왕 대에 원으로부터 삼성신(중국 남방의 신)과 대국신(중국 북방의 신)을 들여왔다는 내용을 상기해본다면, 대국신과 회회세자의 소상은 깊은 관련이 있는 것으로 보인다.

다시 송악의 제당에 관한 묘사로 돌아와 보자. 먼저, 유호인의 송도 여행기를 살펴보면 당시 송악산 제당의 적나라한 실태를 엿볼 수 있다.

일찍이 은비현(銀箟峴)을 따라 병부교(兵部橋)를 지나갔다. 송악의 양지바른 길을 따라가다 광명(廣明)의 골짜기를 굽어보니 산등성이가 겹겹이 주름져 있고 연무와 노을은 아득히 꼬물거린다. 안탕산(鴈蕩山)에 들어가니 마치 적성(赤城)을 오르는 듯하였다. 백여 번을 굽이쳐 돌아 마침내 정상에 다다랐다. 수목이 둘러쳐 하나의 구역을 만들어 낸 곳에 바위에 시렁을 걸친 평집 서너 채가 있었는데, 닭과 개가 쓸쓸한 모습이었다. 남쪽과 북쪽의 봉우리에 각각 사당이 있었다. 북쪽에 있는 **대왕당**에는 신상이 여섯 개였는데, 모두 높다란 관을 쓰고 홀을 지니고 있었다. 남쪽에 있는 **성모당**에도 신상이 여섯 개였는데, 여관(女冠)을 쓰고 연지분을 바르고 있었다. 사당지기가 문 아래에서 신이 입을 옷을 볕에 말리고 있었다. 그가 나를 쳐다보며, '신명은 외인(外

---

134) 오정문(午正門)은 개성 외성(羅城)의 서문이었던 선의문(宣義門)을 가리키는 것으로 보인다(『東史綱目』제16하, 무진년 전폐왕우 14년 6월 3일).

135) 『松都誌』 권3, 祠廟. "午正門外, 有大國德物二神堂, 大國有回回世子塑像, 德物有崔瑩塑像."

136) 『中京誌』 권5, 祠壇. "五正門外, 有大國德物二神堂, 大國有回回世子塑像, 德物有崔瑩塑像."

人)과 섞여 더럽혀지기를 원하지 않는다'며 성을 내었다. 내가 그를 꾸짖으며 사당의 문을 열게 하였다. 사당의 방안은 정결하였고 붉은 휘장이 평상을 둘러친 채, 꽂아둔 가느다란 향만이 연기를 뿜고 있을 뿐이었다. 이것이 바로 옛 말에 일렀던 팔선궁이 아니겠는가?[137]

유호인이 묘사한 대로, 송악산의 북쪽 봉우리에 있던 대왕당에는 남신의 모습을 한 6개의 신상이 있었고, 남쪽 봉우리의 성모당에는 여신의 모습을 한 여섯 개의 신상이 있어서 양자 간에 남녀신의 대비를 이루고 있었다. 당연히 남녀 12 신상은 신의(神衣)로 치장되었을 터이지만, 하필 때마침 신상의 옷을 벗겨 햇볕에 쬐이고 있던 찰나에 여행자가 들이닥친 것이다. 사당지기가 속인의 접근을 통제한 것은 성소에 대한 경계라기보다는 나신(裸身)을 한 신상에 대한 범접을 우려했기 때문일 것이다.

이러한 송악의 제당에 있어 하나의 획기적인 사건이 일어나게 되는데, 그것은 음사를 통제하는 국법의 준엄함보다는 유교적 정통성으로 무장한 혈기 있는 개성부 유생들에 의해 촉발되었다. 명종 21년(1566) 1월 며칠간 조정을 떠들썩하게 만들었던 개성부 유생들의 사당 소각사건이 일어났다.

송도의 문사(文士)인 김이상은 관직이 사예(司藝)에 이르렀고, 호는

---

137) 『潘谿集』 권7, 「遊松都錄」(『한국문집총간』 15, 184쪽). "五月丁卯. 早遵銀篦峴, 過兵部橋. 綠松嶽陽道, 俯臨廣明之洞, 岡巒襞積, 煙霞縹緲, 似入雁蕩而登赤城也. 盤回百餘折, 得抵塚頂. 樹木圍擁, 自作一區, 有平家數四架繚成落, 鷄犬蕭然. 南北峯, 各有祠. 北曰大王堂, 神像六, 皆峨冠褒衣. 南曰聖母堂, 神像亦六, 戴女冠塗粉脂. 廟史立門下, 曝神衣. 恚視曰, 明神不欲與外人褻. 予呵叱之, 令啓戶. 室內淨潔, 絳帳施牀, 香穗猶熏. 豈古所云八仙宮耶."

심적당(心適堂)이다. 월정(月汀, 윤근수)이 개성유수로 있을 때, 그의 원고에 발문을 썼다. 김이상의 동생인 김이도와 효자 박성림은 서로 친한 사이였다. 명종 때에 무격이 성행하여 사람들은 병이 있으면 의약을 구하지 않고 오직 기도하는 것을 일로 삼았다. **송악, 대정, 대곡, 덕물** 등 7처에 있는 신사는 궁궐의 모든 왕족으로부터 아래로 서인에 이르기까지 진수성찬을 가득 실어 길을 메웠으나 사람들은 감히 비난의 말을 하지 못했다. 김과 박 두 사람은 분하여 말하기를, "이것을 태우지 않고 어찌 능히 우리의 도를 일월보다 밝히고, 저 요사한 기운을 암흑보다 더 어둡게 꺼트릴 수 있겠는가?" 하였다. 여러 생도 200여 명을 이끌고 먼저 송악에 올라 그 당을 불태우고 두 목상, 즉 대왕(大王)과 대부인(大夫人)을 끌어내어 깨부수고 천길 아래로 밀어 떨어뜨렸으며, 다른 곳으로 옮겨가 그곳의 사당들도 모두 다 불태웠다. 이날의 날씨는 청명하였고 먼지가 확연하였다. 사람들이 모두 이를 유쾌하게 여겼다.138)

김이도와 박성림이 주도한 개성부 유생들은 송악의 당을 불사르고 대왕과 대부인의 목상을 부수는 일을 시작으로 7처의 사당을 전소시킨 것으로 보인다. 당시 유생들의 행위는 말로만 드러내던 속내를 행동으로 드러낸 사당파괴행위이자 성상파괴행위였다.139) 메리 더글라스 식으로 말하자면, 문화적 오염원을 물리적으로 제거함으로써 변칙을 해

---

138) 金堉, 『潛谷先生筆譚』(서울대규장각도서 규6685). "松都文士金履祥, 官至司藝, 號心適堂. 月汀爲留守時, 跋其藁. 履祥之弟履道, 與孝子朴成林相善. 明廟時, 巫覡盛行, 人有疾病, 不求醫藥, 唯祈禱是事. 松岳大井大谷德物等七處神祠, 自闕中諸宮家下至庶人, 珍羞盛饌黙載滿路, 人不敢斥言. 金朴二人奮曰, 此而不焚, 安能明吾道於日月, 熄妖氣於長夜. 倡率諸生二百餘人, 先登松岳火其堂, 曳出兩木像, 所謂大王大夫人者, 破毁推轉於千仞之下, 移往他處, 盡焚其祠. 是日天氣淸明, 氛埃廓如, 人莫不快之."

139) 한승훈은 당시 개성 유생들의 분소사건을 '성상파괴운동'으로 간주한 바 있다. 한승훈, 『무당과 유생의 대결』, 사우, 2021, 52-57쪽.

소해보려는 공세적인 타자화 전략의 표출이었다고 할 수 있다.[140] 다소 과장된 얘기가 될는지 모르겠지만, 레비-스트로스가 식인풍습에 빗대 사회를 유형화했던 논의에 비춰보자면, 타자를 동질화하려는 삼키기(anthropophagie) 전략보다는 철저히 축출시켜 이질화하려는 토하기(anthropémie) 전략과 관련된다고도 할 수 있다.[141] 내용으로 보아 이들이 처음으로 훼손한 사당은 송악의 대왕당이었을 것이다. 율곡 이이(李珥, 1536~1584)도 『석담일기』를 통해 당시 개성부 유생들의 송악산 사당분소 사건을 언급한 바 있는데, 유생들을 발분하게 한 음사의 대표격으로 대왕사(大王祠)를 거론한 바 있어 통하는 면이 있어 보인다.[142] 개성부 유생들의 사당철폐에 대한 소식이 왕실에 알려지면서 곧바로 조사가 시작되었고 이에 대한 보고가 조정에도 접수되었다.

> 중궁전승전색(中宮殿承傳色) 조연종과 내수사별좌 박평이 왕실의 명(內敎)에 따라 개성부 송악산을 조사하고 돌아와 다음과 같이 보고하였다. "성황당(城隍堂), 월정당(月井堂), 개성당(開城堂), 대국당(大國堂) 등은 모두 유생들에 의해 분소되었고, 국사당(國祀堂)은 기와지붕만 깨졌을 뿐입니다. 덕적당의 경우에는 유생들이 내관이 적간할 것이라는 말을 듣고도 소각하려고 모여들었습니다. 내관이 개성부유수에게 알려서 금지하도록 하였으나 들은 척도 않고 다 태워버렸습니다."[143]

위 보고서는 개성 송악산을 다녀온 보고라 하지만, 내용상으로는 송

---

140) Mary Douglas, *Purity and Danger: An Analysis of Concepts of Pollution and Taboo*, London: Loutledge, 1966, pp. 39-40.

141) 박옥줄 역, 『슬픈 열대』, 한길사, 1998, 695-696쪽.

142) 『大東野乘』 권14, 「石潭日記」上, 丙寅二十一正月.

143) 『明宗實錄』 권32, 명종 21년 1월 병진.

악산뿐만 아니라 개성과 풍덕 일대의 주요 제당들의 분소사건을 다루고 있다. 성황당, 월정당, 개성당, 대국당, 덕적당 등은 전소되었고, 국행의례가 거행되던 국사당은 기와가 헐린 상황이었다. 위의 실록과 앞서 인용한 김육의 『잠곡선생필담』의 기록을 조합하면 대략, 성황당, 월정당, 개성당, 대국당, 덕적당, 대정당 등에 국사당을 합친 7처가 유생의 물리적인 공격을 받은 것으로 보인다.

개성 및 풍덕 소재의 신당분소 사건의 조사보고를 접한 국왕은 선왕과 선후가 봉안된 곳이면서 영험한 기도처로 손꼽히는 사당이 소각된 것에 대해서도 분기하였지만 사명(使命)이 내려지고 유수의 조처가 가해졌음에도 불구하고 이를 막무가내로 밀어붙인 유생들의 부중(不中)의 태도에 더욱 분노하였다. 그리고 그러한 분노는 의금부낭청을 파견하여 가담자들을 추고하도록 명하기에 이른다.

당시 송악산에는 국행의례를 거행하는 국사(國祠) 이외에 민간의 총사(叢祠)가 다수 병존하였다. 이러한 여러 사당에 민간의 종교문화도 대단하였지만, 무엇보다도 왕실의 산천신앙이 끊이지 않아 개성부 유생들을 자극하였다고 짐작된다. 생전에 문정왕후와 윤원형이 벌인 음사행위는 늘 비판의 중심에 서 있었다.

개성부의 송악산은 신령이 영험하다고 일컬어져 국사 이외에 민간인들이 총사를 무분별하게 세워 제사 지낸다. 문정왕후는 기양의 일을 좋아하여 내사(內使)가 줄줄이 이어졌다. 사대부로부터 서인에 이르기까지 이를 본받아 풍속을 이루었다. 집안이 기울고 재산을 탕진할 뿐 아니라 남녀가 뒤섞여 몰려들어 음란하고 추악한 소문이 돌고 돌았다. 윤원형은 허물없는 사람들을 많이 죽였기 때문에 그 일로 앙화(殃禍)가 있을까 염려하여 받들어 기도하고 제사 지내는 일이 더욱 심하였다. 이번에 유생 백여 명이 분을 일으켜 모여들어 소각하는 바람에 중관(中官)이 임금에게 보고하였고, 이에 임금이 분노하여 명을 내린 것이다.[144]

문정왕후가 기복양재를 위해 송악의 사당에 빌었고, 윤원형 역시 자신의 죄과로 인해 닥쳐올 재앙을 막아내기 위해 송악의 사당을 애용하였던 것이 개성부 유생들의 공분을 일으킨 직접적인 원인이라고 단정짓기는 곤란하다. 사실, 이 사건이 일어나기 이전에 이미 문정왕후와 윤원형은 세상을 떠났기 때문이다. 그러나 개성부 유생들의 행적을 두둔하는 사관의 입장에서 왕실과 그 일족이 벌인 음사야말로 민간의 음사를 부추긴 표본으로 지적할 만하였고, 더구나 유생들의 정당행위를 뒷받침하는 근거가 될 수 있었던 것으로 보인다. 정사(正祀)를 지켜내는 유생들의 사기(士氣)와 왕실의 음사행위는 더욱 대비될 수밖에 없었다.

윤원형이 음사의 설에 빠져 간혹 문을 닫고 목욕재계하며 정성을 다해 복을 빌었다. 흙을 빚어 만든 신상이 수백 개나 되었는데, 궁중에서는 비단으로 옷을 만들고 윤원형은 능라(綾羅)로 만들었다. 기은(祈恩)을 위해 희사하는 자들이 진기한 보물도 아끼지 않아 사당의 이득이 천만에 이르렀다. 윤원형이 가동(家僮)으로 하여금 사당을 지키게 하여 그 이득을 멋대로 독차지하였다.[145]

대다수 유신들은 다수의 신상을 마련하고, 신상에 옷과 폐백을 치장하며, 기은의 비용을 조장하고 가로채는 음사와 비행의 온상을 분소하

---

144) 『明宗實錄』 권32, 명종 21년 1월 정사.
145) 『明宗實錄』 권32, 명종 21년 1월 정사.

는 일이 단순히 치기어린 소행이 아니라 유자의 뜻있고 결연한 사기(士氣)에서 나온 것임을 강조하였지만, 오히려 왕은 사명(使命)을 무시하고 국위(國威)를 경멸한 광기의 행위로 몰아 개성부 유생들을 나래(拿來) 하려는 뜻을 굽히지 않는다. 이에 3정승까지 나서 유생들이 소각한 것은 국제사(國祭祠)가 아닌 내간(內間)의 사사로운 기도터였고, 사명(使命)을 무시했다는 것도 조정의 명이 아니라 중궁에서 보낸 내교(內敎)였으며, 소각한 음사를 다시 세우는 것은 정당하지 않다고 항변하면서 개성부 유생의 나래를 막고자 하였다.146) 왕의 의지를 꺾지 못한 채, 사건이 보고된 지 4일째 되는 날 개성부 유생 20명이 나래되어 의금부에 하옥되었지만, 익일에 부중(不中)한 행위의 재발방지를 약속하는 조건으로 방면을 허락한다.147)

송악산과 덕물산의 제당은 소각된 후 곧바로 수리되었던 것으로 보인다. 개성부에서 나래된 20명이 방면된 당일, 개성부 유생 280명이 소각된 음사의 수리를 막기 위한 상소를 보내왔지만, 내수사(內需司)에서 관할하는 일이므로 국가에서는 잠잠히 도외시하면 그뿐이라며 요청을 무마하였다.148) 사당의 소각도 왕실에서 조사하고 그 수리도 왕실의 재정으로 해결한 것이었다. 개성부 유생들의 에피소드는 후일에도 회자되었고, 그들이 몸소 행했던 정통행(orthopraxy)이 재요청될 정도로 송악의 사당은 지속되었다.

율곡과 은대일기에도 이 일이 실려 있다. 식자(識者)라 칭하는 이들

---

146)『明宗實錄』권32, 명종 21년 1월 기미.
147)『明宗實錄』권32, 명종 21년 1월 경신.
148)『明宗實錄』권32, 명종 21년 1월 경신.

이 그것을 통쾌하게 여겼다. 근래에 기풍과 기강이 해이해져서 송악산 위에 다시 음사(淫祠)가 세워져 옛날같이 우러러 받들게 되었다. 매년 단옷날에 무녀들을 소집하고, 여항의 무뢰배들이 신상을 만들어 그네 위에 올려놓고, 함께 어울려 날쌔게 그네를 타는데, 이를 '대왕그네놀이'(大王鞦韆戱)라 한다. 신을 가벼이 업신여김이 말할 나위 없이 심하다. 지금 세상에 김, 임(金林) 제 유생들이 했던 것처럼 사당을 불질러 풍속을 바로잡는 이 없으니 안타까울 뿐이다.[149]

송악 일대의 제당은 한때 위기를 겪긴 하였으나 왕실 산천신앙의 제장으로서 굳건한 위치를 유지하였다고 할 수 있다. 1866년 고종 대의 '온산숭악별긔도블긔'에서 확인되듯이, 명종 대에 소각되었다던 월정, 개성, 대국, 덕물 등의 제당에 왕실의 산기도가 여전히 지속되었다.

2) 감악의 제당

신라 때부터 소사(小祀)의 치제소였고, 당나라 장수 설인귀를 산신으로 모신 제당이 감악산에 있었다. 감악산은 조선이 개국하면서 한때 호국백(護國伯)의 작위를 얻기도 하였고,[150] 북쪽을 대표하는 명산으로 손꼽히며 소사의 의례적 대우를 받은 곳이었다. 쉽게 짐작할 수 있는 일이겠지만, 감악산이 국가로부터 명산의 영험처로서 주목을 받았다는 사실은 곧 왕실과 민간으로부터도 열렬한 신앙처로 애용될 수 있었

---

149) 『松京廣攷』 책6, 祠廟, 附焚淫祠說. "栗谷銀臺日記, 備載其事, 稱以識者快之. 近來風綱漸弛, 更設淫祠於山上, 崇奉如舊. 每年端午日, 巫女輩招集, 閭巷無賴, 假作神像, 置諸鞦韆上, 相與飄轉, 謂之大王鞦韆戱, 其褻慢無謂甚矣. 今世無如金林諸公者, 不能火其祠, 而矯其俗, 可勝惜哉."
150) 『太祖實錄』 권3, 태조 2년 1월 정묘.

음을 의미한다. 따라서 조선전기에 전래의 산천신앙에 예민하게 반응하며 음사를 비판했던 유자들의 입장에서 빠지지 않고 거론되던 곳은 송악과 더불어 감악이었을 정도였다.

이미 고려 충선왕 때에 관료들이 감악사에 제사하려고 임진강을 건너다 익사하는 사고가 발생하여 감악산 제사를 금지시킨 일이 있을 정도로 감악산 신앙의 열풍은 대단하였다.[151] 조선에 들어와서도 그 열기는 결코 식지 않았다. 가령, 태종이 대신들이 청원휴가를 내가며 사적으로 산천신앙을 마다하지 않는다고 비판할 때에도 대신들의 신앙처로 거론된 곳이 감악과 송악이었다.[152] 그리고 비록 곧바로 실행에 옮기지는 않았지만, 태종이 출입을 제한하면서까지 민간의 제사를 통제하려 했던 곳도 감악과 송악이었다.[153] 세종 대에 민간의 산천신앙과 무속신앙을 비판하며 음사의 규제를 건의했던 신개(申槩, 1374~1446)가 주목했던 곳도 송악과 감악이었다.

그중 송악산과 감악산을 숭배함이 더욱 지극합니다. 매년 봄가을에 몸소 가서 제사지내는데 제주와 제찬을 성대히 진설하고, (산)신을 기쁘게 해준다면서 풍악을 울려대며 극진히 모십니다. 밤을 지새우고 돌아오며 길 위에서 으스대고 떠들어대는데, 광대와 무격(巫覡)이 앞뒤로 뒤섞여 다니고 말 위에서 풍악을 울려대며 방자하게 시시덕거리며 놉니다. 지아비들은 오히려 이를 금하지 않을뿐더러 별일 아닌 듯 여기며 함께 행하면서 이상한 일로 여기지 않는 자도 종종 있습니다.

---

151) 『高麗史節要』 권23, 忠宣王, 辛亥三年. "禁祭紺嶽山. 時俗尙鬼, 公卿士庶, 皆親祭紺嶽山, 知中門事閔儒, 前少尹金瑞芝, 將祭紺嶽, 過長湍津溺死. 司憲掌令于方于楨, 上疏請禁, 從之."
152) 『太宗實錄』 권24, 태종 12년 11월 을사.
153) 『太宗實錄』 권35, 태종 18년 1월 을해.

부녀의 실덕(失德)이 이보다 심한 것이 없을 뿐만 아니라 어둡고 미혹에 빠져 그릇되게 아첨하는 적폐와 무격 가무의 음란한 풍속을 장차 금할 수 없게 될지도 모릅니다.154)

국행제와 더불어 왕실의 내행제 및 민간의 의례가 교차하던 감악산 제당의 실상은 어떠했을까. 흔히 감악사(紺嶽祠), 감악신사(紺嶽神祠), 감악신묘(紺嶽神廟) 등으로 불리던 사우는 산 정상에 있었으며 고려에 이어 조선에서도 국가적인 치제의 대상이었다. 고려 때에는 매년 봄가을에 국가가 향과 축을 내려 제사지내게 했으며,155) 특히 현종 때에는 거란군의 진군을 막았다고 여겨져 보사(報祀)를 받기도 하였다.156) 조선시대에 이르러 감악산이 왕도를 호위하는 북쪽을 대표하는 명산으로 인식되면서 감악사의 위상도 더욱 강화되었다고 할 수 있다. 감악사에서는 매년 맹춘(孟春), 중춘(仲春), 중추(仲秋)에 소사의 위상에 걸맞은 국행의례가 정기적으로 거행되었다.157) 정기적인 의례 이외에도 국가적인 경사나 변고가 있을 때에 임시로 거행하는 기고제(祈告祭)가 감악사에서 거행되었다. 특히 왕실의 환우가 있거나 한발이 심할 경우에도 대신(大臣), 근신(近臣), 지방관을 감악사로 보내 치제하게 하였다.

정기적인 혹은 임시적인 국행제가 거행된 산 정상의 감악사(감악신

---

154) 『寅齋集』 권1, 疏, 請禁山野淫祀疏. "其中松嶽·紺嶽, 尤極崇事. 每當春秋, 躬親往祭, 盛設酒饌, 託以娛神, 作樂極歡. 經宿而還, 誇耀道路, 俳優巫覡, 前後雜沓, 張樂馬上, 恣行嬉遊. 其夫非惟不禁, 恬然偕行, 不以爲怪者, 比比有之. 非惟婦女失德莫此爲甚, 昏惑邪媚之積習, 巫覡歌舞之淫風, 將不可禁."

155) 『高麗史』 권56, 志10, 地理1, 積城縣. "自新羅爲小邑, 山上有祠宇, 春秋降香祝行祭."

156) 『高麗史』 권63, 志17, 禮5, 吉禮小祀, 雜祀. "顯宗二年二月, 以丹兵至長湍, 風雲暴作, 紺岳神祠若有旌旗士馬, 丹兵懼不敢前. 令所司修報祀."

157) 『京畿邑誌』 책2, 積城縣誌, 壇廟, 紺嶽神廟.

사, 감악신묘)의 실상에 대해 들여다보자. 매사 일처리가 꼼꼼했던 세종은 산천제의 개혁에 앞서 전국의 주요 산천의 제당에 조사단을 파견하여 실태를 점검하게 하였다. 세종 12년에 각도산천단묘순심별감(各道山川壇廟巡審別監)의 조사내용을 근거로 예조가 보고한 바에 따르면, "적성현 감악산의 신은 위판(位版)이 아닌 토상[泥像]으로 만들어졌는데, 주신(主神)과 부처(夫妻) 두 신위와 아들 내외의 신을 포함해 모두 6위의 신이었다."[158] '감악산지신'(紺岳山之神)이 아닌 점토로 만든 토상을 이용하고 신을 가족화하고 복수화하는 양상을 보인 것이다. 당시 산천단묘순심별감이 언급한 감악사의 모습은 훗날 설인귀사당으로 불리는 제당을 묘사한 것으로 보인다.

세종의 입장에서는 1) 작호(爵號)를 통한 산신의 인격화 2) 산신의 가족화 3) 신상(神像)의 조형화 4) 산상(山上)의 제장화 등을 철폐하고, 산하(山下)의 제단에 모산지신(某山之神)으로 표현된 신위만을 봉안하고자 하였으나 이를 관철시키기에 가장 어려운 곳이 감악과 송악이었다. 실제로 감악산의 제당은 산상(山上)에 유지되었고, 신상은 철거되지 않았다.

임금께서 상정제조성산부원군 이직(李稷) 등에게 명하였다. "각처의 성황과 산신을 태왕, 태후, 태자, 태손, 태자비, 태손비라 칭하는 것은 매우 이치에 어긋난 것이며, 이는 진실로 요망한 귀신일 뿐이다. 옛날에 단(壇)을 산 아래에 세워 제사한다고 했는데, 지금 감악과 같은 산에는 산 위에 묘(廟)를 세우고, 산을 밟고 올라가 신에게 제사를 지내니, 오만하고 불손하다. 또 고례에 따르면, 오직 국왕만이 경내의 산

---

158) 『世宗實錄』 권49, 세종 12년 8월 갑술. "積城縣紺岳山之神, 無位版, 用泥像, 主神夫妻兩位, 子神夫妻並六位."

천에 제사할 수 있는데, 지금은 서인 할 것 없이 모두가 제사하니 명분
이 엄하게 지켜지지 않고 있다. 단을 산 아래에 설치하고 위판을 두되,
다만 모산지신(某山之神)이라고만 쓰고, 국제(國祭)만 거행하고, 민간
의 음사는 금지함으로써 인심을 바르게 하고자 하는데, 경들은 산천
에 봉작을 주고 산 위에 묘를 세우던 고제를 상고하여 보고하도록 하
라." 이에 이직(李稷), 대제학 변계량(卞季良), 이조판서 허조(許稠), 예
조판서 신상(申商) 등이 고전을 상고하여 아뢰었다. "산신에 봉작하는
것은 당송 때에 시작되었고, 본국에서도 산신에 봉작합니다. 산 위에
묘를 세워 상하 공동으로 제사(上下通祭)한 유래도 이미 오래되었습니
다. 다만, 귀신의 배필을 두는지의 여부는 헤아리기 어렵습니다. 신들
은 옛날 방식대로 하는 것이 좋다고 여겨집니다."159)

세종은 무엇보다도 산신을 6위(태왕, 대후, 태자, 태손, 태자비, 태손
비)로 가족화하는 방식에 문제를 제기한다. 이보다 6년 뒤인 세종 12년
에 각도산천단묘순심별감이 보고했던 대로, 감악산에서는 위판을 사
용하지 않고 주신 부부와 자손의 부부를 포함해서 총 6위를 봉안했다
는 점에서 세종의 지적은 감악산의 현실과 통한다고 할 수 있다. 두 번
째로 세종은 산하(山下)에 설단(設壇)하는 것과 산상(山上)에 입묘(立廟)
하는 방식에 문제를 제기하며 산상의 입묘에 대해 비판하고 있다. 그리
고 산상의 입묘의 사례로서 감악사를 부정적으로 거론하고 있다.

세종의 입장에서 국왕의 의례적인 권한인 산천제사의 통제력을 강
화하고, '모산지신'의 위패로 신위의 양식을 통일하며, 신위의 인격성
과 가족성을 탈피하고, 산상의 묘를 산하의 단으로 일원화하려는 의지
를 피력하고 있지만, 봉작의 문제, 산상제사의 문제, 신위의 복수화 문

---

159)『世宗實錄』권23, 세종 6년 2월 정사.

제 등에 대한 분명한 개혁 없이 구례를 답습하는 수준에서 논의가 종결되고 말았다.

> 감악산, 의관령, 송악산의 신상은 철거하지 말고 근처에 땅을 골라 별도의 국행사묘(國行祠廟)를 세우고 위판을 진설하되, 은으로 만든 제기는 다른 지역의 사례와 같이 놋쇠로 만든 제기로 대체하게 하십시오.160)

각도산천단묘순심별감의 조사를 통해 드러난 감악사의 실상은 세종의 개혁의지에도 불구하고 신상화, 가족화, 산상의 제장화 등의 관행을 유지한 채, 별도의 국행사묘를 산하가 아닌 산상에 추가하는 형식으로 마무리되었다. 결국 감악산 정상에는 국행사묘와 전래의 사당(설인귀사당)이 복수로 존재할 수밖에 없었다. 국행사묘에는 '감악산지신'의 위판이 봉안되고 기존의 설인귀당에는 신상이 봉안된 형태로 병행된 것이다. 선조 6년(1573) 인종비 박씨(인성왕후)가 중병이 들었을 때 미암(眉巖) 유희춘(柳希春, 1513~1577)이 감악사의 헌관으로 파견되었는데, 그가 기록에 남긴 '3칸 규모에 온돌방 2개를 갖춘 헌관청을 부속하고 있던 감악산 정상의 사우'161)는 아마도 세종 당시에 국행사묘로 신설된 감악사였을 것이라 추측된다.

그렇다면 국행사묘 이외에 기존의 산상의 제당은 어떠했을까. 감악

---

160) 『世宗實錄』 권49, 세종 12년 8월 갑술. "紺岳山·義舘嶺·松岳山, 除撤去神像, 於近處擇地, 別立國行祀廟, 設位版, 其銀器, 依他例, 代以鍮器."

161) 『眉巖集』 권10, 日記, 癸酉, 五月, 六日. "到相水驛, 食積城所送茶啖, 換馬而行五六里, 到紺嶽山. 自麓上頂, 甚遠且峻. 兩易所騎, 至祠宇側獻官廳. 廳凡三間, 有二房溫突矣."

사에 대해 제기된 이러저러한 비판적 언사 속에 이미 그 실상이 담겨 있다. 전래의 감악사는 감악산신으로 여겨지던 설인귀를 모신 신당으로 이해되었다. 일명 설인귀당이라 할 수 있다. 이러한 인식은 신라대로 거슬러 올라간다.

> 신라 때부터 소사(小祀)였다. 산꼭대기에 사당이 있는데 봄가을에 향과 축을 내려보내 제사 지내게 한다. 현종 2년 2월 거란군이 장단에 침입하자 때마침 바람과 구름이 세차게 일어 마치 (감)악신사에 군기와 군마가 있는 것처럼 보이니 거란군이 두려워하며 더 이상 진군하지 못하였다. 이에 해당 부서로 하여금 보사(報祀)를 거행하게 하였다. **세속에서 전하기를 신라인들이 당나라 장수 설인귀를 산신으로 삼아 제사하였다고 한다.**[162]

한때 동맹자였다가 경쟁자로 바뀐 당나라 장수 설인귀를 신라인들이 감악산신으로 좌정시킨 점은 쉽게 납득가지 않을 수도 있다. 거기에는 접전지대인 임진강 유역에 잠재하던 고구려 유민의식을 잠재우기 위해 고구려를 무너뜨린 당사자인 설인귀장군을 신위로 등장시키려한 신라의 정치적 의도가 깔려 있었다고도 볼 수 있다.[163] 이런 맥락에서 보자면 백제를 멸망시킨 소정방이 백제부흥의 본거지인 대흥(예산)의 성황신으로 모셔진 것도 이해가 된다.[164] 국내의 적대세력을 진압

---

162) 『高麗史』 권56, 志10, 地理1, 積城縣. "自新羅爲小祀. 山上有祠宇, 春秋降香祝行祭. 顯宗二年, 以丹兵至長湍, 嶽神祠若有旌士馬, 丹兵懼而不敢前, 命修報祀. 諺傳, 羅人祀唐將薛仁貴爲山神云."

163) 변동명, 「전통시기의 감악산 숭배와 산신 설인귀」, 『역사학연구』42, 호남사학회, 2011, 1-46쪽.

164) 변동명, 「성황신 소정방과 대흥」, 『역사학연구』30, 호남사학회, 2007, 1-27쪽.

하기 위해 국외의 적장을 활용한 예일 수 있겠으나 세월이 지난 뒤 민중들의 신앙차원에서 국적은 특별히 문제가 되지 않는다고 본다. 신위의 국적보다는 신위가 지닌 힘의 원천이 관건이었을 것이다.

조선시대에 감악산 일대의 설화에서 보이듯이, 민중들은 설인귀를 국외의 적장이 아닌 자국민 내지 동향인으로 전유하였다. 가령, 감악산을 답사했던 신유한(申維翰, 1681~1752)은 지역민으로부터 "설인귀는 본래 우리나라 사람(東人)이며, 부친을 감악에 장사지냈다"[165]는 말을 들었다고 한다. 설인귀를 자국화하는 것을 넘어 조상의 묘지를 감악산으로 확정하면서까지 신앙의 원천으로 삼는 잡식성과 포식성이 돋보이는 인식이라 할 수 있다. 한편 고종 대의 『경기읍지』(적성현지)에도 세속에서 전해지던 "당장(唐將) 설인귀는 이곳에서 태어났으며, 일찍이 그의 비석을 획득한 사람도 있었다"[166]는 말을 싣고 있다. 설인귀가 아예 동향인으로 인식될 뿐만 아니라 그의 비석도 구체적인 현실성을 확보하고 있다. 주목되는 것은 역사적 사실 자체가 아니라 그것을 세탁해서라도 얻으려고 했던 신앙적 힘과 의미였을 것이다.

감악산 정상에는 국행사묘인 감악사도 있었지만 6위의 신상이 모셔진 감악사, 즉 설인귀사당이야말로 왕실과 민간의 신앙을 대대적으로 흡수했다고 할 수 있다. 권근의 손자로서 장원으로 급제한 뒤 세조의 총애를 받으며 좌의정에 올랐던 권람(權擥, 1416~1465)은 병세를 겪는 와중에 모친과 함께 송악으로 기도의 순례를 마치고, 돌아오는 길에 감악산신의 사당에도 들러 흥미로운 화제를 남기기도 했다.

---

165) 『靑泉集』권4, 記, 紺岳山記. "諺傳, 薛仁貴本以東人, 其父葬於紺岳."
166) 『京畿邑誌』책2, 積城縣誌, 古蹟, 六溪土城. "俗傳, 唐將薛仁貴生於此, 嘗有得其碑者."

드디어 감악에 제사하는데, 때마침 비바람이 있었다. 세속에서 전하기를, '**감악산신은 곧 당나라 장수 설인귀**'라 한다. 권람이 신에게 말하기를, "**신은 당나라의 장수이고, 나는 일국의 재상인데, 비록 선후가 같지 않더라도 그 세는 서로 상응하는데, 어찌 상대에게 이같이 박절하게 구는가?**" 하였다. 무당이 신의 말로 노하여 말하기를, "그대가 감히 나와 서로 다투려 하니, 돌아가서 병이 들 것이다"고 하였다. 당시에 사람들이 이를 괴이히 여겼다. 권람이 부처를 좋아하지 않고 예로써 집안을 꾸려나가면서 신을 모독하기를 이와 같이 하니, 사람들이 매우 의아하게 여겼다.[167)

권신(權臣)들이 가내의 전통을 따르려고 송악과 감악의 제사를 구실로 휴가를 청하던 세태를 힐난했던 태종의 언급이 환기될 정도로 와병 중인 권람도 예의 명산을 순례하였던 모양이다. 그는 감악산신인 설인귀에게 거센 풍우에 대한 푸념을 쏟아놓았고, 격노한 감악사의 무당은 신에게 대적한 권람에게 병환의 저주를 퍼부었다. 이로부터 5개월 뒤에 송악과 감악을 다녀온 보람도 없이 설인귀와 맞섰던 권람은 병세를 극복하지 못하고 눈을 감고 말았다.

권람이 다녀온 감악사는 설인귀를 비롯한 가족의 신상을 봉안한 곳으로 무녀가 주재했던 신당이었다고 할 수 있다. 세종 대에 집현전 직제학을 지낸 김문(金汶)의 모친이 무당노릇을 했던 곳도 다름 아닌 이곳이었을 것이다. 세종 대에 품등에 맞춰 분정된 구리와 말을 납부하는 데에 있어 송악무당을 능가했던 감악무당도 설인귀사당과 깊은 관련이 있을 것이라 판단된다.

앞서 누누이 언급했듯이 감악산 정상에는 위패를 봉안한 국행사묘

---

167) 『世祖實錄』 권34, 세조 10년 9월 임자.

뿐만 아니라 무녀가 주재하는 설인귀사당이 있었다. 세종의 바람과는 달리 제장은 일원화되지 않은 채 병존하였고, 국행제뿐만 아니라 왕실과 민간의 사적인 의례가 빈번하게 거행되었다고 할 수 있다. 조선후기 유자들에게 설인귀를 봉안한 신당은 음사의 표본으로 간주되었다.

> 저녁에 견불사(見佛寺)에서 숙박하고 새벽에 깎아지른 벼랑 끝 정상에 오르고 신정(神井)의 물을 축였다. 그 위로 감악사가 있었는데, 석단이 세 길이고 단 위에 비석(山碑)이 있었지만 오랜 세월에 글자가 닳아 없어졌다. **옆에는 설인귀사당(薛仁貴祠堂)이 있으며, 왕신사(王神祠)라고도 하는데, 음사(淫祠)가 되었다.** 신이 요망하게 화복을 좌우할 수 있다고 하면서 사람들의 제사를 받아먹고 있었다.[168]

위의 내용은 감악산을 유람했던 허목(許穆, 1595~1682)이 남긴 글이다. 국행사묘인 감악사와 고비(古碑)를 언급하면서 음사가 벌어지는 옆쪽의 설인귀사당을 덧붙이고 있는데, 당시에 설인귀당을 왕신사(王神祠)라고도 불렀던 것으로 확인된다. 왕신사에 대해서는 별도로 "산위의 사당은 전해 내려오는 말에 설인귀사당(薛仁貴祠)이라고 하며, 혹은 왕신(王神)이라고 하는데 곧 연산군을 말하는 것이라 한다"[169]는 기록에서 한 번 더 언급된다. 설인귀사당을 비운의 왕, 연산군과 연관시키는 대목에 대해서는 분명하게 말할 수 있는 근거가 박약하다. 이보다는 산신이나 성황을 대왕으로 칭하는 민속의 사례와 관련이 있다고 여

---

168) 『記言』 권27, 山川上, 紺嶽山. "夕宿於見佛, 晨則登絶頂陰崖, 汲神井. 其上紺嶽祠, 石壇三丈, 壇上有山碑, 舊遠沒字. 傍有薛仁貴祠堂, 或曰, 王神祠, 爲淫祠. 其神能作妖以禍福, 食於人."

169) 『記言別集』 권9, 記, 遊雲溪記. "山上流傳, 薛仁貴祠, 或曰, 王神謂燕山云."

겨진다. 감악산 인근에서 채록된 무가사설에서 설인귀가 장군의 호칭보다는 ‘빗둘대왕’이나 ‘천륜대왕’으로 불리는 점도 고려해볼 만하다.[170)]

한편, 영조 대에 감악사의 봄 제사에 다녀온 신유한도 감악사와 그 주변의 풍경에 대해 기록을 남긴 바 있다.

> 깎아지른 벼랑 끝 정상에 이르니 **사당건물(祠屋)에 위판이 봉안되어 있었다**. 건물 아래 단장(壇場)이 마련되어 있고 사초가 입혀져 있었는데, 사방 너비가 10여척이었다. 사경(四更)에 향례를 행하는데, 거센 비바람이 몰아치고 옷소매가 축축히 젖어들어 잠시도 머물 수가 없었다. 횃불과 등불이 비바람에 깜빡깜빡하여 사방이 시커멓게 어둡기만 하였다. ... 사당 왼쪽으로 토대(土墪) 위에 고비(古碑)가 서 있다. 높이는 한 길이 넘고 다듬어진 돌이 번듯했으나 마모가 심해 한 자도 확인할 수 없었다. 중이 말하기를, “이것은 천년 이상 된 것이라 옛날 노인들도 전할 수 없었다.”고 한다. 또 말하기를, “**예부터 사당 동쪽에 당나라 장수 설인귀사당(薛仁貴廟)이 있었는데, 지금은 총사(叢祠)가 되었다.**”고 하였다.[171)]

신유한 역시 허목과 비슷하게 감악사, 고비, 설인귀사당 등에 대한 정보를 기록하고 있다. 그의 언급대로 국행제가 거행되는 감악사는 신상이 아닌 위판을 봉안한 사묘인 반면, 설인귀사당은 민간의 제사가 치러지는 총사(叢祠)였음이 극명하게 대비된다. 여러 문헌에서 문자를 해독할 수 없는 고비에 대해 언급하고 있는데, 사실 감악산의 제당과는

---

170) 강진옥 외, 『양주의 구비문학』2, 박이정, 2005, 476쪽, 542쪽.

171) 『靑泉集』 권4, 記, 紺岳山記. “至絶頂, 有祠屋奉位版. 屋下設壇場被莎, 方廣十餘尺. 四更行享禮, 厲風吹雨至, 衣袖淋濕, 頃刻不可淹. 炬燈以風雨明滅, 四望昏黑. ... 祠左土墪竪古碑, 高丈餘, 削石甚整, 摩挲不得一字形. 僧言是千載上物, 而故老無傳者. 又云, 祠東舊有唐將薛仁貴廟, 今爲叢祠.”

아무런 연관성이 없지만, 그것이 설인귀사당 옆에 세워져 있었으므로 민간에서는 설인귀비석이라고 간주하는 경향이 있었다. 특히 글자의 마모가 심한 몰자비(沒字碑)다 보니 비석의 유래를 고증할 길이 없었던 터에 설인귀를 자국화, 동향화하면서 설인귀의 비, 혹은 설인귀의 사적비로 설화화 했던 것으로 보인다.[172] 오늘날 설인귀를 비석에서 연원하는 빗돌대왕(빗둘대왕, 삐뚤대왕)으로 지칭하는 배경에 그러한 맥락이 깃들어 있다고 하겠다.

병인년(1866) 2월 '병인이월온산숭악별긔도블긔'에서 보이듯이, 왕실에서는 송악으로 산기도를 다녀오며 감악산을 거쳐왔는데, 당시의 기도터는 감악산신인 설인귀를 모신, 무녀가 주재하는 설인귀사당이었을 것이다. 무자년(1888) 2월 '무ᄌ이월탄일각쳐위츅노ᄌ젼블긔'에서도 감박산(감악산)이 등장하는데 이 역시 동일한 사당이었을 것으로 추정된다.

3) 백악과 목멱의 제당

백악산의 제당은 봄, 가을에 정기적인 국제가 거행되던 백악 정상에 있던 백악사(白岳祠)가 중심이었다. 태종 14년(1414)에 삼각산의 신위를 백악사로 옮겨온 이래, 백악사는 중사인 삼각과 소사인 백악을 함께 봉안한 중요한 제당으로서 국가적인 주요사건이나 사고가 있을 때에 기고제를 거행하거나 왕실의 내행기은을 벌이던 곳이기도 하다. 백악사와 관련된 흥미로운 설화가 17세기 후반에 묶였으리라 여겨지는 천

---

172) 『京畿邑誌』책2, 積城縣誌, 古蹟, 沒字碑. "在紺嶽廟邊, 俗傳薛仁貴事蹟碑, 而歲久沒字, 無以考證."

리대본『천예록』에 생생하게 실려있어 주목된다.

> 석주 권필이 어렸을 때 일찍이 백악산에 놀러 간 일이 있었다. 산 정상에 사당이 하나 있었는데, 세상에서 이른바 정녀 부인 묘라고 하는 것이었다. 사당 안에 영정을 모셔놓고, 기도하는 사람들이 줄지어 찾아왔다. 석주가 그 광경을 보고 분연히 말하였다. "저것이 어떤 여자이기에 이렇듯 괴이하고 황당무계한가. 천지의 귀신이 삼엄하게 늘어서 있는데, 어찌 너 같은 여자 귀신이 청명한 세상에서 제멋대로 위엄을 짓고 복을 준단 말이냐?" 석주는 곧 그 영정을 찢어 버리고 돌아왔다. 그날 저녁에 석주가 꿈을 꾸었는데, 흰 저고리에 푸른 치마를 입은 어떤 부인 하나가 화난 얼굴로 앞에 나타나서 말하였다. "이 몸은 천제의 딸이다. 천제를 모시는 국사에게 시집을 가서 정녀 부인이라는 호를 내려 받았다. 고려의 운이 이미 다해서 하늘이 이씨를 돕게 되자 나의 영정을 한양으로 옮겨갔다. 천제께서는 국사로 하여금 목멱산에 강림하여 동쪽 땅을 지키게 하였다. 이 몸이 국사를 그리워하여 마지 않으니, 천제께서 그 뜻을 가련히 여기사 백악산에 강림하여 목멱산과 마주 대하는 것을 허락하셨다. 이 몸이 이 땅에 산 지 3백 년이나 되었는데 마침내는 너같이 어린것에게 능멸을 당하였으니, 내 장차 천제께 고하여 수십 년 뒤에 마땅히 네게 위태로움을 돌려주리라." 그 뒤에 석주는 끝내 시로 인한 화를 입어 붙잡혀 들어가 고문을 당하다가 마침내 북쪽 변방의 석차성 동쪽 객관으로 유배를 가게 되었다. 그날 부인이 석주의 베갯머리에 다시 나타났으니, 그때는 곧 예전에 부인이 나타났던 저녁 무렵이었다. 부인은 석주의 귀에 대고 이렇게 말하는 것이었다. "그대는 나를 알겠는가? 나는 곧 정녀 부인이니라. 오늘 내가 한 번 앙갚음을 할 수 있겠구나." 그날 저녁 석주는 마침내 죽고 말았다.
>
> 이야기는 내가 어릴 때 이웃 노인들에게 들은 것이다. 노인들은 굳이 망령된 말이 아니라고 하였으니, 아아 기이하도다![173]

먼저, 눈에 띄는 것은 백악산 정상에 있는 정녀부인묘를 찾아오는 많은 신앙인들이 정녀부인의 영정을 신앙의 대상으로 삼았다는 것이다. 두 번째로 권필(權韠, 1569~1612)은 명종 대 개성부 유생들에 버금갈 정도로 여자 귀신을 꾸짖고 영정을 파괴해 버렸다는 것이다. 세 번째로 정녀부인이 권필의 꿈속에 등장하여 분노를 드러내는 에피소드가 흥미롭다. 즉 천제의 딸인 정녀부인은 고려가 막을 내리고 이씨 조선이 개창되자 남편인 국사가 목멱산으로 옮겨왔고 이에 본인도 목멱을 마주보는 백악으로 옮겨온 지 3백년에 이른다고 언급하고 있다. 이는 구도에서 신도로의 산천의 중심이 옮겨오던 역사적 진실을 반영하고 있을뿐더러 태조 대에 백악이 진국백으로 봉해질 때에 남산이 목멱대왕으로 봉해졌던 현실과도 통하는 면이 있어 보인다. 네 번째로 송악산의 제당을 혁파했던 개성부 유생들이 당시 유자들에게 모처럼 유교의 정기(正氣)를 세웠다며 활기를 인정받은 것에 비해, 권필은 오히려 정녀부인의 위협을 받았고 그것이 빌미가 되어 죽음에까지 이르는 것으로 묘사되고 있다. 권필이 광해군 치세를 비판하는 궁류시(宮柳詩)를 쓴 게 빌미가 되어 급기야 유배길에 나서기도 전에 죽음을 맞아야 했던 삶의 슬픈 이야기가 백악사의 정녀부인과 얽히고 있는 것이다.

> 궁궐의 버들(宮柳)은 푸르르고 꽃잎은 어지러이 흩날리는데
> 온 성안에 벼슬아치들 봄볕에 아양을 떠네
> 조정에서는 다함께 태평성대를 축하하건만
> 그 누가 선량한 선비(布衣)의 입에서 위험한 말을 뱉어내게 했는가[174]

---

173) 김동욱·최상은 역, 『천예록』 명문당, 2003, 230-231쪽.
174) 『石洲集』권7, 칠언절구, 聞任茂叔削科. "宮柳青青花亂飛, 滿城冠蓋媚春暉, 朝家共賀昇平樂, 誰遣危言出布衣."

권필의 문집인 『석주집(石洲集)』에 실린, 궁류(宮柳)로 시작되는 문제의 궁류시이다. 임금을 모욕하는 답안을 썼다는 구실로 임숙영(任叔英, 1576~1623)의 과거 급제를 철회했다는 소식을 듣고(聞任茂叔削科) 권필이 유희분(柳希奮, 1564~1623)으로 대표되는 당대의 집권세력을 비난하며 읊은 시라 할 수 있다. 부친 유자신(柳自新, 1541~1612)이 국구(國舅)였으므로 유희분은 광해군의 처남으로서 승승장구할 수 있었다. 시에서 말하는 궁궐의 푸른 버들은 광해군의 처족(문화유씨)인 유희분을, 포의는 이에 맞서 바른말을 한 임숙영을, 각각 염두에 둔 표현이었다. 풍자의 당사자인 유희분은 권필의 궁류시가 역적들의 수중에서 나왔다며 무고로 권필을 국청에 끌어들여 고문을 가하며 사지로 몰아갔다. 구사일생으로 유배처분을 받은 권필이었지만 길을 나서기도 전에 폭음의 후유증으로 생을 마감하게 되었다.

사실 석주 권필의 죽음을 가장 절절하게 여긴 이는 허균(許筠, 1569~1618)이었다. 더군다나 필화 사건으로 필생의 시우(詩友)를 잃어야 했던 그는 권필의 죽음을 계기로 더 이상 시를 쓰지 않겠노라고 작정할 정도였다. 천재적인 능력을 갖추고 있음에도 불구하고 마음에 품은 뜻을 자유롭게 펼치지 못한 채, 날카롭게 쏟아낸 시대비판과 정세의 풍자에 도리어 반격을 당해야 했던 공동의 운명이 그들에게 있었으리라 짐작된다. 그러나 해남으로 귀양 가기에 앞서 죽음을 맞이한 권필에 대한 당대의 시선은 결코 곱지 않았을 것이다. 그의 불행이 백악사 정녀부인의 앙갚음으로 회자되었던 것도 그와 무관하지 않다고 본다.

백악의 정녀부인과 부부관계로 설정된 목멱의 국사신이 거하는 제장으로 간주할 만한 곳은 목멱의 정상에 있었다던 목멱신사일 것이다. 당연히 국행제가 치러지는 목멱신사였겠지만, 송악의 제당과 마찬가지로 왕실과 민중들의 종교적 기호에 부응하는 신상과 복색이 추가되었을 것이라 짐작된다. 성종 대에는 차을중(車乙仲)이라는 사람이 목상(木像)을 만들어 목멱산사(木覓山祠)의 신좌에 봉안하고 감악산신이 옮겨온 것이라 하면서 대중들의 신앙을 부추긴 일이 있었다.175) 당시 의금부의 조사에 따르면, 장군의 형상과 불승의 형상을 한 나무 인형이 있었던 것으로 확인되었다.176)

한편 조선후기에 이르면 목멱신사 혹은 목멱산사에 비해, 국사당이라는 표현이 빈번하게 거론된다. 가령, 17세기의 기록으로 보이는『훈도방주자동지(薰陶坊鑄字洞志)』사우(祠宇) 조에는 국사당(國祠堂)이라는 표현이 등장하고 있다.

> 목멱산 제일봉에 신당이 있는데, 속칭 국사당(國祠堂)이라고 한다. 절기에 맞춰 제사하고 기우제와 기청제도 지내며, 기도할 일이 생길 때에도 마찬가지로 제사를 거행한다.177)

표기가 다른 국사당(國師堂)에 대한 묘사도 눈에 띈다.

> 경성 목멱산 잠두봉의 국사당 음사: 산신을 향사할 때에 전사청이 멋대로 국사당이라 칭하고, 신당 안에 고려 공민왕, 조선의 승려 무학, 고려의 승려 나옹, 서역 승려 지공 등의 상과 그 밖의 여러 신상을 걸어 놓았다. 아울러 맹인과 어린 여아의 상도 있었다. 여아를 천연두의 신이라고 하면서 신상 앞에 연지와 분을 진열해 놓았으니 매우 설만하였

---

175)『成宗實錄』권165, 성종 15년 4월 무인.
176)『成宗實錄』권165, 성종 15년 4월 임신.
177)『薰陶坊鑄字洞志』, 祠宇. "有神宇在木覓山第一峯, 俗稱國祠堂. 節祀及祈雨祈晴, 凡有祈禱之事並祭."

다. 기도하는 일이 크게 성행하였지만 나라에서도 금할 수 없었다.[178]

성종 대에 차을중이 장군과 불승의 목우인(木偶人)을 신좌에 배치했던 일이나 불승의 신상과 더불어 맹인상과 여아상을 진설한 국사당의 이미지는 음사(淫祀)를 벌이는 음사(淫祠)로 지목되었지만 1925년 조선신궁의 건립으로 인해 인왕산으로 옮겨가기 이전까지 백악사와 더불어 왕실과 민간의 신앙이 집결되는 제당으로서 건재하였다. 가령, 궁중발기 중에 '칠월탄일각처위축볼긔'나 '갑신이월탄일위축볼긔'에 남산국사당에 쓰일 물목과 비용을 적시하고 있는 것으로 보아 조선말기와 구한말에도 왕실에서 남산의 국사당을 기도처로 애용하고 있었음을 알 수 있다.

---

178) 『五洲衍文長箋散稿』 권43, 華東淫祠辨證說. "京城木覓山 蠶頭峰之國師堂淫祠 (以木覓山神享祀時, 典祀廳私稱國師堂, 掛高麗恭愍王, 本朝僧無學, 高麗僧懶翁, 西域僧指空像, 及他諸神像, 又有盲者像, 小女兒像, 女兒則以爲痘神云, 神前設脂粉之屬, 甚褻. 祈禱頻盛, 國不禁焉.)"

4. 별기은과 산기도

1) 국무당과 별기은

앞서 언급했듯이, 고려에 이어 조선의 왕실에서도 영험한 산천의 기도처에 무당을 파견하여 별기은을 행했다. 별기은처 8곳과 주요 제당을 통해 확인했듯이 국가차원의 공식적인 산천제장이라 하더라도 왕실과 민간에서 옛 관행을 좇아 신위를 인격화하고 가족화하였을 뿐만 아니라 제장도 확대해나갔다고 할 수 있다. 따라서 유교적인 양식으로 의례양식을 개혁하려던 국가적인 노력은 산천신앙의 양태를 근본적으로 바꾸어 놓지 못한 채, 이중적인 병행을 용인할 수밖에 없었다. 그러다 보니 유신을 제관화하려는 의지에도 불구하고 여전히 무당이나 승려가 의례를 주관하는 형태가 반복되었다고 할 수 있다.

의례를 통해 유교적인 문화의 정통성을 확립하고자 했던 유자들의 입장에서 가장 통렬한 음사비판의 대상이 된 것은 다름 아닌 무당이 주관하는 왕실의 별기은이었다. 유교적인 양식을 민간에 보편화시키는 데에 고심하고 있는 즈음에, 왕실에서 솔선수범하기는커녕 오히려 내행기은(內行祈恩)이라 해서 음사를 자행하는 꼴은 결코 좋은 본보기가 될 수 없다는 것이 비판의 주된 맥락이었다. 이런 상황에서 유자들이 내세운 음사비판의 키워드는 국무당과 별기은이었다.

국무당(國巫堂)은 국가왕실의 제장으로서 무속의 신당을 의미하기도 하였고, 국가왕실을 대표한 무속의 의례전문가를 지칭하기도 하였다. 이는 무당(巫堂)이 글자 그대로의 의미로 무속의 신당을 뜻하면서도 동시에 그러한 신당의 의례를 주재하는 전문가를 지칭했던 것과 같은 맥락이랄 수 있다. 국무당이 장소로서의 신당을 의미할 경우에는 적어도 송악에 소재하던 별기은처였다고 생각된다.

별기은처의 제당으로서 주목된 국무당의 사례를 살펴보자. 가령, 세종 8년 사간원에서 상소한 내용에는 신당으로서의 국무당을 직접 언급하고 있다. 내용인즉슨 민간에서 가산을 탕진해가면서 산천에 기은(祈恩) 혹은 반행(半行)을 일삼는 것이 국가에서 국무당을 설치하고 명산에 무녀를 보내 제사하는 것에서 연유하는 것인 만큼, 우선적으로 국무당을 혁파하고 무녀가 아닌 조신(朝臣)을 파견하여 유교식의 산천제를 거행하자는 것이었다.[179] 국무당의 혁파를 통해 민간의 종교문화를 수습하자는 의견은 당시 음사를 비판하는 유자들 사이에 일치하는 공론이었다고 할 수 있다.

그러나 국무당은 장소가 아닌 종교전문가로서의 국무(國巫)를 뜻하기도 하였다. 앞서 거론한 바 있듯이, 세종 6년과 32년에 품관 및 등급에 따라 구리 혹은 말의 징수량을 산정할 때에 등장했던 국무당은 장소가 아닌 종교전문가로서의 국무(國巫)를 지칭하는 것이었다. 전체적으로 분정된 양이 개인에게 부과되는 것이어서 신당을 뜻할 리 없었고, 국무당 이외에 송악무당, 감악무당 등은 물론 전국무당(前國巫堂)까지 언급되었다는 점에서 국무당은 국무를 의미하는 것이었다. 이와 더불어 전국무당 역시 전직 국무로 이해하는 것이 타당할 것이다.

대개 종교전문가인 국무당을 지칭할 때에는 '국무'가 활용되었다. 가령, 세종 11년 좌사간 유맹문(柳孟聞)의 상소에서는 음사를 비판하는 맥락에서 국무(國巫)를 폐하고 조신(朝臣)을 파견하여 기도하자고 요청하고 있다.[180] 유자들의 거센 비판에도 불구하고 국무에 의한 왕실의

---

179) 『世宗實錄』 권34, 세종 8년 11월 병신.
180) 『世宗實錄』 권45, 세종 11년 9월 계유.

별기은 행사는 좀처럼 수그러들지 않았던 것으로 보인다. 아래 성종 대의 기록을 보더라도 개성을 돌아오는 국무의 기은행사가 어떠했는지를 짐작할 수 있다.

　　송악산 기은행사의 경우에 국무(國巫)가 내녀(內女), 내환(內宦), 공인(工人) 4, 5명, 가인(歌人) 5, 6명 등을 거느리고 우역(郵驛)의 말을 타고 도로에서 소리 지르며 개성공관에 들어가서는 가무와 연회로 수십 일을 머무르니, 그 폐단은 이루 형용할 수 없습니다. 개성유수는 2품의 재상인데도 국무와 짝하여 춤추는 것을 예삿일로 여기면서 임금을 위하는 일이니 부득이하다고 말할 뿐입니다. 습속의 폐단이 이 지경에 이르렀으니 한심스럽기만 합니다.[181]

　위 내용은 효령대군의 증손인 주계부정(朱溪副正) 이심원(李深源, 1454~1504)이 성종에게 거침없이 올린 상서의 일부이다. 고모부인 임사홍에 의해 갑자사화 때 목숨을 잃었을 정도로 당대의 사림들과 가까웠던 그는 정통론에 입각해 날카로운 음사비판을 쏟아냈던 것이다. 그의 언급을 통해 우리는 국무가 이끌었던 송악산 기은의 일면을 엿볼 수 있다. 국무가 이끄는 기은 행렬과 위세는 지방관을 압도하는 것이었고, 장기간의 산천을 순례하는 의식에 동원되는 물적 자원도 대단하였다. 왕실의 위엄을 안고 의례집단을 인솔하여 개성을 향하는 국무를 대해야 했던 지역 수령들에게는 고충이 아닐 수 없었을 것이다. 국무의 기은행사에 대한 비판에서 빠지지 않고 등장하는 것 중에 하나가 바로 국무에게 제공되는 뇌물과 향응에 관한 것이었을 정도이다.[182]

---

181) 『成宗實錄』 권86, 성종 8년 11월 기축.
182) 『成宗實錄』 권98, 성종 9년 11월 정해.

중종 대에 이르러, 궁중에서 주관하는 별기은에 대한 유자들의 비판은 날로 거세져 갔다. 특히 어가행차를 방불케 하는 기은행렬에 대한 통렬한 비판이 이어졌다.[183] 유자들의 기은에 대한 음사비판 논리가 치밀하고 드세었던 결과일 수 있겠지만, 이후 왕실의 기은행사는 점차 위축되는 듯 보였다. 그러나 이후 명종 대에 개성부 유생들의 혈기가 발휘될 정도로 왕실의 산천신앙은 결코 약화되지 않았다고 보는 게 타당할 것이다.

> 개성부의 송악산은 신령이 영험하다고 일컬어져 국사 이외에 민간인들이 총사를 무분별하게 세워 제사지낸다. 문정왕후는 기양의 일을 좋아하여 내사(內使)가 줄줄이 이어졌다. 사대부로부터 서인에 이르기까지 이를 본받아 풍속을 이루었다. 집안이 기울고 재산을 탕진할 뿐 아니라 남녀가 뒤섞여 몰려들어 음란하고 추악한 소문이 돌고 돌았다.[184]

국무당을 비롯한 별기은처에서 왕실이 후원하는 별기은이 숱한 비판 속에서도 존속될 수 있었던 원인 중에 하나는 음사를 비판하고 무당을 성 밖으로 몰아내는 조치를 취하면서도 국무가 소속된 성수청을 궁중 내에 둔 자기모순적인 처사 때문이었을 것이다. 대부분의 무당을 성 밖의 동서활인서에 소속시켜 구료활동을 보조하게 하면서 성내 출입을 막았지마는 정작 명산대천에 왕실의 기도행사를 주관할 수 있는 국무는 버젓이 성내에 공식적으로 존속할 수 있었다. 음사비판이 잦아들면 언제든지 왕실의 산천신앙은 재개될 수 있었던 것이다.

---

183) 『中宗實錄』 권15, 중종 7년 4월 기축.
184) 『明宗實錄』 권32, 명종 21년 1월 정사.

2) 산기도 발기[件記]

조선중후기를 거치면서 왕실의 기은행사에 대한 기록은 현저하게 줄어든다. 기록이 줄었다고 해서 그러한 내용과 현상이 감소했다고 단정짓는 것은 곤란하다. 조선말에 산기도 혹은 별기도라는 이름으로 행해진 왕실의 산천신앙을 궁중발기[185]를 통해 확인할 수 있다. 발기는 '불긔'로 표기되어 있는데, 한자어로는 건기(件記)와 대응된다. '불'은 세는 단위로서 현대어의 짝이나 켤레와 통하는 '벌'로 변용되었다고 판단되며, 이두식의 표기로는 역시 세는 단위와 관련된 '件'에 조응되었다고 여겨진다. 결국 발기(불긔)는 한 세트로 구성된 두루마기 식의 기록물을 뜻한다고 할 수 있다. 궁중발기는 왕실의 각종 행사에 활용된 물품과 인력에 관한 제반 사항을 기록한 두루마리 문서로서 대개 한글로 표기된 기록물이다. 현재 한국학중앙연구원 장서각에 소장된 왕실의 기도 및 고사와 관련된 발기를 통해, 조선후기에도 왕실의 엄청난 재화와 용역의 후원 속에서 송악을 오가는 신앙적 순례행사가 지속되었음을 알게 된다.

장서각에 소장된 궁중발기 중에 무녀가 동원된 '병진이월온산슝악별긔도불긔'(1866년)를 확인해보면, 감악산, 개성당, 대국당, 송악당, 장단, 봉국사, 월정당 등 주요 기도처에 오가며 무속의례 혹은 불교의식을 거행한 것으로 보인다. 특히 송악 별기도로 특화된 목록의 경우에는 안산인 송악과 바깥산인 덕물산이 주축이 된 산천신앙의 일면이 엿

---

185) 궁중발기에 대해서는 김용숙, 「궁중발기의 연구」, 『향토서울』18, 1963; 「구한말의 궁중풍속」, 『문화재』16, 1983을 참조할 만하며, 특히 무속관련 궁중발기에 대해서는 최길성, 「궁중무속자료」, 『한국민속학』2, 1970; 「한말의 궁중무속」, 『한국민속학』3, 1970을 통해 자료와 해설을 접할 수 있다.

보인다.

'긔튝오월산녜단쓰온블긔'(1889년)의 경우에도 무녀가 동참한 다양한 산천기도 순례의 면모를 잘 보여준다. 더욱이 이 자료에는 고양반장, 임진, 장단과 더불어 송악의 감행당, 월정당, 대행당, 정당, 한우물, 셧우물, 대국, 비각, 덕물산 등에 소용될 물품과 비용, 그리고 각 제장에서 치를 무속의 굿거리가 소상히 기록되어 있어, 19세기 왕실의 무속의례 연구에 좋은 근거가 되고 있다. 역시 1889년 5월의 '긔튝오월송악덕물녜단블긔'에서도 임진, 사궁, 장단, 송악, 덕물 등에 소용될 물목을 제시하고 있는데, 물품의 규모면에서 송악이 압도적이었다. 연대기를 알 수 없는 '산드는각쳐네단쓰는 블긔'의 경우에도 고양반장, 임진을 비롯해 송악의 감행당, 월정당, 대행당, 승당, 정당, 한우물, 대국, 덕물산 등에서 사용한 물품과 비용을 세세하게 기록하고 있다.

왕이나 왕자의 탄일에 맞춰 무병과 장수를 빌기 위한 의식에 소용되는 물목을 밝힌 탄일위축발기(誕日爲祝件記)에서도 명산대천의 신앙을 엿볼 수 있다. 가령, 1886년 2월의 '병슐이월탄일각쳐위츅경블긔'의 경우에는 남묘, 북묘, 동묘 등의 관왕묘와 함께 도선암, 망월사, 삼막사, 진관사, 오대산 적멸궁, 용문사 등의 수많은 사찰과 황금산, 운길산, 계룡산 등의 산천과 포천 미륵당, 성북동 미륵당 등의 미륵당 등을 아우르는 다양한 기도처에 보낼 물목과 물량을 기록하고 있다. '칠월탄일각쳐위축블긔'에는 기도처로서 관왕묘인 남묘, 동묘, 북묘 등과 함께, 사신성황, 흑석동 허주신사, 성북동 미력당, 은행정, 노고당, 금성당, 구파발, 각심사 등의 사당 및 사원, 동대문 밖 무녀 및 삼청동 무녀의 집, 그리고 삼각산과 남산국사당 등과 같은 산천의 제당이 폭넓게 기록되고 있다. 1884년 2월 '갑신이월탄위축블긔'에서도 이러한 경향이 확인되

고 있는데, 종교전통을 넘나드는 광범위한 유명 기도터에서 왕실의 산
천신앙이 계속되었다. 이를 뒷받침하는 발기 자료를 일일이 거론할 수
없을 정도이다. 탄강일뿐만 아니라 매년 정초나 시월에 정기적으로 거
행하는 왕실의 위축행사에도 관왕묘를 비롯한 이름난 사찰, 사당, 무가
(巫家), 산천 등이 애용되었다.

조선의 개국과 더불어 서울을 중심으로 산천의 제장이 틀을 갖추고,
조선전기부터 음사에 대한 비판이 고조되고, 국무당과 별기은이 비난
의 중심에 서게 되고, 조선중기에 이르러 왕실의 별기은처와 제당을 분
소시키는 유생들의 물리적인 행동이 뒤따랐지만, 구도인 송악을 오가
는 왕실의 산천기도의 순례는 끊이지 않고 지속되었다고 할 수 있다.
국가차원에서 유교의 산천제가 신도인 서울을 중심으로 지근거리에
있는 산천제장(백악, 목멱, 한강 등)을 중심적인 제장으로 삼았던 것에
비해, 왕실에서는 구도인 개성 중심의 옛 산천제장(송악, 덕물, 개성대
정 등)을 중시하며 고래의 문화적 관성을 지속하였던 것이다.

5. 반왕조의 산천신앙

왕실의 산천신앙을 마무리지으면서 종교와 권력의 문제를 일별해보고자 한다. 앞서 살펴본 바 있듯이 조선은 문화적으로는 유교-중심적인, 지리적으로는 서울-중심적인 관점에서 산천제를 정비해나갔다. 국가로서의 면모를 확립하고 이를 신성하게 공표하는 차원에서 정치와 의례는 떼려야 뗄 수 없는 관계에 있었다. 그러나 이러한 의정학(儀政學)의 기준과 관점이 왕실의 산천신앙에 그대로 준용되지는 않았다. 유교 양식과는 무관한 국무(國巫)의 의례가 서울이 아닌 송악에서 빈번하게 행해졌고, 그것도 거대하게 치러져서 유자들의 따가운 눈총을 받기도 하였다. 사실, 국가와 왕실 사이에 의례적인 일치를 기대한다는 것 자체가 비현실적일 수 있다. 그럼에도 불구하고 근왕(勤王)과 호국(護國)이라는 정치적·신앙적 목표를 지향한다는 점에 있어서는 양자가 다르지 않았다. 국가와 왕실은 산천을 소재로 반왕조적인(anti-dynastic) 담론의 생성과 힘의 발산을 꾀하는 저편의 움직임을 함께 염려하지 않으면 안 되는 상황을 맞이하게 되었다.

대개 왕실신앙은 왕조를 위한 기복양재에 충실한 소재로만 다루어졌던 게 사실이다. 그러나 왕실에 저주를 가하고 반역을 도모하는 어두운 힘의 발산이 배제된 진공상태의 왕실문화는 존재하지 않는다. 왕실을 사이에 두고 두 가지 상반된 힘이 어떻게 산천을 중심으로 전개되었는지 함께 고찰할 필요가 있다고 본다. 왕조의 역사와 미래를 폄하하고 왕실의 운명과 정체성을 부정하려는 경향은 어느 시대에나 늘 있기 마련이지만 조선후기에 이르러 그것이 더욱 두드러지기 시작하였다. 특히 산천을 중심으로 전개된 반왕조의 담론과 실천은 두 가지 차원으로 구체화 되었다. 첫째, 정감록으로 대표되는 도참비기류를 통해 왕도(王都)의 운세를 부정하는 반왕조적 산론(山論)이 민중들 사이에 급속하게 확산되었다. 둘째, 입산제천(入山祭天) 혹은 산간제천(山間祭天)으로 대표되는 반왕조적 산천신앙이 비밀스럽게 실천되었다.

1) 정감록이 주목하는 산

(1) 왕조의 교체: 백년왕국론

주지하다시피 정감록은 조선후기 도참비기 문헌을 대표하는 불온한 이름으로 굳어졌다. 서명으로서의 『정감록』이 영조 15년(1739)에 역사의 공식적인 기록에 존재를 드러낸 이래로 그 이름은 다양한 예언 및 도참문헌을 포괄하는 용어로 확대되었다. 그러나 특정의 단일 표제로 수렴될 수 없을 정도로 이질적인 문헌들이 저마다의 독특한 이름으로 생성·전승·혼합되었다는 점에서 정감록이라는 말 자체에 이미 혼선이 있을 수밖에 없다. 사실, 좁은 의미에서 정감록은 이씨와 정씨 사이에 오간 예언 담화를 구성하고 있는 특정 문헌으로 한정되지만, 그마저도 그것을 지칭하는 이질적인 표제(鑑訣, 鄭李問答, 鄭堪問答, 鄭李堪興論, 秘知論, 徵秘錄, 運奇龜策, 李鄭求山論, 山水論, 遊山訣, 鄭堪錄 등등)들이 난무하고 있어 가닥을 잡기가 쉽지 않다. 다만, 여기에서는 조선후기의 다양한 도참비기의 문헌들은 물론이고, 문헌의 범주를 넘어선 예언의 담론 및 실천운동을 폭넓게 포괄하는 차원에서 고유명사로서의 '『정감록』'이 아닌 일반명사로서의 '정감록'을 사용하고자 한다.

이심과 정감의 대화로 구성된 정감록 문헌에서 큰 비중을 차지하는 예언서사 중의 하나는 왕조의 향년 운수와 교체를 논하는 부분이라 할 수 있다. 대개 송악(왕씨)−한양(이씨)−계룡(정씨)−가야(조씨)−완산(범씨) 등으로 이어지는 왕도(공간) 및 왕조(주체)의 흐름에다 향년(시간)의 운수를 설정하고 간간이 교체기의 말기적 징후를 덧붙이는 식의 서사구조이다(<표 11>).

〈표 11〉 정감록의 왕조교체 서사와 향년

문헌	송악 왕씨	한양 이씨	계룡 정씨	가야 조씨	전주 범씨
鑑訣(호)	500		800	1000	600
李鄭遊山論(아)	500	300	500	1000	600
鄭堪問答(김)	400	300	500	800	
運奇龜策(김)	500	400	800	800	
徵秘錄(김)	500	400	800	1000	600
鄭堪錄(야)	500	500	800	1000	600

김＝김용주 본『鄭鑑錄』(한성도서주식회사, 1923)
아＝버클리대 아사미문고 본『諸家秘說』
호＝호소이 하지메(細井肇) 본『鄭鑑錄』(자유토구사, 1923)
야＝야나기타 분지로(柳田文治郞) 본『鄭堪錄』(이문당, 1923)

먼저, 왕도의 흐름에 주목해보자. '송악−한양−계룡−가야−전주'로 이어지는 흐름을 좇다 보면 지리적으로 남하하고 있다는 낌새를 알아차릴 수 있을 것이다. 이는 한반도의 산천지세를 읽어내는 논법과 깊게 연결된다고 할 수 있다. 즉 중국 곤륜산의 내맥을 이어받은 백두로부터 한반도의 산천지기가 점차 아래로 흐르면서 왕조의 성쇠도 결정된다는 논리이다. 조선왕조를 놓고 보자면, 왕씨의 송악산으로부터 이씨의 삼각산으로 옮겨온 지세의 변화는 이미 과거지사로 치더라도 앞으로 운세가 이동할 계룡산, 가야산, 완산 등에 대한 담화 자체는 당대의 현존 질서를 거스르는 반왕조의 산론(山論)이 아닐 수 없었다.

둘째, 왕조의 주인이 교체되는 흐름을 들여다보자. 정감록의 예언서사는 국가체제의 변화보다는 왕가의 교체에 주목하는 경향이 강하다. '왕씨―이씨―정씨―조씨―범씨'로 이어지는 왕조교체의 틀은 비교적 안정적인 서사구조로 정착하긴 했지만, 특정의 성씨여야 한다는 논리적 필연성은 약한 편이었다. 어차피 왕―이의 교체는 역사적으로 징험된 바이지만, 이씨 이후의 예언서사는 다양한 경쟁을 거쳐 수렴되었을 것이라 짐작된다. 적어도 그 과정에서 일차적으로 승리를 거둔 담론이 이―정의 교체담이었을 것이다. 사실, 왕―이의 교체는 이미 지나간 과거이고, 정―조 또는 조―범의 교체는 아직 절실하지 않은 먼 미래일 뿐이다. 조선시대 당대인들이 가장 주목하는 서사 구간은 당연히 긴박성을 주는 이―정의 교체기였을 것이다. 실제로 현존하는 정감록의 서사는 여기에 집중되어 있다고 해도 과언이 아니다. 이―정의 교체담은 반왕조 담론의 표상이었고, 정씨를 대망하는 다양한 실험을 끊임없이 부추겼다.

셋째, 왕운의 연한에 대해 따져보자. <표 11>에서 보았듯이, 왕조의 운수는 백년 단위로 구성되어 있다. 왕조의 향년 기간에서 눈에 띄는 것은 한양 이씨의 운수가 가장 다양할 뿐만 아니라 그것도 일정하게 백년 단위로 증가하고 있다(300→ 400→ 500)는 점이다. 이는 이―정 교체기가 백년 단위로 연장되면서 이조의 왕운도 3백년설, 4백년설, 5백년설로 변동된 결과라고 판단된다. 즉 개국 300년을 앞두고 있던 17세기에는 3백년설이 예언의 긴박성을 부여해 주었을 테지만, 그 시기를 넘어선 18세기에는 새로이 4백년설로 대치되었을 것이고, 그것은 다시 19세기 5백년설로도 수정되었을 것으로 짐작된다. 정감록은 조선후기 사회의 위기담론을 부추겼을 뿐만 아니라 당대의 조정된 담론을 텍스트에 반영하기도 하였다. 왕조의 교체를 백년 단위로 설정하였을 뿐만 아니라 이조의 향년을 백년 단위로 연장해왔다는 점에서 천년왕국론(millenialism)이 아닌 백년왕국론(centennialism)이라 해도 무방할 것이다.[186)

반왕조의 핵심 담론이었던 정감록 백년왕국론의 실체를 확인하는 차원에서 현존하는 문헌들을 잠시 둘러보자.

> (이)심이 말하기를, "삼한의 왕조에 대해 차례대로 얘기해줄 수 있는가?" 하였다. (정)감이 말하기를, "송악은 왕씨의 4백년의 땅이고, 한양은 **이씨의 3백년 땅이며**, 계룡은 정씨의 5백년 땅이고, 가야는 조씨의 8백년 땅이며, 팔공은 왕씨의 7백년 혹은 천년의 땅이고, 완산은 범씨가 왕이 되지만 햇수는 정해져 있지 않다. ..."고 하였다.[187)

위 인용문은 1923년 3월에 간행된 김용주 본 『정감록』에 실린 「정이감여론(鄭李堪輿論)」의 일부 내용이다. 이조 3백년설에 대한 서사는 김용주 본 「정감문답(鄭堪問答)」이나 버클리대학교 아사미문고 본 『제가비설(諸家祕說)』에 수록된 「이정구산론(李鄭求山論)」, 도쿄대학교 오구라문고 본 『감론초(堪論抄)』의 「산수론(山水論)」에서도 확인될 만큼 일정 시기에 비교적 안정적인 전승을 보였으리라 짐작된다.

실제로 이씨 왕조가 개국한 지 3백년(1692)을 앞둔 17세기에 이조 3백년설이 사회적으로도 크게 유통되고 있었음을 확인할 수 있다. 가령,

---

186) 정감록 예언서사의 백년왕국론적 특질과 3백년설, 4백년설, 5백년설 등에 대해서는 최종성, 「정감록 백년왕국론과 조선후기 위기설」, 『역사민속학』61, 한국역사민속학회, 2021, 7-35쪽. 참조.

187) 김용주, 『鄭鑑錄』, 「鄭李堪輿論」. "沁曰, 三韓王者, 可歷言乎. 勘曰, 松岳乃王氏四百年之地, 漢陽李氏三百年之地, 鷄龍鄭氏五百年之地, 伽倻趙氏八百年之地, 八公王氏七百年之地或千年之地, 完山范氏爲王不定年數也."

인조 6년(1628)에 있었던 송광유(宋匡裕) 고변사건을 다룬 추국자료에 따르면, 당시 송광유의 주변 사람들 사이에서 "이씨의 국록(國祿)이 3백년"이라 하고 "진인(眞人)이 이미 세상에 나왔다"는 설이 회자되었다고 한다.[188] 고문과 조작, 변명과 거짓 증언이 오가는 추국장에서의 진술에 오롯이 믿음이 가는 것은 아니지만, 적어도 이조 3백년의 운수가 거론되었다는 사실에 무게를 두고 싶다. 한편, 개국 3백년을 5년 앞둔 숙종 13년(1687)의 양우철 추국사건에서는 비결서의 하나인 『비기대총(秘記大摠)』의 내용이 거론된 바 있는데, 주목되는 것은 그 책에 '왕씨 5백년→ 이씨 3백년→ 정씨 2백년→ 조씨 1백년' 등등의 정감록 백년왕국론이 실려 있었다는 점이다.[189] 17세기 당대에 이미 이조 3백년설을 체계화한 문헌이 실재했고, 반왕조의 실천가들을 자극하며 역사적으로 실천되었다고 할 수 있다. 현존하는 필사본과 간행본 문헌에 전승되고 있는 3백년설의 서사는 17세기의 현실을 담고 있는 흔적이 아닐까 조심스럽게 추측해 본다.

이제 또다른 정감록 백년왕국설과 만나보자. 현존하는 몇몇 이본들 사이에서 이조 3백년설이 비교적 안정적으로 전승되고 있긴 하지만 어느 시점에서 100년을 연장한 게 아닌가 싶을 정도로 4백년설의 싹이 크게 돋아났다.

---

188) 『推案及鞫案』4, 宋匡裕獄事文書1, 아세아문화사, 174쪽. "非但國事日非, 觀天變人事, 稍有識見者, 知國家之必亡. 況李氏國祚三百年云, 今擧大數則三百年, 且眞人已出."
189) 『推案及鞫案』10, 梁禹轍推案, 아세아문화사, 26쪽. "梁禹轍私記小册中, 秘記大摠有, 日新羅金氏, 三十七王, 沒亡於王氏. 王氏有國, 五百餘年後, 亡於李氏. 李氏有國, 三百餘年後, 亡於鄭氏. 鄭氏有國, 二百餘年後, 亡於曹氏. 曹氏有國, 未百年亡於魏氏."

담(湛)이 말하기를, "조선의 땅을 지세로써 논한다면, 송악은 5백년 땅이다. 요승으로 인해 나라가 망한 뒤 천년 만에 천도(天道)가 되돌아와 왕씨가 부흥할 것이다. **한양은 이씨 4백년의 땅이다.** 나라 말년에 요희(妖姬)가 장차 국권을 오로지하여 패망할 것이다. 계룡은 정씨 8백년의 땅이다. 말년에 궁중의 음풍이 더욱 심해지고, 공주가 정치를 어지럽히는 사이에, 오랑캐가 작당함으로써 끝내 패망에 이를 것이다. 가야는 조씨 8백년의 땅으로, 3-4대까지 신성(神聖)이 이어질 것이다. 그러나 장차 말년에 충신과 어진 장수들이 모두 처형을 당하고, 용렬한 임금과 패역스런 왕자들은 크고 떳떳한 이치를 알지 못할 것이다. 해마다 기근이 들며 일월이 빛을 잃고 여름에 서리가 내려 수많은 백성들이 죽어 나가게 되어 나라도 망할 것이다. 팔공산은 왕씨 천년의 땅이다. 장차 말년에 영의 북쪽은 오랑캐가 모조리 쓸어버려 조선 땅도 멸망의 땅이 될 것이다. 비홀령 이북은 호인(胡人)들이 반란을 일으켜 신속하게 집권할 것이다. 범씨는 북쪽 해도에서 나오는데, 말의 얼굴에 사람의 몸을 하고(馬首人身), 몸이 푸르며, 입으로는 화염(火炎)을 토해내며 신장이 팔척이나 된다. 그가 의병을 일으켜 완산에 곧바로 당도한 뒤 남서향으로 왕궁을 배치하고 나라를 다스릴 것이다. 위아래의 분수를 따지지 않고 오로지 활과 말을 다루는 재주만으로만 등용하다 보니 예악이 영원히 끊기게 되고, 급기야 말년에 이르러 달팽이 몸에 사람의 얼굴을 한(蝸身人首) 이가 교동 땅에 나타나게 되면 나라가 망할 것이다. ..."고 하였다.[190]

---

190) 김용주, 『鄭鑑錄』, 「運奇龜策」. "湛曰 朝鮮之地, 以地勢論之, 松岳乃五百年之地, 妖僧云國後千年, 天道回還, 王氏復興. 漢陽乃李氏四百年之地, 國末妖姬, 將專國權, 以至敗亡也. 鷄龍乃鄭氏八百年之地, 將末宮中荒淫益甚, 公主亂政, 反爲胡種作黨, 以至滅國也. 伽倻乃趙氏八百年之地, 至三四大聖神繼承, 而將末, 忠臣良將, 皆以刑死, 庸君賊子, 不知大經, 年凶歲飢, 日月無光, 夏日霜降, 民其死亡多矣, 而國乃滅亡也. 八公山乃王氏千年地, 而將末, 嶺北胡盡滅, 朝鮮之地, 其亡地也. 比忽嶺以北, 胡人反爲劇執. 范氏出於北海島, 馬頭人身, 氣體青色, 口吐火炎, 身長八尺, 擧義直到完, 照坤向治國, 不論上下之分, 但以弓馬之才全用, 禮樂永廢, 及其末也, 蝸身人首, 自出於喬桐之土, 則國其亡也."

위 인용문은 김용주 본 『정감록』에 수록된 「운기귀책」의 일부이다.
이는 김용주 본에 수록된 「징비록(徵秘錄)」의 내용과도 거의 일치한다.
이조 4백년설은 교토대 가와이문고 본 『정감록(鄭鑑錄)』, 버클리대학
교 아사미문고 본 『제가비설(諸家祕說)』의 「우론(又論)」, 안춘근 본 『정
감록집성(鄭鑑錄集成)』 내의 「유산결(遊山訣)」, 그 밖의 비결시 등에서
도 두루 확인된다.

18세기에 접어들면서 이조 3백년설은 예언서사로서의 소임을 마감
하며 새로운 조정을 겪었으리라 짐작한다. 적중되지 않은 빗나간 예언
은 4백년설로의 전환을 통해 다시금 예언의 긴박성을 제공해주어야 했
다. 기존의 서사구조를 유지한 채 숫자만 조정하면 되는 것이어서 방법
도 손쉬운 편이었다. 18세기는 가히 정감록의 시대라 할 정도로 예언의
전승이 범람을 이룬 때였고, 그러한 전승을 매개로 이조 4백년설이 두
루 퍼져나갔을 것이다.

흔히 영·정조에 의해 통치되던 18세기를 왕조의 부흥기로 간주하지
만 역으로 반왕조의 담론도 극대화되던 때였다고도 할 수 있다. 왕실에
서는 4백년의 종사를 자부하며 화성건설의 꿈을 키워나갔지만, 잦은
정치변동 속에서 이탈된 이들은 이조 4백년설을 통해 왕조의 가을을
공공연한 사실로 받아들였다. 정조 6년(1782) 문인방 사건에 연루된 이
들은 한문본 『정감록』을 언문으로 번역하고, 거기에 담긴 이조 4백년
설과 해도진인설을 공유하였다.[191] 정조 10년(1786) 유태수 사건의 공
초를 통해서도 당시에 이조 4백년설이 심상치 않게 유통되었음을 짐작
할 수 있다.[192] 특히 정조 9년(1785)의 문양해 사건의 연루자들은 조선

191) 『推案及鞫案』24, 「逆賊仁邦京來等推案」, 아세아문화사, 169쪽, 176쪽.
192) 『推案及鞫案』24, 「謀逆同參罪人柳泰守等推案」, 아세아문화사, 569-570쪽.

개국 4백년이 되는 임자년(1792)을 정씨의 해도기병(海島起兵) 원년이
자 정감록 4백년설의 기점으로 못박으며 왕실 4백년의 역사를 부정하
였다.[193]

예상하듯이, 정감록 4백년설은 다시금 5백년을 내다보는 예언 담론
으로 또 한 번의 수정을 거친다.

감(堪)이 말하기를, "조선국을 지세로써 논한다면, 송악은 왕씨 5백
년의 땅이다. 후에 요승으로 인해 나라가 망한 뒤 수천년 이후에 천운
(天運)이 순환하여 왕씨가 부흥할 것이다. **한양은 이씨 5백년의 땅이
다.** 나라 말년에 요희(妖姬)가 국권을 오로지하여 패망할 것이다. 계룡
은 정씨 8백년의 땅이다. 말년에 궁중의 음풍과 공주의 난정으로 인해
반란이 일어나 오랑캐에 의해 멸망에 이를 것이다. 가야는 조씨 1천년
의 땅으로, 4-5대까지 신성(神聖)이 이어질 것이다. 그러나 그 뒤 충신
과 어진 장수들이 모두 처형을 당하고, 용렬한 임금과 불충의 신하들
이 권력을 농단하고 법도를 어지럽힐 것이다. 해마다 기근이 들며 일
월이 빛을 잃고 여름에 서리가 내려 수많은 백성들이 죽어 나가게 되
어 결국 나라가 망할 것이다. 전주는 범씨 6백년의 땅이다. 북쪽 해도
에서 온 범씨는 말의 얼굴에 사람의 몸을 하고(馬首人身), 온몸이 푸르
며, 입으로는 화염(火炎)을 토해내며 신장이 팔척이나 된다. 그가 의병
을 일으켜 완산에 곧바로 당도한 뒤 남서향으로 왕궁을 배치하고 나
라를 다스릴 것이다. 위 아래의 분수를 따지지 않고 오로지 활과 말을
다루는 무예만으로만 등용하다 보니 예악이 영원히 끊기게 되고, 급
기야 말세에 달팽이 몸에 사람의 얼굴을 한(蝸身人首)이가 교동땅에
나타나게 됨에 따라 나라도 망하게 될 것이다. ..."라 하였다.[194]

193) 『正祖實錄』권19, 정조 9년 3월 경술.
194) 柳田文治郎, 『眞本鄭堪錄』, 「鄭堪錄」, 以文堂, 1923. "堪曰 朝鮮之國, 以地勢論之,
    松嶽乃王氏五百年之地. 然後, 以妖僧亡國, 數千年以後, 天運循環, 王氏復興矣. 漢
    陽乃李氏五百年之地, 國末妖姬專權, 以至於亡. 鷄龍乃鄭氏八百年之地, 其末宮中

앞서 4백년설의 담론으로 언급했던 김용주 본「운기귀책」의 내용과 대동소이하지만, 한양 이씨 4백년의 땅이 5백년의 그것으로 바뀐 것이 결정적인 차이라 할 수 있다. 그런데 정씨와 이씨의 대담형식으로 이루어진 정감록 서사문헌에서 이같은 5백년설을 대하기가 좀처럼 쉽지 않다. 현재로선 위에서 인용한 야나기타 분지로 본에서 5백년의 서사를 건질 수 있을 뿐이다. 이조 5백년을 언급하고 있는 비결시의 문구들은 흔히 발견되지만 대화형 정감록 서사에서 5백년설이 활발하게 전승되지 않는 것에 대해서는 의구심이 든다. 그것이 백년 단위의 연장을 거듭해온 왕조의 교체설이 더 이상 삶의 희망이 될 수 없다는 민중의 자각이 있었던 것인지, 아니면 단순한 왕조의 교체가 아닌 근본적인 우주론적 갱신을 내세운 동학 이래의 신종교 사상의 영향 때문인지 단언하기는 쉽지 않다.[195]

국가차원에서는 예제와 법제를 통해 왕도중심의 산천론을 지속해 나갔다고 볼 수 있다. 왕실이 표방한 구도(舊都) 중심의 산천신앙은 국가시책에 어긋난다는 비난을 받긴 했지만 왕실을 위한다는 명분은 국가적 바람과 맞물릴 수 있었다. 그러나 백년 단위로 연장을 거듭해온 조선후기 정감록의 백년왕국설은 왕도중심의 산천론과도 대치되고, 왕실의 산천신앙의 목표와도 상반되는 반왕조의 산천론에 기반한 것이었다.

滔荒, 公主亂政, 反爲胡種, 以至滅國. 伽倻乃趙氏千年之地, 至四五代, 神聖繼作, 其後, 忠臣良將, 皆以刑死, 庸君賊臣, 專權昧法, 年荒歲飢, 日月無光, 夏日霜降, 民多死亡, 國乃滅亡. 全州范氏六百年之地, 范氏出於北海島, 口吐火焰, 身長八尺, 擧義直到完山, 艮坐坤向, 坐而治國, 不論上下之分, 但用弓馬, 永廢禮樂, 及其末世, 蝸身人首, 出於喬桐地, 則國隨而亡矣."

195) 정감록과 수운의 차별성에 대한 논의와 관련해서는 박병훈, 「한국 비결가사 연구: 비결에서 비결가사로의 전환과 전개」,『종교와문화』41, 2021, 9쪽. 참조.

(2) 십승지: 이-정 교체기의 피난처

대화형 정감록 서사에서 왕조의 교체론에 이어 강조되는 것이 소위 십승지(十勝地)로 대표되는 피난의 땅에 대한 목록이다. 서사의 기본은 왕운의 교체를 담당하는 주역으로 가담하라는 논리보다는 교체의 혼란기(특히 이-정의 교대)에 생이 보장되는 땅을 모색하여 피해가라는 것이다. 십승지는 역대의 전란을 겪지 않은 낙지(樂地)로서 정치적 격변과 현실의 질곡을 피할 만한 이상적인 산천으로 간주되었다. 유교적 문치와 구휼이 보장되는 땅의 이미지와는 거리가 멀어도 한참 멀었다. 한 가지 예를 들어보자.

> 심이 말하기를, "그때가 되면 곡식의 종자는 삼풍에서 구하고, 사람의 종자는 양백에서 구한다. 이곳은 병란과 흉년이 침입하지 않을 것이다." 하였다.[196]

위 내용은 대부분의 정감록 서사에서 빠지지 않고 등장하는 유명한 구절이다. 생의 양식은 삼풍(三豐)에서 구하고, 인재(人才)의 원천은 양백(兩白)에서 찾는다는 것인데, 생업과 교육에 관한 국가적 시책을 부정하는 언사라 할 수 있다. 먼저, 양백(兩白)은 태백(太白)과 소백(小白) 사이의 첩첩산중의 땅인데, 이-정 교체기에는 인재의 산실인 서울의 성균관이 아닌 양백의 사이에서 어진 재상과 용맹한 장수를 배출할 수 있다는 것이다. 실제로 정감록 서사에서 이조의 왕운이 다할 경우 난리를 피할 만한 최고의 땅으로 간주되는 곳이 양백이었을 정도이다.[197]

---

196) 柳田文治郎, 『眞本鄭堪錄』, 「鄭堪錄」, 以文堂, 1923. "沁曰 當其時, 求穀種於三豐, 求人種於兩白, 此處兵火凶年不入."

다음으로, 곡식의 종자를 찾을 만한 생업의 땅으로 지목된 삼풍(三豊)에 대해서는 지역을 특정하기 어렵긴 하지만, 「비지론(秘知論)」(김용주 본)이나 「이정유산론(李鄭遊山論)」(아사미문고 본)의 보주(補註)에 언급된 풍기(豊基), 연풍(延豊), 무풍(茂豊) 등이 그 후보지로 주목된다. 풍기(영주), 연풍(괴산), 무풍(무주) 역시 태백과 소백의 산세에 기댄 오지였다는 점에서 양백(兩白)과 무관하지 않은 곳으로서 치세의 문명지와는 거리를 둔 지역이라 할 수 있다.

한편, 정감록 서사에서 빠지지 않고 등장하는 십승지의 목록은 대략 두 가지 버전으로 전승되었다고 할 수 있다. 오늘날의 지명 단위를 고려해 정리해보자면, 「운기귀책」(김용주 본)의 경우에는 풍기·안동·보은·남원·예천·공주·영월·무주·부안·합천 등의 목록1과 풍기·부안·김천·가야·단양·공주·삼풍·봉화·예천·태(소)백 등의 목록2를 싣고 있다. 「감결」(호소이 하지메 본)의 경우에도 언급 순서만 다를 뿐 두 목록과 대체로 일치하는 전승을 공유하고 있다. 다만, 「정감록」(야나기타 분지로 본)과 같이 하나의 목록만(목록1)을 싣고 있는 경우도 없지 않다. 목록1에 해당되는 십승지의 구성은 남사고를 가탁한 「남격암산수십승보길지지(南格庵山水十勝保吉之地)」(호소이 하지메 본) 류의 문헌과 대체로 일치하는 전승이라 할 수 있다.[198]

---

197) 柳田文治郎, 『眞本鄭堪錄』, 「鄭堪錄」, 以文堂, 1923. "又曰 李運將訖, 避亂之方, 莫如兩白."

198) 조선후기 도참비기의 일부 모티프가 남사고 예언서로 성립되고 유포되는 과정에 대해서는 김신회, 「병자호란의 기억과 남사고 예언」, 『한국문화』92, 규장각한국학연구원, 2020; 「남사고 예언서의 성립과 확산」, 『한국문화』94, 규장각한국학연구원, 2021. 참조.

〈표 12〉 정감록 문헌의 십승지 목록

구분	運奇龜策(김)		鑑訣(호)		鄭堪錄(야)	南格庵山水十勝保吉之地(호)
	목록1	목록2	목록2	목록1	목록1	목록1
1	豊基車岩金鷄村	豊基	豊基醴泉	豊基車岩金鷄村	豊基車岩金鷄村	基川車岩金鷄村
2	華山	扶安	安東華谷	花山	華山安東	華山
3	報恩俗離山甑項	龍宮	開寧龍宮	報恩俗離山甑項	報恩俗離山蒸項	報恩俗離蒸項
4	雲峯頭流山銅店	伽倻	伽倻	雲峯杏村	雲峯頭流山銅店村	醴泉金堂洞
5	豊泉金堂洞	丹春	丹春	醴泉金塘室	醴泉金堂洞	雲峯頭流銅店村
6	公州維鳩麻谷	公州	公州定山深麻谷	公州鷄龍山維鳩麻谷	公州維鳩麻谷	公州維鳩麻谷
7	寧越正東	三豊	鎭木	寧越正東	寧越正東	寧越正東
8	茂朱豊北方洞	奉化	奉化	茂朱舞鳳山北銅	茂朱茂豊北方相洞	茂朱舞豊北洞傍陰
9	扶安壺岩穴	醴泉	雲峯頭流山	扶安壺岩	扶安壺岩	扶安壺岩
10	陝川伽倻山萬壽洞	大小白	太白	星州伽倻山萬壽洞	星州伽倻山萬壽洞	伽倻山萬壽洞

*호=호소이 하지메, 김=김용주, 야=야나기타 분지로

<표 12>에서 보듯이, 남격암 전승(목록1)에만 구성된 지역은 보은, 영월, 무주, 부안 등이고, 목록2에만 보이는 지역은 김천(개령용궁), 단춘(단양·영춘), 태백(태소백) 등인데 「감결」의 경우에는 진목(진천·목천)이 「운기귀책」의 경우에는 삼풍으로 갈리기도 한다. 목록1과 목록2에 공통되는 목록은 풍기, 안동, 운봉(남원), 예천, 공주, 가야 등이다. 십승지의 목록 전체를 고려할 때 영월과 공주를 잇는 동서 횡단선 이남의 내륙 산간지역에 집중되어 있음을 알 수 있다. 이는 상대적으로 왜란의 폐해를 적게 받았던 역사적 경험과도 무관하지 않을 것이다. 한편, 십승지와는 달리, 금강산의 서부, 오대산의 북부에 해당되는 강원

산간지역은 병화와 재난이 닥칠 사지로서 회피되어야 할 땅으로 강조되는데, 아마도 호란의 경험과 연관된 인식이라고 생각된다.

2) 반왕조의 산천기도

앞서 왕실의 기복양재에 일조하는 산천제장 및 산천신앙에 대해 살펴본 바 있었다. 그러나 근왕(勤王)과 호국(護國)을 위한 기복이 있다면, 반역(叛逆)과 반왕조(反王朝)의 저주도 있을 수 있는 것이 종교의 세계이다.[199] 조선후기 일부 자료에 등장하는 비밀스런 입산제천(入山祭天) 혹은 산간제천(山間祭天)의 사례들은 대개 새로운 땅과 미래의 주역을 대망하며 반왕조의 의지를 강화시킨 산천신앙이었다고 볼 수도 있을 것이다.[200] 이는 통치자의 권위를 보증하려는 왕실의 산천신앙과는 달리, 그 권위를 거스르는 모반자의 의례에 가까웠다.[201]

반왕조의 산천신앙을 잘 보여주는 사례로서, 숙종 17년(1691) 황해도 재령의 무당 애진이 주변 신도들과 함께 황해도 해주의 수양산 일대에서 새로운 주인인 정씨를 대망하며 벌인 산간제천을 들 수 있다. 주로 차충걸사건으로 회자되는 이 사례는 의금부 추국자료인 『차충걸추안(車忠傑推案)』에 소상히 실려있다.[202] 차충걸옥사에서 7명이 나래되

---

199) 최종성, 「어둠 속의 무속: 저주와 반역」, 『한국무속학』27, 한국무속학회, 2013, 9-13쪽. 참조.

200) 최종성, 「숨은 천제」, 『종교연구』53, 한국종교학회, 2008. 참조.

201) 데이비드 커처의 지적대로, 통치자나 정치적 엘리트들은 권위를 정당기 위해, 혁명가나 모반자는 그러한 정당성을 훼손하기 위해 의례를 적극 활용한다. David Kertzer, *Ritual, Politics, and Power*, Yale University Press, 1988, p. 2.

202) 『車忠傑推案』은 서울대학교 규장각한국학연구원 소장자료(규 15149)로서 통칭 『추안급국안』의 제104번째 기록물이다. 본 문서의 국역본으로서는 최종성 외,

어 심문을 받았고, 그 중 고변자를 뺀 나머지 6명은 고문이 가해진 형문(刑問)을 감내해야 했다. 사건이 마무리되면서 핵심인물인 무녀 애진과 그의 남편 조이달, 그리고 고변의 빌미를 제공한 차충걸 등 3명이 결안을 받아 참형을 당했고, 나머지 의례에 동참했던 4명은 유배되었다.

무녀 애진은 한양이 곧 망할 것이라는 소위 '한양장망설'(漢陽將亡說)과 왕조의 땅인 서울을 대체할 정씨의 땅에 대한 믿음, 즉 '전읍지참'(奠邑之讖)을 생성하고 유포하면서 반왕조의 희망을 강화시켜 나간 주역이었다. 그리고 재령, 문화, 해주 등 인근 지역에서 모인 신도들로 하여금 천기공부(天機工夫)와 산간제천(山間祭天)을 통해, 정필석이라는 신화적 인물을 생불(生佛)로 여기며 미래의 주인으로 기다리게 한다. 무녀 애진은 미륵의 화신으로도 이해될 수 있는 생불신앙과 정감록류의 도참사상을 결합한 독특한 형태의 '정씨생불론'(鄭氏生佛論)을 설득해 나간다.

사실, 해주 수양산 정상에 있다는 정필석은 입지전적인 설화의 주인공이기도 했지만, 메시아적 존재를 기다리는 이들에게는 여전히 신화적인 인물로 존재할 뿐이었다. 이러한 상황에서 송화지역의 정씨집안과 관련된 지역의 기이담을 접하고 있던 해주 출신의 차충걸이 등장하면서 새로운 돌파구가 마련되었다. 곧 신화적 인물에 머무르고 있는 정필석이라는 존재에 역사성을 불어넣어, 정씨생불이 다름 아닌 통제사를 지낸 정씨 집안의 아이(鄭兒)라 간주하고 탐방에 나선다. 이른바 '정필석=생불'의 등식이 '정필석=정아'의 등식으로 전환되면서 차충걸은 송화지역의 정태창 집안을 찾아 나서게 되었고, 그것을 계기로 관에

『국역 차충걸추안』, 민속원, 2010. 참조.

고변을 받고 신앙적 동료들과 함께 추국의 운명을 짊어져야 했다. 그들은 한양과 이씨 왕조에 희망을 버리고 전읍과 정씨생불을 염원하였지만, 결국 자신들에게는 절망의 땅으로 간주되어 온 한양으로 나래되어 이씨 왕조에 의해 죽임을 당하는 처지가 되었다.

조선후기에 반왕조의 기치를 걸었던 반란자들에게서 종종 나타나는 입산제천 혹은 산간제천은 공개되고 전시되는 의례의 효과보다는 공동체의 전의를 다지고 천의(天意)를 확인받는 비밀의례였다고 할 수 있다. 왕실의 별기은례에서 확인되듯이 산천신앙은 왕실의 기복양재를 위한 신앙적 도구이기도 하였고, 차충걸사건에서 보이듯이 반왕조의 담론을 강화하는 실천으로도 활용될 수 있었다.

3장

왕실의 무속신앙

왕실의 무속신앙에 접근하기 위해서는 무엇보다도 무속의 일반적인 특질과 맥락을 이해하는 것이 우선일 것이다. 무속의 실상을 파악하기에 앞서, 무속이 어떤 맥락에서 민속의 영역으로 자리잡을 수 있는지 고찰하는 것이 필요하리라 본다. 그러한 바탕 위에서 왕실 무속신앙의 대표적인 의례라 할 수 있는 치병의례와 그것을 주도한 전문가의 병인론에 대해 접근할 수 있을 것이다. 그리고 무속 특유의 병인론을 바탕으로 왕실의 걸출한 무당들이 주도했던 무속의 치병의례와 더불어 치병과 상반되는 어두운 무속, 즉 저주와 저주전문가들의 역사에 대해서도 탐색할 수 있을 것이다.[1] 마지막으로 반역과 역모에 가담한 무속의 사례를 살펴봄으로써 근왕과 왕실의 기복에 봉사했던 무속으로만 이해되었던 조선시대 왕실 무속문화의 이해에 균형 감각을 제공하고자 한다.

---

[1] 사실, 조선 왕실의 무속에 대해서는 이미 상세한 논의를 전개한 바 있다(최종성,『조선조 무속 국행의례 연구』, 일지사, 2002). 따라서 이 장에서는 무속의 실상을 발굴·정리하기보다는 민속종교 차원에서 무속을 어떻게 바라봐야 하는지, 왕실에서 무당이 발휘한 종교적 직능의 일반적 특성은 무엇인지에 대해 주목할 것이다.

1. 왕실 무속의 성격

왕실 무속신앙의 실상에 접근하기에 앞서, 왕실의 민속종교와 왕실의 무속신앙 사이의 관계를 점검할 필요가 있다고 본다. 즉 민속과 무속 사이의 관계질서를 조율함으로써 민속차원에서 왕실 무속이 이해될 수 있는 기반을 확보할 수 있을 것이다. 아울러 고려할 것은 왕실과 무속 사이의 관계를 조명하면서 왕실 무속을 이해하는 분석 틀을 고민해보아야 할 것이다.

1) 무속과 민속

원리적으로는 무속도 민속의 일부라는 상식이 통용되지만, 사실적으로는 무속이 민속의 범주에서 벗어나 자율적인 학문 영역을 확보했다고 인정될 정도이다. 특히 종교학 일각에서 무속을 불교나 기독교와 같은 세계종교에 버금가는 하나의 종교전통으로 간주하며, 그것을 '무교'라는 명칭으로 대용하기까지 한다. 무속의 학문적 위상은 자연스레 민속의 영역을 넘어선 독립적인 영역으로 자리잡게 된 듯하다. 이처럼, 무속이 민속연구에서 중뿔나게 된 데에는 종교전문가인 무격(巫覡)에 대한 강조가 다소 지나쳤던 사정과도 무관하지 않아 보인다. 즉, '무'(巫)와 '속'(俗)이 결합된 복합어로서의 '무속'을 고려할 때, 지금까지 무속의 이해에서 중심을 차지한 것은 '속'보다는 '무'에 있었다고 해도 과언이 아닐 것이다.

무속을 '무>속'으로 보려는 태도는 마치 샤머니즘(shamanism)을 이해할 때에도 샤먼(shaman)이라는 전문가에 집중하는 경향과 다르지 않다고 볼 수 있다.[2] 가령, 1672년 러시아인 Avvakum Petrovich의 자서전에 'shaman'이 소개되고, 1765년 디드로의 백과사전에 독립된 사전항목으로 샤먼이 규정된 이래로[3] 샤머니즘은 샤먼의 종교문화로 이해되었다고 할 수 있다. 그만큼 샤먼 없는 샤머니즘은 생각하기조차 곤란했던 셈이다. 샤먼 없는 샤머니즘이 어불성설로 받아들여지듯이 무 없는 무속도 상상하기 어려웠던 게 사실이다. 당연히 무속의 주도권은 무당 또는 박수가 쥐는 것이었고, 그에 따라 무속연구도 무격의 종교적 비범성과 전문성을 특화시키는 데에 주력했다고 할 수 있다. 그만큼 무당에게 의뢰하기도 하고, 무당의 의례를 뒷받침해주기도 하고, 때로는 무당을 취사선택하는 종교적 고객이라 할 수 있는 일반인의 특성은 배제되기 십상이었다. 경제적인 용례로 비유하자면, 공급자 혹은 생산자라 할 수 있는 종교전문가가 주목받은 대신 종교의 고객인 수요자 또는 소비자는 수동적인 존재로 외면받아왔다고 할 수 있다.

사실, 종교문화는 사제와 속인 사이의 교환체계에 의해 성립되어왔다는 점에서 무당과 종교적 고객을 아우르는 종합적 이해가 요청된다. 무당에 대한 일방적인 이해를 지양하면서 무당과 의례적 고객 사이의 균형과 상호의존성을 고려해야 할 것이다. 그런 점에서 '무>속' 이 아닌 '무=속' 의 전환이 요청된다. 무속은 종교전문가로서의 무(巫)와 문화로서의, 더 구체적으로는 고객들의 일반문화로서의 속(俗)으로 구성되어 있음을 상기할 필요가 있다. 무속이 민속에 확고하게 자리매김하기 위해서는 바로 종교적 카리스마를 발휘하는 종교전문가인 집례자

---

2) 이와 관련해 샤머니즘 연구의 초점을 샤먼으로부터 보통 사람들에게로 확장할 것을 제기한 구형찬의 논고를 참조할 만하다. 구형찬, 「'시베리아 샤머니즘' 재고: 샤먼에서 보통 사람들로의 초점 전환」, 『종교학연구』31, 한국종교학연구회, 2013, 1-25쪽.

3) 이에 대해서는 Jeremy Narby & Francis Huxley eds., *Shamans Through Time: 500 Years on the Path to Knowledge*, New York: Penguin Group Inc., 2001, pp. 18-22, 32-35. 참조.

(devoter)와 더불어 그들을 고용하거나 소비하는 고객인 신도(devotee)의 장이 동등하게 전제되어야 가능할 것이다. 무속을 민속의 범주로 설정하기 위해서는 인식의 전환이 필요하다. 기존의 사제 중심적인 이해로부터 한발 물러나 사제의 종교적 원천을 고용하고 소비하는 대중의 요구에 주목해보자는 것이다. 이에 관해 두 가지만 간략하게 언급하고자 한다.

먼저, 앙리 위베르(Henri Hubert)와 마르셀 모스(Marcel Mauss)가 희생의례의 틀을 설정하면서, 의례의 동기와 제물을 제공하고 최종적으로 의례의 혜택을 누리는 주체(sacrifier)에 대해 주목했던 점을 되새길 필요가 있다.[4] 애니미즘의 주창자인 타일러가 희생의례를 정령(anima)과 인간 사이에 주고받는 교환체계(do ut des)로 간주했던 단순한 시선과는 달리, 그들은 사회학자답게 희생의례의 주체를 막연한 인간으로 통칭하기보다는 의례전문가인 집례자(sacrificer)와 더불어 의례의 덕을 보는 고객(sacrifier)에도 주목했다. 무속의 용어대로 둘을 유비하자면, 굿을 거행하는 무당(sacrificer)과 굿을 의뢰한 기주(祈主, sacrifier)로 이해해도 좋을 것이다. 기주는 개인일 수도 가정일 수도 국가일 수도 있다. 굿이 성립되기 위해서는 무당 못지않게 중요한 것이 굿을 있게 한 기주 혹은 제주(祭主)의 의도이다. 그들은 자신의 종교적 의도를 성사시키기 위해 특정의 무당을 선택할 수도 배제할 수도 있는 능동적인 힘을 가지고 있다. 무대 위의 장면만을 생각하면 단연 무당이 주목되겠지만, 무대가 벌어지기까지 주도권을 행사하고 무대를 결산하며 평가내리는 주체는 기주라 할 수 있다. 지금까지 사제이자 공연자인 무당에

---

4) Henri Hubert & Marcel Mauss(translated by W. D. Halls), *Sacrifice: Its Nature and Function*, University of Chicago Press, 1964, Chap.2.

지나치게 주목하였었던 게 사실이다. 그러나 무속이 민속의 회원권을 보장받기 위해서는 종교소비자인 **일반인으로서의 기주**, 그러한 **기주의 종교적 일상**을 간과해서는 곤란할 것이다. 'sacrifier'를 간과한 채 'sacrificer'만으로 희생의례를 성립시킬 수 없기 때문이다.

다음 얘기는 네오샤머니즘(neoshamanism)이 암시하는 것과 관련된다. 사실, 서구의 도시문화에서 소위 네오샤머니즘이라 불리는 새로운 영적 운동이 활성화되었던 것도 샤먼에게만 제한되었던 종교경험이 만인에게 공유되었기 때문일 것이다. 단순히 샤먼의 영적 경험에 의존하기보다는 여러 매체를 통해 고객 스스로 샤먼의 영성을 직접 체험하는 소위 **만인샤먼**의 가능성이 주목되고 있으며, 단순히 샤먼에 대한 모방이나 신앙이 아니라 고객 스스로 진정한 샤먼이 되려는 자기 변혁의 시도가 현대사회에서 새로운 관심을 받고 있다.[5] 이러한 네오샤머니즘의 경향이 샤먼 주도의 샤머니즘에 대한 인식 기반을 재고시키고 있듯이, 속(俗)의 의도와 경향으로 인해 무(巫)의 담론과 실천이 종속될 수 있음도 고려되어야 할 것이다. 무를 독립변수로 보는 고정적인 이해에서 벗어나 반대의 상황도 고려하는 무속의 이해가 보장될 때, 무(shaman)의 이해는 민속(folk)이라는 보다 넓은 이해의 장으로 확장될 수 있을 것이다. '무>속'이 아닌 '무=속'의 경우라야 비로소 무속은 일반인의 민속적 맥락을 획득할 수 있는 것이다.

---

5) 네오샤머니즘의 경향과 특성에 대해서는 Fiona Bowie, *The Anthropology of Religion*, Blackwell, 2000, pp. 209-213. 참조.

2) 왕실 무속

민속종교 차원에서 보자면, 무속은 무(巫)의 속(俗)이기보다는 무(巫)를 활용한 민속(民俗)이라 할 수 있다. 왕실과 민속은 어의적으로는 상치(相馳) 관계에 놓여 있는 것처럼 보이지만, 왕실도 엄연히 민속의 주체가 될 수 있음은 더 이상의 반복이 필요 없을 것이다. 왕실은 앨런 던데스(Alan Dundes)가 말하는 부분적인 민속의 주체(part-time folk)일 뿐만 아니라 앙리 위베르(Henri Hubert)와 마르셀 모스(Marcel Mauss)가 주목한 의례를 구성하는 당사자(sacrifier)가 될 수 있다. 그런 점에서 왕실과 민속은 특정한 맥락에서 언제든지 상치(相置) 될 수 있는 것이다.

왕실 무속은 왕실 민속에 비해 상대적으로 낯설지 않다. 역사적으로 국행(國行)뿐만 아니라 내행(內行)으로 두루 종교적 활동반경을 가지고 있던 무속의 편재성에 익숙해져 있기 때문일 것이다. 사실, 국가와 민간을 넘나들던 전근대 무속의 종교적 잡식성을 고려할 때 왕실의 무속을 외면하기 어렵다. 상식적인 논리로도 속(俗)으로서의 왕실과 종교전문가로서의 무(巫)는 충분히 공유될 수 있는 것이다. 즉 민속집단으로서의 왕실이 성립 가능하다면 속(俗)으로서의 왕실도 가능한 것이며, 여기에 무(巫)의 종교적 담론과 실천이 결합되는 무속은 지극히 자연스럽기까지 하다. 실제로 무속에 관한 한, 왕실은 무속신앙을 성립시킨 충실한 기주(祈主)였다.

왕실 무속이 자연스럽게 접근되더라도 출발에 앞서 재고되어야 할 것이 있다. 먼저, 왕실의 어두운 무속을 눈여겨볼 필요가 있다. 무당의 직능이 왕실을 위한 종교적 봉사였다고만 고려해서는 곤란하다. 무당은 왕실의 욕구에 부응하는 기복의 전문가이기도 했지만 왕실의 욕구에 반하는 저주의 전문가이기도 했다. 또 근왕(勤王)을 위한 국무(國巫)

의 자질을 발휘하기도 했으나 때론 왕실의 권위와 가치를 훼손하는 반역을 서슴지 않기도 하였다. 가령, 무당은 반역자를 추앙하거나 추종하기도 하였고, 실제적으로 반역의 담론과 실천을 뒷받침하는 장본인이기도 하였으며, 반역의 주동자를 자처하기도 했던 것이다. 왕실 무속에 대한 균형 잡힌 이해를 위해서는, 기복과 저주, 근왕과 반역의 양면성이 함께 고려될 필요가 있는 것이다.

왕실 무속의 주요한 부분을 차지하는 치병을 고려한다면, 무당은 왕실의 안녕을 보장하는 치병의 전문가요 치료의례(therapeutic ritual)의 권능자로 인정받았음에 틀림없다. 그러나 간혹 무당은 왕실의 일원에게 병과 죽음을 제공하는 저주, 즉 반치료의례(anti-therapeutic ritual)의 주술사로 지목받아 희생되기도 하였다. 점복을 고려해보더라도 무당은 왕권을 보증하고 권위의 연속성을 강화하는 친왕권적 점복가(pro-dynasty diviner)이기도 하였지만, 현존하는 왕권을 부정하거나 거기에 위협을 가할 만한 담론을 제공하는 반왕조적 점복가(anti-dynasty diviner)이기도 하였다. 결국 왕실의 위기를 극복하는 데에 기여하는 밝은 무속뿐만 아니라 왕실의 구성원이나 권위에 위기를 제공하는 어두운 무속을 함께 고려할 때, 왕실 무속의 실상이 균형감 있게 조명될 것이다.[6]

두 번째로 왕실 무속에 접근할 때, 종교적 소비자로서 왕실이 지닌 힘과 권위를 전제해야 한다. 종교적 감각과 영적 권위가 뛰어난 걸출한 무당이 없었던 것도 아니지만 소비자로서의 왕실은 늘 무당의 운명을 뒤바꿔 놓기도 하였다. 더구나 기복에 실패한 무당, 또는 저주와 반역

---

6) 전근대 무속에 대한 갈래와 사례에 대해서는 최종성, 「어둠 속의 무속: 저주와 반역」, 『한국무속학』27, 한국무속학회, 2013. 참조.

에 가담했다고 고발당한 무당은 국가와 왕실의 권력에 의해 목숨을 잃기도 하였다. 역사적으로 희생당한 무당의 대다수가 왕실 무속과 관련되는 것도 종교적 고객이 갖는 위상과 권위가 남달랐기 때문이다. 그만큼 신상도 컸고 필벌도 컸으며, 그 과정에서 종교적 생산자인 무당의 목숨이 쉽게 담보되는 종교문화가 자행될 수밖에 없었던 것이다.

세 번째로 왕실 무속에 등장하는 무당의 면면을 발굴할 필요가 있다. 역사의 기록에 등장하는 무당들은 개별적인 고유호칭보다는 '요망한 무당'(妖巫)으로 폄하된 일반호칭으로 불릴 뿐이었다. 그만큼 익명적인 왕실의 무당을 대할 뿐이었지 무당 개인의 개성과 종교적 삶은 중시되지 않았다. 그렇다고 그것을 중시하는 데 보탬이 될 만한 자료가 충분한 것도 아니다. 그러나 왕실 무속에 접근하면서 이름이 알려진 개별적인 무당들의 삶에 대한 편린만이라도 그러모아야 할 것이고, 그중에서도 왕실 무속에서 중요한 위치를 차지했던 국무당에 대한 삶을 우선적으로 정리할 필요가 있을 것이다.

네 번째로 왕실 무당의 종교적 삶을 고려할 때 변화하는 무당의 종교적 상황을 고려할 필요가 있다. 그간 입무(入巫) 과정의 엄격성과 신비가 강조되고 확고부동한 개업 무당의 종교적 정체성이 전제되는 바람에 탈무(脫巫)의 과정이나 무당으로부터 벗어나는 변동상황은 간과되기 일쑤였다. 무당으로 되기까지의 통과나 무당으로의 개종(conversion)이 전제되는 만큼 무당으로부터의 탈종(deconversion)과 폐업 상황도 간과해서는 곤란하다. 사실, 조선 왕실의 무당들 중에는 종종 스스로 무업을 포기하고 강력한 카리스마적 영웅이나 종교집단에 귀의하기도 하였다. 종교적 생산자나 직능자에서 평범한 종교적 소비자나 대중으로 탈바꿈하는 변화 가능성이 무당의 삶에서 전제될 필요가 있는 것이다.

3) 무업을 포기한 무당들

바로 앞에서 언급하였듯이, 사제로서의 무당에 대한 고정관념이 강한 반면, '무당으로부터의 이탈'은 쉽게 간과되었던 게 그간의 민속 연구의 현실이었다. 종교적 생산자로서의 직무, 즉 무업(巫業)을 포기할 뿐만 아니라 다른 종교로 개종하기까지 한 무당의 삶에도 주목할 필요가 있다. 즉 개업한 무당뿐만 아니라 특정한 역사적 맥락에서 무업 없는 무당을 고려하는 것이 종교상황에 대한 균형적인 잡힌 이해가 될 수 있을 것이다. 종교의 변동을 파악할 때 세속화(secularization)의 흐름에 반하는 탈세속화(desecularization)를 고려하듯이, 종교의 혼합현상(syncretism)을 거스르는 반혼합주의(anti-syncretism)를 염두에 두듯이, 무속을 다루는 데 있어서도 개종(conversion)에 상반되는 탈종(deconversion)의 힘을 간과해서는 곤란할 것이다.[7]

무당으로부터 이탈한, 다시 말해 개종이 아닌 탈종에 나선 무당들의 삶을 보여주는 대표적인 사례로 영조 34년(1758) 황해도에서 일어났던 생불사건을 환기할 만하다.

> 김상로가 말하였다. "신이 들은 바를 감히 우러러 아뢰옵니다. 근래에 해서 지역에 생불(生佛)이라 칭하는 요녀(妖女)가 있는데, 어리석은 백성을 속여 미혹에 빠뜨리고 있습니다. 길가의 성황당이 다 허물어져 폐해지고 각처의 무녀들이 자신들의 영도(靈刀)와 신령(神鈴) 등을 주전도감에 팔아버려 그 수를 알 수 없을 정도라 합니다. 그들을 부추겨 유혹에 빠뜨린 요망하고 악한 상황을 미루어 짐작할 수 있습니다.

---

7) 개종상황에 놓였던 조선의 무당에 대한 사례에 대해서는 최종성, 「무업(巫業) 없는 무당: 개종상황에 놓인 조선의 무당들」, 『종교학연구』32, 한국종교학연구회, 2014, 1-22쪽. 참조.

만약 이러한 부류들이 자라나 퍼진다면 결국 생각지도 못했던 근심거리가 될 것입니다." 임금께서 말씀하셨다. "그렇다면 이들이 용녀부인의 부류인가? 이들의 일이 비록 가소롭긴 하나 장차 음양이 상응한다면 후환이 될 수도 있을 것이다. 그러나 별다른 일이 아니라면 어사를 보내되, 실정을 묻지 않고 바로 쳐 죽이는 것이 어떠하겠는가?"[8]

당시 금천, 신계, 평산 등지에서 자칭 생불을 주장하며 나타난 서너 명의 여인들에게 휩쓸려 들어가 황해도 도민들이 성황당을 부수고, 뭇 무녀들이 방울과 칼을 헐값에 팔아 넘기는 사태가 벌어지게 되었다. 신당(성황당)을 파괴하고 무당이 집단적으로 무업을 포기한 상황은 오로지 생불신앙에만 전념하게 하고 일체의 음사와 무격을 배격하게 했던 생불여인들의 명령에 따른 결과였다. 같은 날 있었던 이경옥과의 대화 속에서 당시 국왕 영조가 당황스러워했던 면모가 여실히 드러난다.

임금께서 말씀하셨다. "들건대 해서 지역에 자칭 생불이라 하는 요녀가 있다고 하는데, 그대도 들었는가?" 이경옥이 말하였다. "신도 역시 들었습니다." 임금께서 말씀하셨다. "어디에 있다고 하는가?" 이경옥이 말하였다. "아마도 금천(金川)의 여인이라 들은 듯합니다. 근래에 풍문으로 전해지는 말들은 믿을 만한 것이 못되오나 소위 생불의 얘기는 완전히 무시할 수도 어렵습니다." 임금이 말씀하셨다. "좌상의 말을 듣건대, 본도를 맡은 관리가 이미 잡아 가두었다고 하는데, 그렇다면 안심이 된다. 이러한 부류들이 세상을 어지럽힘이 더욱 심해져

---

8) 『承政院日記』 영조 34년 5월 18일. "尙魯曰, 臣有所聞, 敢此仰達矣. 近來海西有妖女, 稱以生佛, 誑惑愚民. 似聞, 沼路城隍, 盡爲毁撤, 各處巫女, 盡棄其靈刀神鈴等屬, 賣於鑄錢都監者, 不知其數云. 其煽惑妖惡之狀, 推此可知. 如許之類, 若致滋蔓, 則畢竟不無意外之憂矣. 上曰, 然則或是龍女夫人之類耶, 此等事雖若可笑, 將來陰陽相應, 則其爲後患. 亦非異事, 發遣御史, 勿問情節, 直爲撲殺, 如何."

간다. 들건대 서도(西路)의 성황당이 다 허물어 폐해지고, 양서(兩西)의 무녀들이 모두 자기들의 영도(靈刀)와 신령(神鈴) 등을 버렸다고 하는데, 그것이 얼마나 위엄이 서린 명령이었는지를 알 만하다. 성황은 고을 사람들이 맹신하는 것이고, 무녀는 나의 명으로도 금하기 어려운 것인데, 그 여인들의 말 한마디로 능히 온 도를 휩쓸고 있으니 적당히 넘겨 볼 요녀가 아님을 알 수 있다. 옛날 징이(徵彝)·징칙(徵則)의 일로 응징하는 것이 족할 것이다. 근래 용녀부인의 전례에 비추어 볼 수도 있다. 이익보가 선전관을 보내 효수하고 돌아오는 것으로 충분하다고 언급했지만, 내 생각으로는 어사를 파견하여 그 죄를 분명하게 바로잡은 이후에 서도의 백성들로 하여금 깨닫게 하는 것이 괜찮을 듯하다. 그대는 반드시 황해도 감영으로 가서 직접 죄인의 죄를 결안(結案)하고 효수하여 3일간 머리를 매달은 후, 온 도로 그 머리를 전해주어 세상을 어지럽힌 죄를 밝히는 것이 옳을 것이다."9)

위 인용문에도 나와 있듯이, 영조는 백성들이 맹신하는 성황신앙과 국왕의 명으로도 근절할 수 없었던 무격의 음사가 생불여인들의 말 한마디에 일소되는 현실에 놀라움을 금치 못한다. 그러면서 영조는 자연스레 여인들의 반란사건을 떠올리는데, 그 하나가 숙종 대 세상을 떠들썩하게 했던 용녀부인(龍女夫人) 사건이며 또 하나가 중국에 맞서 반란을 일으킨 베트남의 징이·징칙 자매의 사례였다. 용녀부인 사건은 숙종

---

9) 『承政院日記』, 영조 34년 5월 18일. "上曰, 聞海西有妖女, 自稱生佛云, 予亦聞之乎, 敬玉曰, 臣亦聞之矣. 上曰, 在於何處云耶. 敬玉曰, 似聞此是金川女云, 而近來風傳之言, 有未可信, 所謂生佛之說, 難保其必無矣. 上曰, 聞左相之言, 則道臣已捉囚云, 此則信然矣. 如許之類, 惑世滋甚, 卽聞西路城隍, 盡爲毁撤, 兩西巫女, 盡棄其靈刀神鈴之屬云, 其威令可知. 城隍鄕民之所酷信, 巫女予令之所難禁, 而此女則一言而能使一道風靡, 可知非泛然妖人. 古者徵彝徵則之事, 足可懲矣. 近來龍女夫人, 亦其前鑑. 李益輔則雖曰送一宣傳官, 梟首而來足矣云, 而予意則必遣御史, 明正其罪然後, 可使西民曉然. 汝須往海營, 直捧結案, 梟示懸首三日, 後 傳首一道, 以明惑世之罪可也."

14년(1688)에 당시 25세인 중노릇하던 여환(呂還)과 19세인 황해도 은율 출신의 이름난 무녀 원향(元香) 부부를 중심으로 경기 북부지역(양주, 영평, 연천, 삭녕)과 황해도 일대의 무리들이 미륵시대의 도래와 큰비로 인한 도성의 파국을 기대하며 상경입성하다 발각되어 11명이 능지처사를 당했던, 후대의 기억에도 생생한 종교적인 역모사건이었다.10) 국왕 영조가 언급한 용녀부인은 저들 무리들의 상경입성을 실질적으로 부추긴, 비를 몰고 올 권능의 여인으로 주목받은 무녀 원향이었다. 한편, 징이·징칙 자매는 후한 광무제 당시에 베트남 교지군의 태수로 부임한 소정(蘇定)의 폭정에 항거해 반한 봉기군을 규합하고 65개의 성지를 점령하였다가 끝내 후한 마원(馬援)의 군대에 패배해 죽음에 이르고 말았던, 지금도 후대인들의 제사를 받고 있는 전설적인 월남의 여성지도자를 말한다.11)

국왕 영조는 어사 이경옥을 파견하여 생불여인 1명(英梅)을 효수하고, 3차 엄형 끝에 물고를 당한 1인(福蘭代)을 제외한 또 한 명(英時)의 여인을 흑산도로 유배시키는 것으로, 한 달을 끌어온 황해도 생불사건을 마무리하였다. 생불은 살아있는 부처로서 곧 미륵의 화신으로 간주되는 존재였다. 주목되는 것은 당시 생불로 추앙받은 존재들이 모두 여성들이었다는 점이다. 그들 생불여인들은 무당마저도 종교적 생산자이기를 포기하게 하고 생불신앙의 소비자로 귀의시키는 강력한 카리

---

10) 여환사건에 대해서는 최종성 외, 『국역 역적여환등추안: 중·풍수가·무당들이 주모한 반란의 심문 기록』, 민속원, 2010; 한승훈, 「미륵·용·성인―조선후기 종교적 반란 사례 연구―」, 『역사민속학』33, 한국역사민속학회, 2010; 「조선후기 혁세적 민중종교운동 연구―17세기 용녀부인 사건에서의 미륵신앙과 무속」, 서울대학교 석사학위논문, 2012. 참조.
11) 송정남, 『베트남 역사 탐구』, 한국외국어대학교 지식출판콘텐츠원, 2010, 32-35쪽.

스마를 행사했다는 점에서 남다른 주목을 끈다.

　더욱 놀라운 사실은 황해도 무당들의 집단적인 탈무(脫巫) 상황을 불러온 생불여인들이 사실은 무업에 종사했던, 적어도 전직 무당이었던 인물이었다는 점이다.[12] 위 기록에서는 생불여인을 지칭할 때, '요망한 여인'(妖女)으로 언급하고 있지만, 간혹 '요무'(妖巫)로도 기록되고 있다는 점에 주목할 필요가 있다. 이들은 어느덧 무당의 범주를 뛰어넘은 미륵의 화신으로 간주되었고, 지역의 뭇 무당들은 이들을 좇아 자신들의 무업을 포기해가며 생불신앙으로 수렴되었던 것이다.

　18세기 황해도 생불사건에서 보여준 집단적인 무당들의 무업포기 사태 이후에도 무당들은 천주교나 동학, 혹은 개신교 등을 접하면서 개종의 상황에 직면하기도 하였다. 먼저, 『치명일긔』에 따르면, 무진년 (1868)의 천주교 박해 때에 대길의 모친이자 대장장이 정씨의 아내로 알려진 양마리아는 무병을 앓고 무당이 될 존재였지만 천주교로 개종하여 나이 30세에 순교를 작정한 인물로 알려져 있다.

　　대길의 모친이오 본릭 텰원 새악씨로서 셔울 남쟝동 대쟝일ᄒᆞᄂ
　　졍셔방의게 츌가ᄒᆞ여 살다가 무당을 ᄂᆞ리려 홀시 박ᄉᆞ홍의 쟝모의
　　권화흠을 듯고 즉시 입교ᄒᆞ야 쟝쥬교끠 령셰ᄒᆞ고 슈계를 타당이 ᄒᆞ
　　며 평시에 치명ᄒᆞ기를 원ᄒᆞ다가 무진ᄉᆞ월에 포텽으로 잡혀 치명ᄒᆞ
　　니 나흔 대략 삼십셰러라[13]

---

12) 이에 대해서는 최종성, 「생불로 추앙받은 조선의 여인들」, 『두 조선의 여성: 신체·언어·심성』, 혜안, 2016, 349-364쪽. 참조.

13) 『치명일긔』, 1895 (한국교회사연구자료 16, 한국교회사연구소, 1985, 697-698쪽), 294 양마리아.

위의 양마리아의 개종사례와 유사한 시기에 불붙기 시작한 동학으로 개종했던 무당들의 흔적도 확인되고 있다.

> 그 도(동학)에 들어간 자는 반상의 구별이 없었다. 비록 가죽을 다루는 공인(工人)이나 무당 이하의 천민이라 하더라도 사대부와 함께 들어가면 서로 공경하고 절하면서 서로 접장(接丈)이라 불렀다. 심지어 사노비들과 그들의 상전 사이에서도 그러하였다.[14]

> 같은 날 이른 아침에 읍군(邑軍)들이 무녀 진추의 집과 망건을 파는 장씨의 집에 불을 질렀다. 이는 동학교도의 집이었는데 이들이 (동학군에게) 은밀히 알려 무고하게 화를 입혔던 일로 인한 것이라도 하였다.[15]

첫 번째 인용문은 경북 김산(金山)의 화순 최씨가의 최봉길(崔鳳吉)이 대대로 내려오던 『세장연록』이라는 일기 기록에 덧붙여서 1894년 갑오년의 상황을 묘사한 내용의 일부이다. 무당을 비롯한 천민들도 동학에 입도하여 신분적인 차별 없이 종교적인 신앙을 유지했던 상황을 엿볼 수 있다. 한편 두 번째 인용문은 『동요일기』에 기록된 내용이다. 이는 당시 성주 지역에 진추라는 이름을 가진 무녀가 동학교도로 개종한 뒤 읍군들에게 집이 불태워지는 피해를 입었던 상황을 담은 관의 보고서이다.

생불여인에 휩쓸려 무업을 포기했던 황해도 일대의 무당들, 강신체험을 접고 천주교로 입교하여 순교의 길을 자처했던 양마리아, 그리고

---

14) 『歲藏年錄』, 甲午三月 十一日. "入其道者, 無班常之別, 雖皮巫下賤, 與士夫俱入, 則相敬相拜, 互稱接丈, 甚至, 私家奴隸, 與其上典, 亦然."

15) 『東擾日記』(동학농민혁명사료총서 권11), 報巡營兵營宣撫使. "同日朝前, 邑軍衝火于巫女進秋家及網商張哥家, 謂是東徒處, 密告誣罪事云."

동학에 입도하여 읍군에게 큰 피해를 입은 무녀 진추 등을 거쳐 무당으로부터의 탈종은 개신교가 전래되면서 더욱 본격화되었다고 할 수 있다.

평양 교우 한석진의 글을 밧어 보니 평양 대동문안 쟝로회 회당에셔 쥬일이면 교우가 오륙빅명식 모히ᄂᆞᆫ딘 ᄂᆞ녀 로쇼간 규모도 잇고 엄졍ᄒᆞ매 처음으로 오는 사ᄅᆞᆷ도 묵연이 연셜ᄒᆞᄂᆞᆫ 도리를 듯고 감복ᄒᆞᄂᆞᆫ 사ᄅᆞᆷ이 만흐며 쏘흔 쥬 예수씨의 공로가 널니 증거 되는 거시 셩즁에 신씨라 ᄒᆞᄂᆞᆫ 무당이 잇스니 별호는 부뎐이라 ᄒᆞᄂᆞᆫ딘 풍최도 얌젼ᄒᆞ며 언담도 됴흐매 무당 즁 뎨일노 쏩히며 화복도 잘 안다고 ᄒᆞ기를 우금 삼십여 년이라 흔번 예수교 말슴을 듯고 죄를 ᄭᅵ닷고 원통흔 ᄆᆞ음이 나서 쥬를 밋는딘 이젼ᄒᆞ던 일을 싱각ᄒᆞ고 날과 쌔로 통곡ᄒᆞ며 ᄀᆞᆺ치 무당질 ᄒᆞ던 션싱과 데ᄌᆞ들의게와 지금도 아지 못ᄒᆞᄂᆞᆫ 무식흔 녀편네가 문복도 ᄒᆞ너가며 예수씨를 밋는다니싯 구경도 가며 혹 지각잇ᄂᆞᆫ 부인들이 젼도ᄒᆞᄂᆞᆫ 말도 드르러 가니 날마다 만이 오는 사ᄅᆞᆷ들을 졉딘ᄒᆞ여 안치고 이젼 죄 짓던 말과 예수씨를 밋은 후로 ᄆᆞ음이 평안ᄒᆞ여 복 밧는 말노 간졀이 예수씨 밋기를 권ᄒᆞ며 울며 젼도ᄒᆞ니 춤으로 감화ᄒᆞᄂᆞᆫ 사ᄅᆞᆷ 만터라

○쏘 안종찬이라 ᄒᆞᄂᆞᆫ 판슈가 잇ᄂᆞᆫ딘 문슈도 잘ᄒᆞ고 셜경도 유명ᄒᆞ여 돈도 잘 버더니 예수씨의 말슴을 듯고 헌된 일노 무수흔 사ᄅᆞᆷ을 유혹케 흔 죄를 ᄭᅵ닷고 예수씨를 밋어 지금은 새 사ᄅᆞᆷ이 되어 ᄒᆞᄂᆞᆫ 말이 눈은 판슈나 ᄆᆞ음은 붉다 ᄒᆞ며 일홈을 곳처 빗혜 거 ᄒᆞ엿다고 ᄒᆞ며 거광이라 ᄒᆞ고 날마다 젼도 ᄒᆞ며 쏘 풍슈디관이 경향간 유명ᄒᆞ니 셩명은 챠시현이라 디리로 사ᄅᆞᆷ의 화복을 능히 판단 흔다 ᄒᆞ며 지각이 잇ᄂᆞᆫ 듯ᄒᆞ여 죠션에 환란이 만켓다고 ᄒᆞ며 로약의 식구를 다리고 심산 궁곡으로 ᄎᆞᄌᆞ 단니며 감쟈 농수나 ᄒᆞ여 싱도 ᄒᆞ며 로약을 고싱 시기더니 지금은 예수씨를 밋고 이젼 내가 나의게 속아 죄 지은 거슬 원통ᄒᆞ여 ᄒᆞ며 흔번 양턴 대소 ᄒᆞ고 ᄒᆞᄂᆞᆫ말이 불가불 변화흔 디방으로 와서 ᄌᆞ질을 교육 ᄒᆞ야 쓰겟다 ᄒᆞ고 평양으로 솔권ᄒᆞ여 왓다 ᄒᆞ더라16)

위의 내용은 1897년 3월 10일자 ≪죠션크리스도인회보≫에 실린 <회즁신문>란의 기사이다. 30여 년간 평양지역에서 최고의 무당으로 불리던 신씨가 무업을 그만두고 기독교 신앙에 신실했다는 일화와 함께, 판수 안종찬과 풍수지관 차시현이 기독교로 개종한 상황도 미담 사례로 소개되고 있다.

조선후기의 몇몇 무당의 삶을 통해 무속으로부터 다른 종교신앙으로의 개종상황을 엿볼 수 있었다. 무당의 치병과 관련된 담론과 실천을 이해할 때에도 우리는 확고부동한 무속이 아니라 어떠한 역사적 맥락에서 가변적일 수 있고 흔들릴 수 있는 무당의 삶을 전제하는 유연성을 견지하지 않으면 안 될 것이다.

---

16) ≪죠션크리스도인회보≫, <회즁신문> 1897년 3월 10일.

2. 왕실 무속의 치병담론: 병인론

치병과 관련된 왕실 무속의 실천들을 확인하기에 앞서 병과 재앙에 관한 무속 특유의 진단 이론을 살펴볼 필요가 있다. 생애에 들이닥친 재난으로부터 벗어나기 위한 의례(ritual of affliction)는 재난의 원인으로 진단된 내용에 따라 양식과 절차가 좌우되기 때문이다. 흔히 무속의 병인론은 의약학에서 신뢰되는 자연적인 평형모델에 근거한 자연적 병인론(naturalistic etiology)보다는 초자연적·초인간적 존재의 개입과 접촉으로 인해 질병이 초래된다는 인격주의적 병인론(personalistic etiology)에 경도되어 있다고 해도 과언이 아니다.[17]

전근대 무속의 치병과 대립된 주요 항목 중의 하나는 의약(醫藥)이었다. 의약을 통해 몸의 조화와 균형을 복원하고자 하는 데에는 육체적인 혹은 물리적인 조건과 환경에 불균형이 초래되었다는 자연적인 병인론을 깔고 있다고 할 수 있다. 가령 『유원총보』 관직문, 치중(治中)에 발췌된 한 항목에 주목해보자.

> 송나라 주담이 융주 통판을 지낼 때에 당시 세상 사람들이 의약은 모르고 기양(祈禳)과 무축(巫祝)만을 일삼았다. 주담이 옛 방기(의학) 서들의 내용을 취해 돌에 새겨서 그들을 가르치고 무당노릇을 못 하도록 금지시켰다. 이로부터 사람들이 비로소 의약을 (이용하기) 시작하였다.[18]

---

17) 구본인 역, 『의료인류학』(George M. Foster & Barbara Gallatin Anderson, *Medical Anthropology*, John Wiley & Sons, New York, 1978), 한울, 1994, 82쪽. 참조.

18) 『類苑叢寶』 권17, 官職門, 治中. "宋周湛通判戎州, 俗不知醫, 病者以祈禳巫祝爲事. 湛取古方書, 刻于石以敎之, 仍禁爲巫者, 自是人始醫藥."

위의 글에 따르면 주담은 의학체계보다는 푸닥거리나 무당의 기도에만 관심을 쏟고 있는 당시의 세태를 비판적으로 파악하면서 무속의 치병체계를 의서의 체계로 탈바꿈시키는 데에 진력하였음을 알 수 있다. 의약학과 무속의 치병상황과의 대립은 비단 송나라뿐만 아니라 송나라 사신 서긍(徐兢)이 고려에 들어와 관찰했던 고려의 상황에서도 크게 다르지 않았다.

> 들건대, 고려인들은 본래 귀신(鬼神), 구기(拘忌), 음양(陰陽)만을 신뢰하며 병이 들어도 약은 먹지 않는다. 설사 부자 간의 지친(至親)이 병에 걸려도 찾아가 돌보지 않고 오직 저주[呪詛]와 염승(厭勝)만을 알 뿐이다.[19]

위에서도 눈에 띄는 것은 병을 다스리는 데에 의약에 의존하지 않고 귀신을 경외하며 저주와 염승의 주술에만 경도될 뿐이라는 대목이다. 여기에는 의약이 효과를 발휘할 수 없는, 즉 의약으로 해결되지 않는 병인론이 자리잡고 있었으리라 짐작된다.

조선시대의 몇몇 기록에서도 의약의 효용성보다는 무격의 치병의례가 발휘되는 병인론이 주효했음을 짐작하게 하는 사례들을 발견할 수 있다. 먼저, 이이의 『석담일기』에 따르면, 명종의 비였던 인순왕후(仁順王后, 1532~1575)가 병들어 죽자 무당은 의약을 폐하고 푸닥거리만 일삼았다는 이유로 국문을 받기까지 하였다.

---

19) 『宣和奉使高麗圖經』 권17, 祠宇. "聞高麗素畏信鬼神拘忌陰陽, 病不服藥, 雖父子至親, 不相視, 唯知呪詛厭勝而已."

인순왕후가 병들었을 때 시녀가 요무(妖巫)를 궁궐 안으로 끌어들여 오로지 기양(祈禳)으로 미혹하기만을 일삼고 약을 끊게 해서 크나큰 변고에 이르게 되었으므로 인심이 통분하였다. 소위 요무는 선비의 딸로서 종실(宗室) 요경(堯卿)의 처였다. 삼사가 함께 들고일어나 시녀와 요무의 죄를 다스릴 것을 청하였으나 임금이 그것을 따르지 않고 말하기를, "사실을 추궁하면 사람들이 떠들어대던 말과는 같지 않을 것이다." 하였다. 대간이 누차 아뢰니, 요무를 국문하게 하였다.[20]

왕실의 치병을 위한 담론을 제공하는 무당의 경우, 치병이 성공하면 신상의 대가를 누리겠지만 치병이 실패하게 되면 필벌의 상황을 감내할 수밖에 없었다. 징벌의 근거는 다름 아닌, 의약을 끊고 무술(巫術)만을 오로지 했다는 구실이었다. 기주(祈主)가 힘 있는 왕실이다 보니 의례의 실패에 대한 부담을 무당이 질 수밖에 없었겠지만 그것은 어디까지나 사태 이후의 영역이다. 절박한 사태에 직면한 상황에서는 민간이든 왕실이든 의약적 치료 못지않게 무속의 의례적 치료를 무시할 수 없었을 것이다.

의약의 효험보다는 무격의 축원과 기양이 강조되는 치병체계에서 강조되는 병인론은 영혼의 빌미론과 관련된다. 영혼의 개입으로 비롯된 몸의 이상을 진단하고 이를 달래거나 물리쳐서 몸의 균형을 되찾는 의례의 전문가가 무당이었다. 이미 고구려 자료에서 도망친 제천의 희생물(돼지)을 잡아들이는 과정에서 희생물의 각근(脚筋)을 상하게 했다는 이유로 유리왕에게 죽임을 당했던 탁리와 사비가 왕의 병에 직접적

---

20) 『大東野乘』 권14, 「石潭日記」上, 萬曆三年乙亥. "仁順王后違豫時, 有侍女引妖巫入禁中, 專以祈禳幻惑爲事, 停廢藥餌, 馴致大故, 人心痛憤. 所謂妖巫者, 是士人之女, 而宗室堯卿妻也. 三司同發, 請治侍女妖巫之罪, 上不從曰, 究其實不至如人言也. 臺諫累啓, 乃詔獄鞠治妖巫."

인 빌미였다고 판단했던 무당의 사례에서 보듯이[21], 빌미설에 근거한 무당의 병인론은 장구한 역사를 지니고 있다. 죽은 자의 영혼, 특히 억울하게 죽임을 당한 원혼의 빌미(崇)를 병의 원인으로 파악하고 이를 풀어내는(解崇) 담론과 실천은 무당의 전유물로 이해될 정도였다.

무속에서는 죽은 자의 영혼, 더구나 억울하게 죽임을 당한 원혼의 힘이 막강하다고 판단한다. 일본의 민속종교 연구자인 이케가미 요시마사의 논리에 대입해보자면, 생자와 사자의 관계에서 항상 이니셔티브를 쥐고 있는 쪽은 생자가 아닌, 억울한 사자의 원혼이라고 간주하는 것이 무속의 사고였다. 즉, 불교와 같이 생자가 공덕을 쌓기 위해 사자의 영혼을 위로해주는 것이 아니라 무속은 먼저 인간사에 개입된 원혼에 대해 의례적인 반응을 보이는 것이다. 불교의 경우에는 의례의 주도권을 생자가 가지며, 생자의 공양의례가 사자의 영혼을 위무하고 구제하는 데에 필수적이라 할 수 있다. 반면, 무속의 경우에는 사자의 원혼이 의례의 주도권을 가지고 있으며, 사자의 영혼이 개입함으로써 원혼을 달래는 의례적 조처가 뒤따르게 된다.[22] 결국 무속의 경우, 의례를 일으킨 동인이 생자의 바람(願)이 아니라 사자의 원(怨)에서 비롯된 것이다.

---

21) 『三國史記』 권13, 高句麗本紀1, 琉璃明王 19년.
22) 일본의 민속종교 연구자인 이케가미에 따르면, 불교 전래 이전에 고유의 '타타리 (崇り)-마츠리(祀り)'와 '케가레(穢れ)-하라이(祓い)' 시스템이 불교 전래 이후 '공양'(供養)과 '조복'(調伏) 시스템으로 사자의 처리방식이 전환되었다고 한다. 그에 의하면, 생자보다 사자의 힘이 강할 경우에 사자의 원혼을 제사로 회유하는 방식이 '타타리(崇り)-마츠리(祀り)'라 한다면, 생자가 사자보다 센 경우에는 사자의 때를 정화의식으로 배제하는 '케가레(穢れ)-하라이(祓い)' 방식이 주가 된다고 한다. 한편 '공양'(供養)은 불교적 공덕을 사자에게 제공하는 것이고, '조복'(調伏)은 불법(佛法)이나 불력(佛力)으로 사자를 선도하거나 격퇴하는 방식인 것이다. 池上良正, 『死者の救濟史: 供養と憑依の宗教學』, 角川選書, 2003, 29-33쪽.

병의 근원을 귀신의 개입, 혹은 죽은 자의 영혼에 결부시키는 무속의 병인론은 태종 때 신효창의 사건에서 극명하게 드러났다. 1등 개국공신을 지낸 김사형(金士衡)의 사위였던 신효창(申孝昌)은 장인인 김사형의 병이 위독하자 무격(巫覡)에게 의뢰하게 된다. 당시 무당은 신효창의 죽은 처남 김육(金陸)과 그의 처 곽씨(郭氏)가 바로 병의 빌미라고 단언하게 된다. 이런 무당의 빌미설에 근거하여 신효창은 이미 사망했던 장인의 아들 부부의 무덤을 파헤쳐 시체를 불태우는 데에 이르렀다. 물론 이 사건은 사헌부의 탄핵 대상이었으나 원종 공신의 집안이라는 이유로 탄핵을 면하게 되었다고 한다.23) 빌미의 정황이 분명하게 드러나지 않지만 부친의 병이 죽은 아들 부부로 인해 비롯되었다는 설이 무당의 빌미설로 제공되었고 이에 근거하여 시체의 소화와 파기가 뒤따랐던 것이다.

사실, 시체를 훼손하거나 태우는 행위는 『대명률』(發塚)에 근거하여 참형에 처해질 정도의 중범죄에 해당하였지만 신효창의 엽기적인 행위는 와병 당사자인 김사형이 개국공신이라는 이유로 더 이상 논의가 진전되지 않았다. 그런데 위의 신효창의 사건은 일회적이기보다는 조정에서 염려할 정도의 풍속으로 이어졌던 것으로 보인다. 가령, 성종대에는 윤대에서 자신의 질병을 죽은 자의 빌미로 인한 것이라 여기고 무덤을 파내어 시체를 태워버리는 풍속을 엄격히 근절해야 한다는 관원들의 요구가 국왕에게 전달되었다. 이에 대명률에 의거하여 엄격히 논단하고 이를 유도한 자나 검거하지 못한 관리나 이웃까지 무겁게 다스리도록 조처될 정도였다.24)

---

23) 『太宗實錄』 권15, 태종 8년 4월 기묘.
24) 『成宗實錄』 권41, 성종 5년 4월 기묘.

시체뿐만 아니라 죽은 조상을 무당집에 제대로 봉안하지 않으면 병의 빌미가 된다는 논리도 조선전기에 편만한 의식이었다. 이른바 무가(巫家)에 조상 위패를 모시는 것을 '위호'(衛護)라 칭하고, 그러한 위호를 위해 무당집에 딸려 보낸 노비를 '위호노비' 또는 '신노비'라 하는데, 무당에게 재화와 용역을 위탁하는 것은 엄연히 국법으로 금지된 사항이었지만, 조선전기에는 사대부가에서 열렬히 지지한 관습이었다. 주목할 것은 무가에 위호하지 않거나 위호노비를 제공하지 않으면 후손에게 질병의 빌미가 된다는 담론이 그것을 지탱해주었다는 사실이다.

> 찬성 허조(許稠)가 아뢰기를, "지금 사대부가에서 조상신을 무당집에 위탁하고 '위호'한다고 하면서 네댓 명의 노비를 준다고 합니다. **만약 (위호노비를) 제공하지 않으면 부모의 신이 후손들에게 병을 준다고 합니다.** 유명(幽明)이 비록 다르더라도 이치는 한 가지인데, 어찌 부모의 신이 자손을 병들게 할 리가 있겠습니까? 의리에 어긋남이 매우 심각한 일이오니 헌부로 하여금 엄히 금하게 하도록 청합니다." 하였다. … 대사헌 신개(申槩)가 또 아뢰기를, "노비를 줄 뿐만 아니라 '피병'(避病) 혹은 '문복'(問卜)이라고 하면서 사대부의 부녀가 공공연히 무당집을 왕래하는 자가 흔하오니, 모두 금하게 하길 청합니다." 하였다.25)

허조와 신개의 요청에 따라 사대부가의 위호와 무가의 왕래를 금지하는 조처가 내려졌으나 빌미설을 꺼리는 후손의 입장에서는 쉽사리 근절할 수 없는 관습이어서 조정의 결정이 실효를 보는 데에는 분명한

---

25) 『世宗實錄』 권53, 세종 13년 7월 을해. "贊成許稠啓, 今士大夫家, 以其祖考之神, 委巫覡家, 號爲衛護, 或給奴婢至四五口云, 若不給, 則父母之神病後嗣. 幽明雖殊, 理則一也, 安有父母之神 而病其子孫哉. 甚爲非義, 請令憲府痛禁…大司憲申槩亦啓, 非獨給奴婢, 或稱避病, 或稱問卜, 士大夫婦女, 公然往來巫覡之家者, 比比有之, 請幷禁之."

한계가 있었다.

죽은 자의 영혼, 특히 원만하게 처리되지 않은 조상의 영혼이 병의 빌미가 된다는 사고는 질병을 귀신의 소치로 파악하는 이해방식과도 통한다고 할 수 있다. 신령을 잘 봉사하면 복을 받고 치유를 얻을 수 있지만 신령의 봉사를 그르치거나 훼손하는 경우에는 병몰에 이른다는 사고가 설화 속에 잘 반영되어 있다. 질병을 귀신의 소치로 이해하는 무속의 병인론과 대립되는 중요한 기반은 유교의 사기(士氣)였다. 특히 신당의 제신을 파훼한 유자에 관한 설화에서 병몰의 극적인 장면을 확인할 수 있다.

앞서 소개한 바 있는,『천예록』소재의 석주 권필과 백악산 정녀부인의 이야기를 상기해보자.26) 이 이야기 역시 신령의 모독과 병몰에 관한 주요한 인식을 담고 있는 설화라 할 수 있다. 이야기에 따르면, 석주 권필이 나이 어릴 때에 백악산 정상에 올라 백악사를 둘러보며, 정녀부인 상을 경멸하며 영정을 찢고 돌아온 일이 있었다. 그날 꿈에, 흰 저고리에 푸른 치마를 입은 부인이 나타나 자신이 천제의 딸로서 국사에게 시집을 간 정녀부인인데, 한양천도 후 목멱산에 강림한 국사를 마주해 백악산에 자리잡은 지 300년이 지났는데, 당치 않게 어린 녀석으로부터 능멸을 받게 되어 보복하지 않을 수 없다는 말을 전하였다. 훗날 권필이 변방으로 유배를 가던 중에 정녀부인이 꿈에 나타나 과거의 모독적인 행위에 대한 앙갚음을 하겠노라고 예고하였는데, 그날 저녁에 권필이 죽고 말았다고 한다. 본 설화는 권필에게 내린 재앙이 사당의 신을 모독한 행위에서 비롯된 것임을 분명하게 전제하고 있다.

---

26) 김동욱·최상은 역,『천예록』, 명문당, 2003, 230-231쪽.

한편 설총, 김유신, 최치원 등을 봉사하는 경주 서악서원의 설화도 유사한 주제를 담고 있다. 이야기에 따르면, 서악서원에 모인 유생 중 하나가 무장인 김유신은 선비에게 교훈이 될 유산이 없다며 폐하자고 제안했다고 한다. 그런데 그날 밤 서생의 꿈에 김유신이 나타나 응징할 것이라 꾸짖었는데 이튿날 유생이 피를 토하며 죽었다는 것이다.[27] 위의 권필의 예와 마찬가지로 모독을 당한 신령에 의해 유생의 처절한 죽음이 비롯되었음을 암시하고 있다.

한편 규장각본 『청구야담』에는 좀 더 특이한 형태의 조령 사당 철훼 이야기가 전해지고 있다. 조령의 총사(叢祠)를 지나가는 관찰사들은 가마에서 내려 절하고 돈을 거두어 신당에 굿을 하고 가는 것이 관례였고, 그것을 하지 않으면 재앙이 내릴 정도로 영험한 곳이었다고 한다. 그런데 조령 총사를 지나던 강인한 방백이 신당을 불사르고 사당을 부순 뒤 문경 관사에 머물렀는데, 꿈에 백발노인이 나타나 조령의 신령이라며 원수를 갚겠노라고 말했다고 한다. 이에 방백이 소귀신과 뱀귀신 음사를 누르고 요물을 없애 백성의 피해를 덜 것이라며 경동치 말라고 경고하였다. 그러나 방백의 큰아들이 죽자 노인이 다시 나타나 신당을 짓고 영정을 평안히 모시라고 전하였지만, 여전히 방백이 꾸짖어 물리친 뒤 둘째 아들이 폭사를 당하였다. 이에 노인이 셋째 아들의 화를 면하게 하려면 사당을 영건해야 한다고 권유하였지만 방백은 사기를 더욱 맹렬히 하여 노인을 위협하며 찌르려 하자 노인이 굴복하고 하직하였다고 한다. 방백도 이를 측은히 여겨 사당을 중건해주되 침학하는 구습을 엄금시켰다고 한다. 이후 귀신의 환란도 없고 연수와 관위도 크게

---

27) 김동욱·최상은 역, 『천예록』, 명문당, 2003, 232-236쪽.

누렸다고 한다.[28] 두 아들의 죽음을 감내하면서도 꺾이지 않는 사기(士氣)를 보여주는 설화이지만, 신령에 대한 조처에 따라 병몰이 조치될 수 있다는 의식을 강하게 전제하고 있는 설화라 할 수 있다.

위 조령 총사의 설화에 비해 감악사의 이야기는 훨씬 더 유자의 사기를 강조하고 있다. 『세조실록』에 전해지고 있는 권람(權擥)의 이야기를 되새겨보자.

권람이 병이 들어 오랫동안 나오지 않았다. 이 때에 이르러 송악에 제사하러 집을 비우고 떠나가 수일간 머물렀다. 드디어 감악(紺岳)에 제사하는데, 때마침 비바람이 있었다. 세속에서 전하기를, '감악산신은 곧 당나라 장수 설인귀(薛仁貴)'라 한다. 권람이 신에게 말하기를, "신은 당나라 장수이고, 나는 일국의 재상인데, 비록 선후가 같지 않더라도 그 세는 서로 상응하는데, 어찌 상대에게 이같이 박절하게 구는가?" 하였다. 무당이 신의 말로 노하여 말하기를, "그대가 감히 나와 서로 다투려 하니, 돌아가서 병이 들 것이다"고 하였다. 당시에 사람들이 이를 괴이히 여겼다. 권람이 부처를 좋아하지 않고 예로써 집안을 꾸려나가면서 신을 모독하기를 이와 같이 하니, 사람들이 매우 의아하게 여겼다.[29]

감악산신 설인귀와 권람의 대결 속에서 눈에 띄는 것은 무당의 개입이다. 무당은 설인귀의 말을 빌려 신성을 모독한 권람에게 병을 예고하고 있다. 병세에 시달리며 모친과 함께 송악을 거쳐 감악에 이른 권람

---

28) 최웅, 『주해 청구야담2』, 국학자료원, 1996, 165-168쪽.
29) 『世祖實錄』 권34, 세조 10년 9월 임자. "擥自病久不出. 至是祀于松岳, 盡室而行, 留連數日. 遂祀紺岳, 適有風雨. 世傳紺岳山神, 乃唐將薛仁貴也. 擥語神曰, 神是唐家之將, 我爲一國之相, 雖先後不同, 勢亦相當, 何相迫乃爾. 巫作神語, 怒曰, 君敢與我相抗, 及還而病. 時以爲怪, 擥不好佛, 治家以禮而瀆神如是, 人頗訝之."

의 사기는 그것을 압도하는 것으로 묘사되고 있다. 그러나 이 일이 있은 뒤 5개월이 지나자 권람은 병을 이기지 못하고 세상을 떠나고 말았다. 신과 유생과의 담판, 그리고 병고에 대한 주제가 임창택의『숭악집』에도 실려있다. 다소 긴 내용이지만 내용을 번역하여 옮겨본다.

　　송도부의 서쪽에 소위 대국(大國)이라는 음사(淫祠)가 있으며, 신당에는 신상이 있다. 송도부에 어떤 한 서생이 신에게 부친의 병을 낫게 해달라고 기도하였으나 효험 없이 끝내 부친이 죽고 말았다. 그러자 분이 난 서생이 신당에 와서 신상을 잡아채 부숴버렸고, 이에 신당을 지키는 자가 관에 신고하였다. 이 때에 아무개가 송도의 유후사를 지냈는데, 이르기를, "신령이 만약 영험이 있다면 마땅히 스스로 그 서생을 다스릴 것인데 내가 무엇을 해준단 말인가?" 하였다. 신당을 지키는 자가 어쩔 수 없이 물러갔다. 그러나 사람들은 모두 서생이 위태로워질 것이라 여겼다. 십여 년이 지나도록 서생에게는 아무 탈도 없었다. 사람들은 오히려 신령이 관용을 베풀었다고는 말하면서 영험하지 않다고는 말하지 않았다. 그 후 서생의 어린 아들이 죽고 여아가 정신을 잃었다. 사람들이 모두 신령으로부터 재앙을 얻은 결과라고 하였다. 조금 강직하여 스스로 귀신에 미혹되지 않았다고 자부하는 자라 하더라도 두려움에 떨며 주저하였다. 내가 듣기로 회회(回回)는 명 황제에게 죄를 지어 동국으로 쫓겨났다고 한다. 태어났을 때 신이함이 있었다고 듣지 못하였는데 어떻게 죽어서 영험함을 지녔겠는가? 이는 모두 민속이 귀신을 좋아해서 대국의 귀신이 반드시 영험함이 있다고 여기고 사당을 지어 복을 빈 것이니, 그 미혹됨이 심함을 알 수 있다. 그 신령이 과연 영험함이 있다면 마땅히 서생이 그 상을 부수었을 때 어찌 서생 하나를 막지 못했으며, 어찌 떨어져 부숴짐을 감내했겠는가? 이미 그 상을 지킬 수 없는데, 어찌 사람에게 화복을 주겠는가? 또 신령이 어찌 그 영력을 발휘해서 신상이 부서지는 날 서생을 곧바로 죽이지 못하고, 십년이나 지난 후에 허물없는 자녀에게 해를 입혔겠는가? 어찌 신의 힘으로 장부를 족히 제지하지 못 한 채, 유약한 애들을 제지하는 데에만 여념을 두었겠는가? 만약 이렇다면 그 당시에 서생의 큰애가 아직 유약했을 텐데 어찌 그 때 그 애를 죽이지 않고 이제와 기필코 이 애를 죽였는가? 사람이 오래 살고 요절하는 것은 하늘에게 맡겨진 것이고, 질병은 불행에서 나온 것이며, 바람과 이슬을 삼가지 못한 데에 연유한 것이다. 지금 사람들이 혹 요절하고 혹 정신을 잃는 것은 흔하디흔한 것이다. 과연 그 부모가 모두 신령을 살육해서였겠는가? 예전에 강개한 선비가 음사(淫祠)를 훼손한 것은 이루 헤아릴 수 없이 많았다. 과연 그 자녀들이 모두 요절하고 정신을 잃었었는가? 항우가 솥을 든 기세로 질타하며 횡행하였다면 그 귀신은 가히 영웅이라 할 만하지만, 양공의 자손에게까지 원한을 끼칠 수는 없는 것이다. 그런데 저 회회는 과연 어떤 귀신인가? 소위 선한 자를 복주고 음란자에게 화를 입히는 것은 천지음양의 신이지 사특하고 음란한 것이 아니다. 회회를 세우고 신을 둔 것은 천지간의 사특하고 음란한 괴이에 불과할 뿐이다. 어찌 감히 천지의 생사화복의 자루를 마음대로 부려서 사사로이 은혜와 원망으로 아래 백성을 어지럽히려 하는가? 그런즉 그 신상에 과연 그 신이 있는 것인가, 없는 것인가? 그 신은 진실로 영험한 것인가, 아니면 영험이 없는 것인가?[30]

---

30) 『崧岳集』 권4, 雜著, 神像說. "松都之府西, 有所謂大國淫祠, 祠有神像. 府有一書生, 父病禱于神, 無驗, 父竟死. 書生奮往, 控神像擊碎, 守神者告于府. 是時, 某號某公, 爲留後, 乃曰, 神若有靈, 神當自治其書生, 我何與. 守神者無奈而退. 然人皆爲書生危, 經十數年, 書生無事. 人猶謂神寬容, 不曰不靈. 其後書生幼子死, 女得喪心疾, 人皆謂果得殃于神. 雖稍剛直, 自謂不惑於鬼神者, 亦以是不能無竦懼而少沮. 吾聞回回, 得罪于明皇帝, 黜在東國. 生旣不聞其異, 死何有靈. 此都民俗好鬼, 以爲大國之鬼, 必有其靈, 建祠以禱福, 亦見其惑之甚也. 其神果若有靈, 當書生擊毀其像, 何不能禦一書生, 而安受其隳戕耶. 旣不能衛其像, 抑何能福人禍人耶. 且神何不騁其靈, 卽殺書生於碎像之日, 乃於十年之後, 售毒於其子女之無辜耶. 豈神之力不足制丈夫, 而有餘於制幼弱耶. 若然, 則當其時, 書生之大兒尙幼弱, 何不殺其兒, 而必殺此兒耶. 人之壽夭在天, 疾病出於不幸, 由於風露之不愼, 今人或夭折, 或喪心者, 比比有之, 其父母果皆戮神耶. 前古慷慨之士, 毀傷淫祠者, 不可勝數, 其子女果皆夭折而喪心耶. 項籍以扛鼎之氣, 叱咤橫行, 其鬼可謂雄矣, 乃不能逞屬於梁公之子孫. 彼回回者, 果何鬼哉.

위 내용에서 주목되는 것은 다음과 같다. 먼저, 개성의 어느 서생이 부친의 치병을 위한 기도에 응답이 없자 분을 참지 못하고 대국신당의 신상을 훼손하였다. 두 번째로 주변 사람들은 신상을 훼손한 서생이 신의 처벌을 받아 위태로워지리라 확신하였다. 세 번째로 그럼에도 불구하고 십 년 동안 그 서생에게 어떠한 불행한 일이 벌어지지 않자 사람들은 이를 신의 관용으로 해석하며 받아들였다. 네 번째로 십 년이 지난 후, 서생 슬하의 어린 아들이 죽고 딸이 정신을 잃자 사람들은 그것이 신령으로부터 내려진 재앙의 결과라고 받아들인다. 저자는 논리적인 근거를 들어 대국신당이 음사(淫祠)이고 거기에 봉안된 회회(回回)신 역시 영험성과 경건성을 갖추지 못했다고 비판하고 있지만, 글 사이사이에서 신령의 의사가 질병과 죽음을 초래하는 직접적인 빌미가 될수 있다는 인격주의적 병인론이 당시 민중들의 의식 속에 굳건히 자리잡고 있었음을 환기시켜 주고 있다.

무속의 병인론은 사자의 영혼, 억울한 죽음을 맞이한 원혼, 그리고 응분의 대우를 받지 못한 신령 등의 개입이 병의 빌미가 되었다는 인격주의적 병인론을 강하게 내포하고 있다. 이러한 인격주의적 병인은 의례전문가인 무당을 통해 빌미를 해소할 때에만 완결될 수 있다는 점에서 의료적 치료가 아닌 의례적 치료를 요청할 수밖에 없었다.

夫所謂福善禍淫者, 乃天地陰陽之神, 而非邪淫者之謂也. 設回回有神, 是不過天地間, 一邪淫之怪耳. 抑何敢擅天地禍福生死之柄, 以私恩怨, 以亂下民哉. 然則厥像果有其神耶, 果無其神耶, 其神眞有靈耶, 眞無靈耶."

3. 무속 치병의례

무속의 치병의례는 여러 연구를 통해 부분적으로 소개된 바 있다. 이 글에서는 무당의 푸닥거리, 고사, 치병굿 등을 재론하기보다는 이름을 확인할 수 있는 조선시대의 걸출한 무당들의 삶 속에서 치병의 사례들을 발굴하는 데에 초점을 두고자 한다. 그동안 무당은 몰개성적인 무격, 좀 더 부정적으로 말한다면, 요망한 무당(妖巫)으로 지칭될 뿐, 개별성을 인정받지 못해 왔던 게 사실이다.

<표 1>은 이름이 밝혀진 조선의 무당들을 그러모아 도표화한 것이다. 무당에 대한 기록에 비해 무당의 이름이 밝혀진 기록은 많지 않다. 조선전기부터 국무당을 제외한 일반 무당은 동서활인서에 소속되어 구료활동에 동참하였으나 성내 출입은 공식적으로 금지되었다. 국무당은 성외로 쫓겨난 일반 무당과는 달리, 성내의 성수청(星宿廳)에 소속되어 있으면서 국가왕실의 산천제사, 즉 별기은을 주관하는 의례책임자 역할을 감당하였다. 성외에 거주하는 무당들도 은밀히 왕실의 종교문화에 깊게 관여할 수는 있었지만, 성내에 자리잡은 국무당이야말로 왕실의 종교행사에 공식적으로 참여할 여지가 충분하였다고 할 수 있다.

먼저, 태종의 넷째 아들인 성녕대군의 창진(瘡疹)과 관련된 치병의례에 국무당 가이(加伊)가 거론되었다. 기록에 의하면, 태종 18년(1418) 1월 26일(정축)에 성녕대군은 완두창(豌豆瘡)으로 인해 위독 증세를 보이고 있었다. 성녕을 총애했던 태종으로서는 흥덕사에 정근기도를 보내고, 맹인 점복가(한각운, 정신오)에게 길흉을 묻는 조처를 취해나간다.[31]

---

31) 『太宗實錄』권35, 태종 18년 1월 정축.

충녕대군도 의원 원학(元鶴)을 데리고 밤낮 성녕의 곁을 지키면서 의료
서들을 탐구하고 약이(藥餌)로써 구료에 정성을 기울였으나 성녕은 14
세의 어린 나이로 모두의 정성을 뒤로 한 채 세상을 뜨고 말았다.[32]

성녕의 죽음이 충격적이다 보니 의원에 대한 탄핵을 요구하는 상소
가 올라오고, 급기야는 맹인 복자와 무녀의 죄를 다스리자는 요청이 거
론되었다.

> 형조에서 맹인과 무녀의 죄를 청하며 아뢰었습니다. "맹인 점복자
> 는 자신의 본업에 정밀하지 못한 채 성녕의 목숨이 연장된다고 보고
> 하였고, 또 국무당 가이는 기양의식을 통해 화를 면하게 하지 못하였
> 으며, 무녀 보문(寶文)은 병세를 제대로 살피지 못하고서 궁궐 내에서
> 잡신에게 제사함으로써 불측한 지경에 이르렀습니다. 청하건대 모두
> 법에 따라 처치하십시오." 맹인과 가이를 제외하고 보문을 율에 의해
> 조치하도록 명하였다.[33]

형조에서 올린 죄상에 따르면, 맹인 복자는 빗나간 예언을 하였고,
국무당 가이는 성공적으로 재앙을 떨치는 의식을 거행하지 못했으며,
무녀 보문은 병세와 맞지 않게 궐내에 음사를 벌였다는 것이다. 맹인
한각운과 정신오, 국무당 가이 등은 논죄의 대상에서 제외되긴 했지만,
무녀 보문만큼은 율에 따른 조치를 받을 수밖에 없었다. 실제로 같은
날 무녀 보문은 3천리 유배를 면하되 속전을 거두고(收贖) 외방에 부처
(付處)하라는 명을 받게 되었다.

---

32) 『太宗實錄』 권35, 태종 18년 2월 을유.
33) 『太宗實錄』 권35, 태종 18년 2월 임진.

〈표 1〉 이름이 알려진 조선의 무당들

왕대	무격명	주요 내용	비고
태조	방올	강비에게 태조의 운명을 예언	
정종	추비방, 유방	2차 왕자의 난 때 정안공의 부인이 무녀에게 승부를 문의	
태종	가이	성녕군의 치병 실패	국무당
태종	보문	성녕군의 병세 파악 미비. 잡신음사	처벌(유배시 구타로 사망)
세종	주련, 장미(薔薇)	대비 와병중에 무녀집에서 주연	처벌
세종	을덕	저주술	교형
세종	진주	개성유수와 간통	
단종	용안, 불덕, 내은덕, 덕비	단종의 복위 예언	
세조	월화	어린 아이 유기	
세조	비파	세조의 등극 예언	
성종	단정, 장미(將未)		
성종	맹손	남무 맹손이 인골을 묻어 저주	
연산군	김영산		
연산군	돌비		국무당
중종	돌비	궁궐 푸닥거리	국무당
중종	귀덕, 석금, 맵지		
명종	감덕	종실과 권신가 드나들며 남자행세	
명종	임성구지	양성(시집/장가)	
선조	검덕, 이경	명의 진·동 제독에 출입	
선조	수연개	저주술	국무당
광해군	천옥, 어연, 이비, 옥매, 황금, 금이, 막개, 애개, 황금향, 대광, 어영, 어영개, 춘월, 복동, 애진, 진이, 이정, 옥국화, 고성		
인조	수란개, 앵무, 천금, 가시		
효종	앵무		
현종	보배		
숙종	막례, 계화, 태자방, 오례, 자근녀, 열이, 계대, 삼이, 이용석, 신의선, 윤풍립, 애진		
영조	독갑방, 논업, 연이		
영조	영매, 복란대, 영시	황해도 생불사건	참형(영매) 물고(복란대) 유배(영시)
정조	점방, 안녀, 추절창, 고상		
고종	진령군, 현령군, 수련		

국무당 가이에 비해 무녀 보문이 처벌을 받은 근거는 당시 세속에서 완두창 사신(祀神)을 꺼림에도 불구하고 보문이 분별없이 음사를 거행하였다는 이유에서였다. 실제로 무녀 보문은 궁중에 술과 음식을 차려 놓고 귀신에게 향사를 베풀며 기도하였는데, 창진에는 주식(酒食)으로 사신하는 것이 불가함에도 불구하고 그것을 강행함으로써 성녕이 변고를 당하게 되었다는 의견이 강하게 대두되었다. 당시에 창진은 귀신에게 제사할 대상이 아닌데, 무녀가 재물을 탐하여 궁궐에서 사술을 행했으므로 교형에 처하는 것이 마땅하다는 의견이 개진되기도 하였다. 이는 『대명률』(禮律) '금지사무사술'(禁止師巫邪術) 조를 적극적으로 해석한 데에서 비롯된 것으로 보인다. 결국 보문은 울산의 관비로 이동하는 과정에서 성녕대군을 따르는 무리들에 의해 구타를 당하여 살해되고 말았다.[34] 성녕대군의 죽음으로 인해 당시 의원은 물론, 맹인 복자와 국무당이 논죄될 처지에 놓였지만, 무엇보다도 무녀 보문은 실패한 의례적 치료의 대가를 죽음으로 감내해야 했다.

두 번째로 국무당이 성균관 대성전 뜰 앞에서 치병의례를 벌이다 유생들의 거센 반발과 실력행사를 당했던 사건이 성종 대에 일어났다. 당시의 실상을 파악하기 위해 다소 길긴 하지만 차천로(車天輅, 1556~1615)의 『오산설림초고(五山說林草藁)』를 인용하는 좋을 듯하다.

> 광묘(세조)가 문선왕묘(文宣王廟)를 배알하고 돌아온 뒤 병이 났다. 정희대비(貞熹大妃)가 근심하며 여러 무당들에게 물었더니, 모두 공묘(孔廟)의 신이 병의 빌미라고 하였다. 정희대비가 궁인에게 명하기를, 여러 무당을 인솔해 대성전(大成殿) 뜰 안에서 음사(淫祀)를 거행하게

---

34) 『太宗實錄』권35, 태종 18년 3월 을묘.

하였다. 여러 무당이 뒤섞여서 온갖 재주를 어지러이 부렸다. 성균관
의 여러 유생 중에 사기(士氣) 있는 이들이 들고일어나, 여러 유생을
이끌고 가서 무당들을 내쫓고, 장구와 여러 악기를 때려 부쉈고. 이에
궁인이 놀라 흩어진 뒤 대비에게 달려가 아뢰었다. 대비가 대로하며
여러 유생들을 죄다 하옥시키려 하자, 지관(知館) 이하가 여러 유생을
이끌고 대궐로 나아가 명을 기다렸다. 대비가 사람을 시켜 성묘(성종)
에게 알리기를, "전하께서 강녕하지 못해 무격에게 물었더니, 모두 병
의 빌미가 공묘에 있다고 하기에 궁인에게 명하여 기도하게 했는데,
여러 유생이 대역무도하게도 무녀를 구타하고 궁인을 옥박질러 쫓아
내고 여러 무구를 짓밟아 버렸으니, 이들은 군부(君父)가 없는 자들이
외다. 내가 모조리 벌주려 함을 알리려 하는 바입니다." 하니, 성묘가
베개를 떨치고 벌떡 일어나 말하기를, "우리 태학(太學)의 생도가 이
같이 의절(義節)이 있었는가!" 하였다. 드디어 사옹원에 명하여 음식
을 갖게 하고, 지관사(知館事) 이하 여러 유생을 인솔하여 들어오게
명하고, 근정전 뜰에서 잔치를 베풀어 주고, 여러 유생에게 후추(胡椒)
한 되씩 하사하였다.[35]

위의 내용에는 기록상의 혼선이 있다. 1468년 세조가 몰하고, 곧이
어 예종이 13개월간의 왕위를 채운 뒤, 다시 성종이 보위를 이은 것이
1469년의 일이다. 따라서 세조의 와병 중에 손자인 성종이 개입될 여지
가 없다고 하겠다. 아마도 성종(성묘)의 병을 세조(광묘)의 그것으로 착

---

35) 『大東野乘』 권5, 「五山說林草藁」. "光廟謁文宣王廟歸, 因不豫. 貞熹王大妃憂之, 問
諸巫, 皆曰孔廟神爲崇. 貞熹大妃命宮人率諸巫, 行淫祀於大成殿庭中, 諸巫雜沓, 衆
伎亂作. 館中諸生有士氣者, 爲之倡, 領諸生驅逐諸巫, 椎破腰鼓雜樂. 宮人驚散, 走入
奏之大妃. 大妃大怒, 將盡下諸生獄, 知館以下率諸生待命闕下. 大妃使人報成廟曰,
殿下違寧, 問諸巫覡, 皆言崇在孔廟, 予命宮人祈禱, 請生大逆無道, 撲打巫女, 迫逐宮
人, 蹴破諸具, 是不有君父者也. 余將盡誅之, 故使聞之也. 成廟椎枕蹶然而起曰, 吾太
學生徒, 如此其有義節耶. 遂命司饔院供具, 命知館事以下率諸生入, 賜宴于勤政殿庭,
賜諸生胡椒人一升."

각한 것이리라 판단된다. 첫머리의 광묘를 성묘로 바꿔 이해하면 글의 맥락이 순조롭고 정희왕후가 성종에게 건넸던 언사도 자연스러울 것이다.

먼저, 공자를 모신 성균관의 문묘를 배알하고 돌아온 성종이 병이 들었는데, 이에 대해 무당은 공자[孔廟]가 빌미가 되었다는 병인론을 제기하면서 문제의 사건이 촉발되었다. 무당의 인격주의적 병인론의 체계에서 공자의 신도 예외가 될 수 없음은 당연했겠지만, 이러한 빌미를 해소하는 의례의 제장이 유교문화의 성지라 할 수 있는 대성전으로 귀결된 데에 문제가 있었던 것이다. 병의 빌미(공자)가 비롯된 곳에서 그것을 떨쳐내는 것은 자연스런 논리였겠지만, 성균관 유생을 비롯한 유자들의 입장에서는 교육과 제사의 전당이 더럽혀지는 것을 의미하였기에 충돌은 불가피하였다.

정희왕후(貞熹王后, 1418~1483)의 지시에 따라 성균관 대성전 뜰에 잡다하게 진설된 무녀의 제장은 사기에 찬 성균관 유생에게는 용납될 수 없는 신성모독이라 할 수 있었다. 이들은 비록 왕실이 후원하는 행사라 하더라도 무당들을 내쫓고 진설된 제장과 무구를 파손시키는 데에 조금의 거리낌도 없었다. 이러한 유생들의 실력행사를 접한 정희왕후는 공자의 빌미를 풀기 위한 왕실의 기도를 훼손시키고 협박했던 유생들을 대역무도의 무리로 몰아붙이며 성종의 강력한 조처를 기대하였으나 결국 성종은 성균관 생도들의 의절을 귀히 여기고 상과 격려로 그들을 치하하며 사건을 마무리지었다.[36]

---

36) 이정형(李廷馨)의 기록(『大東野乘』 권53, 「東閣雜記」上)에 따르면, 세종 당시에도 왕이 병이 들었을 때, 무당이 성균관에서 치병을 위한 기도행사를 벌이자 이를 저지하고 음사를 몰아낸 유생들에게 왕은 선비의 기개를 칭찬하였다고 한다.

이 사건은 두고두고 후대에까지 회자되었다. 특히 영조 때의 기록을 참조하면, 성종 당시 성균관 유생을 이끌며 무녀의 신사를 혁파하며 사기를 드높이고 성종으로부터 가상하다고 평가를 받은 인물은 다름 아닌 이목(李穆)이었다.[37] 이목은 옛날 국무를 몰아낸 주역으로서(昔李穆 毆逐國巫) 귀감으로 삼을 만한 인물로 평가되었다.[38] 결국 성종의 질병을 공자묘의 빌미에서 비롯된 것임을 제시하고 이를 의례적으로 해소하기 위해 국무당은 여러 무당들을 거느리고 대성전에서 치병의례를 거행했던 것이며, 이를 충격적인 음사로 간주한 사기 넘치는 성균관 유생들은 비록 왕실의 행사라 하더라도 물리적인 폭력을 서슴지 않았던 것이다. 현존하는 기록을 통해 그것을 주관했던 국무당이 누구였는지는 알 수 없지만, 성종 당시에 유자들로부터 국무당의 기은행사에 대한 비판과 혁파 요청이 있어 왔던 점을 감안하면 국무당의 왕실 치병행사는 충분히 짐작할 만한 일이었고, 그리 특별할 것도 없는 왕실민속의 현실이었다.

세 번째로 연산군과 중종 연간에 조정을 떠들썩하게 만들었던 국무당 돌비(乭非)가 주목된다. 연산군 때의 기록에 의하면 돌비는 국무로서 내수사와 깊은 관련을 맺고 있었던 것으로 보인다.[39] 그녀가 술법과 부적으로 민중들을 미혹시킨다는 이유로 국문을 시행해야 한다는 의심을 받기도 하였다. 결정적으로는 폐비 윤씨를 폐위시킬 때의 범행에 대한 혐의를 받고 장 1백에 변방으로 안치되고 관비로 정속되는 조치가 취해진 것으로 보인다.[40] 그러나 그 뒤로도 다른 혐의를 받고 국문

---

37) 『英祖實錄』 권65, 영조 23년 5월 계축.
38) 『英祖實錄』 권25, 영조 6년 1월 경진.
39) 『燕山君日記』 권49, 연산군 9년 4월 갑자.

을 당하다 방면되기도 하였다.

　연산군에 이어 중종이 왕위에 오른 지 10년이 넘는 세월이 흐른 뒤에 다시 돌비가 화제의 인물로 떠오른다.

　　당시에 무녀 돌비가 국무라 칭하며 궁궐을 드나들면서 혹 '양재'(禳災)나 혹 '기은'(祈恩)이라 하면서 하지 못하는 짓이 없었다. 무릇 궁궐의 재화로부터 어의(御衣)에 이르기까지 자기 집으로 가져가는 것이 많았다. 이 때에 이르러, 헌부에서 추국하여 죄를 주니, 사람들이 통쾌하다고 하였다. 단지 대관에서 어의를 처치하는 것을 곤란스럽게 여겼을 뿐이다.[41]

　국무당으로서 돌비가 왕실의 재앙을 떨쳐내고 은혜를 비는 의식을 거행하는 것은 본연의 기복양재의 직무였을 수 있다. 그런데 왕실을 오가며 어의와 재물을 챙기며 무소불위의 권능을 발휘한 돌비에 대해 가해진 질타와 처벌은 여기에서 끝나지만, 사실 국무에 대한 비판은 이에 앞서서 고조되고 있었다.

　이보다 7개월 전에 대사간 최숙생은 12가지 조목으로 국왕에게 상소하면서 열 번째 항목에 음사의 만연을 환기시키며, 지방의 아무(衙巫)뿐만 아니라 궁궐을 드나드는 국무당이 거느리는 거대한 기은행사를 들먹이며 왕실의 음사를 통렬히 비판한 바 있다.[42] 사실 이보다 5년 전에도 조강 모임에서 동지사 김전(金詮)은 국무당을 성 밖으로 내쫓아서

40) 『燕山君日記』 권52, 연산군 10년 4월 정사.
41) 『中宗實錄』 권22, 중종 10년 윤4월 을해. "時, 巫女石乙非, 稱國巫, 出入宮掖, 或禳災, 或祈恩, 無所不爲. 凡宮禁財貨, 以至御衣, 多歸其家. 至是, 憲府推鞫罪之, 時人稱快. 但臺官, 以御衣處置爲難."
42) 『中宗實錄』 권21, 중종 9년 10월 갑인.

간악하고 요망한 일을 없애자고 청하기도 하였다.[43] 국무당은 보조 무당을 거느리고 춘추에 산천 기은행사를 거행하는 것이 주요 역할이었지만 궁궐 내에서 각종 푸닥거리와 양재의식을 베풀며 비등해지는 사대부들의 음사비판에 노출될 수밖에 없었다.

왕실 치병과 관련된 국무당의 행적, 더구나 이름이 밝혀진 국무당의 활동은 쉽게 확인되지 않는다. 무당의 치병 능력은 반치료적인 담론과 실천을 통해 이중적으로 활용될 수 있었으며, 몇몇 국무당은 바로 왕실의 저주문화에서 반치료의 전문가로 주목을 받았다. 이에 대해서는 절을 달리해서 기술하고자 한다.

---

43) 『中宗實錄』 권10, 중종 5년 1월 갑자.

4. 왕실의 저주문화

기복과 저주는 주술의 양면이라 할 수 있다. 이러한 주술의 양면성이 무속의 문화에도 적용된다. 그렇다고 저주가 인간의 삶에 항존하는 것도 아니고, 저주의 무속이 일반적인 것도 아니다. 그것은 어디까지나 저주를 가능하게 하는 믿음 체계가 전제된 사회 내에서, 그리고 그러한 체계가 작동될 만큼의 사회적 갈등과 동요가 심각해진 환경에서 고개를 쳐들기 마련이다. 따라서 왕실의 저주문화는 시대를 초월하는 보편적인 현상이기보다는 특정의 종교적 믿음과 사회적 조건이 결부될 때라야 돌출되는 상황적 산물이라 할 수 있다.

밝은 무속으로서의 기복과 어두운 무속으로서의 저주는 외견상 상반되어 보이지만 힘이 행사되는 방향과 효과가 다를 뿐이다. 병으로부터 해방시키는 것이 치병이라면 병으로 몰아가는 것이 저주이다. 다만, 치병은 주술의 효과와 힘의 방향이 동일하지만, 저주는 그것을 통해 효과를 얻고자 하는 사람과 그것의 힘이 행사되는 사람이 상반된다. 다시 말해 치병은 주술을 받는 사람과 그것의 효과를 노리는 사람이 동심원적인 일치를 보이는 게 보통이지만, 저주는 주술의 대상자와 효과를 바라는 사람이 서로 적대적이다.

주지하다시피 저주는 자기가 혐오하는 것을 남에게 강화시킨다는 점에서 인간의 어두운 욕망을 드러내는 종교문화라 할 수 있다. 자기가 싫어하는 것을 남에게 끼치지 않도록 절제하는 것이 유교 윤리가 표방한 기본 덕목(恕)인 것에 비해, 무속의 저주는 상대방에게 해를 끼쳐서라도 자기의 복리를 챙기거나 배가시키겠다는 점에서 상반된다고 할 수 있다. 저주는 복을 늘리려는 소박한 기복과는 달리, 자기의 복을 확대하기 위해 남에게 피해를 강제한다는 점에서 다분히 공격적이다. 이러한 공격적이고 어두운 종교문화는 흔히 은폐되거나 왜곡될 수 있어 사회적 불안과 정치적 동요가 가속될 때에는 그 파장이 훨씬 커지기 마련이다. 남미 지역의 문화를 조사한 인류학자들은 고전적이고 낭만적인 샤머니즘과는 달리 공격적이고 폭력적인 샤머니즘을 '다크 샤머니즘'(dark shamanism)이라 명명하고, 저주의 동기와 과정, 상징과 기제 등을 탐색하고 있다.44)

대부분 저주의 주술은 일차적으로 인간의 몸에 부과되는 게 보통이다. 구체적으로는 병을 통해 몸에 고통과 죽음을 강요하는 흑주술인 셈이다. 병과 죽음이 자연적이기보다는 비가시적인 초자연적 힘이나 존재의 개입에 의해 발생된다는 믿음이 전제되는 사회에서는 저주술이 큰 위력을 발휘하며, 심지어 의료적인 병인론에 병행되어 치병과 예방을 위한 방어 기법으로 제시되기도 한다. 가령, 우리나라 전근대 의학서에서 특정한 질병의 병인으로서 저주술이 소개되고 예방과 치료술로서 방어주술이 제시되었던 것도 그러한 사정에서 연유한다고 할 수 있다.

한편 비가시적인 힘이나 초자연적 존재의 조정을 통해 병몰(病沒)이 이루어진다는 믿음을 전제하고 있는 사회에서는 저주 자체가 범죄행위로 간주되어 법적인 통제의 대상이 되기도 하였다. 조선시대에 저주의 항목들이 법전에 구성되고, 그것도 씻을 수 없는 중범죄로 다스려진 것도 저주의 의도와 목표가 상대방의 몸을 무분별하게 공격할 수 있다는 전제에서 가해진 통제 시스템이라고 볼 수 있다.

이렇게 의서와 법서의 한 장을 마련한 저주는 다양한 기술과 제어력

---

44) Neil L. Whitehead & Robin Wright eds., *In Darkness and Secrecy*, Durham: Duke University Press, 2004. 참조.

을 갖춘 특별한 전문가를 요청하기 마련이었다. 전근대에 의례적 치료의 전문가로 통했던 무당은 저주의 전문가로도 신뢰받았다. 중국 고대로부터 조선시대에 이르기까지 저주의 다른 이름이라 할 수 있는 용어로 무고(巫蠱)라는 말이 일반화되었는데, 거기에 무당을 뜻하는 '巫'가 들어 있는 것도 그 때문일 것이다. 결국 무당은 몸의 이상 징후를 판단하고 치료할 수 있는 무의(巫醫)로도, 이상 징후를 몸에 부과하여 죽음에 이르게 하는 무고(巫蠱)의 전문가로도 통했던 것이다.

그런데 저주의 전문가는 그만큼 위험 부담을 안고 있는 존재였다. 특히 정치적인 격변기에는 사회의 불행과 신변의 이상을 저주의 전문가가 악의로 저지른 주술 탓이라고 믿는 강화된 인식으로 인해, 도리어 무당이 무고(誣告)를 당하기도 했다. 조선시대에 정치적인 동요와 사회적 불안이 가중될 때에는 무고(巫蠱)의 전문가가 무고(誣告)의 피해자가 되어 희생당하기 일쑤였다. 결국 주술로 희생되는 피해자보다 주술을 부렸다고 의심받은 피해자가 훨씬 일반적일 수 있었다는 점에서 저주는 늘 정치적으로 악용될 소지도 다분하였다. 가령, 광해군과 인목대비 사이의 갈등상황이나 숙종대 인현왕후와 장희빈 사이의 갈등상황에서 무고하게 희생당한 무당들의 삶을 생각해보면 충분히 납득할 수 있을 것이다. 조선시대에 국가로부터 죽임을 당한 무당들 중에는 저주의 혐의를 받은 무당들이 대부분이었다고 해도 과언이 아닐 것이다. 특히 왕실의 요청에 따라 궁궐을 오간 왕실 무당들은 그런 위험의 상황을 늘 안고 있었다고 할 수 있다.

왕실의 저주문화 중에서 팽팽한 긴장과 역전의 과정이 가장 극적으로 드러난 사건은 광해군과 인조반정기였다고 할 수 있다. 광해군 9년(1617) 성균관의 주도하에 8도 유생들이 인목대비의 죄목을 10개조로 나열한 통문과 인조 1년(1623) 반정이 성사된 후 폐위된 광해군의 죄목을 36개조로 정리한 인목대비의 비망록[45]을 대비시켜 보면 양측 사이를 오간 저주의 담론을 극명하게 이해할 수 있을 것이다(<표 2>).

〈표 2〉 광해군과 인목대비 사이의 저주공방

8도 유생 통문 10조		대비비망록 36조	
1조	의인왕후를 저주하기 위해 무당을 동원해 유릉에 썩은 뼈를 묻음	10조	모후를 살해하려고 염승과 고독의 저주술을 행함
2조	영창대군을 위해 염승. 여우뼈와 나무로 인형을 만들어 궁중에 묻음	12조	모후를 죽이고자 귀매로 역병을 몰아오려함
7조	광해군 즉위 후, 무당의 기도와 저주. 닭, 개, 염소, 돼지 등을 궁중에 던져 성상의 몸을 해치려 함	35조	부왕의 능을 파헤침

우선, 인목대비에게 씌어진 혐의들은 흉물을 묻거나 유포시켜 부정적인 힘을 전이시키는 매흉(埋凶)과 형상이나 이미지를 이용해 저주하는 염승(厭勝)의 기법이 주로 언급되었다. 반면 인목대비가 폐군인 광해군의 죄목으로 지적하는 것은 매흉보다는 염매와 고독으로 다양하게 지적되고 있다.

위 <표 2>에서 거론된 저주의 항목들을 좀 더 자세하게 추적해볼 필요가 있을 것이다. 먼저, 인목대비가 언급한 고독(蠱毒)은 병몰을 일으키는 독소를 함유한 물질을 제조하여 저주에 이용하는 것이다. 앞서 언급했듯이 고독에 관해서는 권위 있는 의서에 자세하게 언급되어 있다. 『향약집성방』에서도 수나라 소원방(巢元方)의 『소씨제병원후총론(巢氏諸病源候總論)』을 인용해 고독을 설명하고 있다.

---

45) 성균관 유생의 통문과 인목대비의 비망기는 『大東野乘』 권59, 「癸亥靖社錄」에 실려있다.

무릇 고독에는 여러 종류가 있는데, 한결같이 조화의 힘이 있다. 사람에게 변고가 생기면 그것을 만든다. 일단 많은 벌레나 뱀과 같은 것들을 잡아다 일정한 그릇에다 채워두고 서로 잡아먹도록 내버려 둔다. 오직 마지막으로 홀로 남은 한 마리가 고(蠱)가 되며, 능히 조화를 부릴 수 있게 된다. 고독이 섞인 술이나 음식을 섭취하면 병환이 생긴다. 타인에게 병환이 생기면 고를 행한 주체에게는 이로움이 있다. 그래서 고를 제조하는 것을 막지 못하는 것이다. 한편 날아다니는 고(飛蠱)가 오고 가기도 하는데, 병상의 원인을 찾지 못한 채 점점 병상만 드러나 마치 귀신이 든 것만 같을 뿐이다. 이런 고에 걸리면 갑자기 위중에 빠진다. 대개 고독에 중독되어 병에 걸리면 죽음에 이른다. 그 독의 폐해가 심하기 때문에 고독이라 한 것이다.[46]

위 인용문에서 보는 바와 같이, 고독에는 종류가 많아 고양이나 개를 이용할 수도 있고, 누에나 사마귀를 이용할 수도 있다. 어떤 생물체든 간에 동일 종류를 한 용기에 모아 넣고 음식물을 주지 않은 채 굶기면, 서로 동료를 잡아먹게 되고 결국 최후의 한 마리가 생존자로 남을 것이다. 최후의 생존자를 죽여서 분말 형태로 만든 것이 바로 독소를 가득 품고 있는 고(蠱)인 것이다. 동료를 잡아먹은 막강한 힘, 해소하지 못한 식욕, 그리고 그것을 해소하지 못한 채 죽을 수밖에 없던 분노 등이 남을 해치는 독성으로 작용하게 되는 것이다. 고독을 은밀히 주식(酒食)에 섞어 상대방에게 흡입시킨다면 독성이 전이될 것이고 저주도 성취될 수 있다는 믿음이 고독에 전제되어 있다.

---

46) 『巢氏諸病源候總論』 권25, 蠱毒. "凡蠱毒有數種, 皆是變惑之氣. 人有故造作之. 多取蟲蛇之類, 以器皿盛貯, 令其自相噉食. 唯有一物獨在者, 卽謂之爲蠱, 便能變惑. 隨逐酒食爲人患禍. 患禍於他, 則蠱主吉利. 所以不羈之, 徒而畜事之. 又有飛蠱去來, 無由漸狀如鬼氣者. 得之卒重. 凡中蠱病, 多趨於死. 以其毒害勢甚, 故云蠱毒."

앞서 언급한 바 있듯이, 흔히 저주를 무고(巫蠱)라고 하는데, 고독(蠱毒)의 위험성과 그것을 제조하고 다룰 줄 아는 전문가로서의 무당이 절묘하게 결합된 용어라 할 수 있다. 그러나 그러한 절묘한 용어의 전통으로 인해, 무당은 십악(十惡)의 죄악으로 불린 고독을 일으킨 피고로 늘 지목될 수밖에 없었던 운명에 놓이기도 하였다.

고독은 제조하는 것 자체가 살인율에 버금갈 정도로 엄격하게 통제되었기 때문에 간혹 매장의 형태로, 즉 매고(埋蠱)의 양식으로 공격성을 은폐하기도 하였다. 위에서 유생들이 인목대비의 죄목으로 거론했던 몇몇 매흉의 사례는 전형적인 고독의 형태로 제조된 것은 아니지만 공격성이나 혐오성을 띠는 동물의 사체나 뼈를 이용해 독성을 전이시키는 숨겨진 형태의 고독, 즉 매고의 양식과 통하는 면이 있다고 할 수 있다.

두 번째로 귀매(鬼魅)는 귀신 존재나 영혼의 매개를 통해 저주를 행하는 방식을 말한다. 고독이 물질적인 측면에서 독성을 제조하여 상대방을 중독시키는 것이라면 귀매는 비물질적 영혼의 요소를 통해 병몰을 유도하는 것이다. 무속의 인격주의적 병인론의 견지에서 보자면 귀매는 의도된 병의 빌미제공이라 할 수 있다.

성호 이익이 소개하고 있듯이, 귀매의 극단적인 형태 중에는 어린아이의 영혼을 이용하는 것이 있다. 가령, 어린아이를 유괴하여 굶주리게 한 후 향내 나는 음식물로 아이를 죽통 속으로 유도하여 죽인 후, 아이의 영혼을 통속에 가두어 저주에 이용하는 것이다. 욕념이 해소되지 않은 어린 영혼에게 남을 해치는 일을 성사시키면 먹을 것을 후하게 준다고 달래면서 저주를 행하는 방식이라 할 수 있다.[47] 태자무나 명두무와 같이 어린 영혼을 매개하여 점복이나 기복의 영력을 확보하기도 하지만 무당은 억울하게 죽은 어린 영혼을 저주술에 활용할 수도 있었던 것이다.

어린아이의 영혼뿐만 아니라 개나 고양이를 이용해 동물의 영혼을 저주에 활용하는 예도 가능하다.[48] 고독이 동류 간의 경쟁을 유발시킴으로써 독성을 강화한 것이라면, 귀매는 홀로 극도의 굶주림과 욕념의 자극을 교차시키며 부정적인 힘을 극대화시키는 방식이라 할 수 있다. 귀매의 방식에 어린아이나 동물이 활용되었고, 당연히 주물의 물리적인 속성보다는 영혼 존재의 개입이나 힘의 조정이 관건이 되었다.

세 번째로 주목되는 것이 염승(魘勝)의 방식이다. 염승은 의미와 쓰임에 있어 다소 혼동을 불러일으키는 말이다. 본래 귀매와 더불어 한짝의 언어, 즉 '염승귀매'(魘勝鬼魅)로 혹은 축약의 형태인 '염매'(魘魅)로 쓰이는 게 일반적이다. 따라서 앞서 살펴본 귀매와 분리하지 않고 함께 거론하는 것이 원리상 타당할 수도 있겠으나 염승만의 단독적인 용례도 있고, 또 그것만으로 한정되는 독특한 방식의 저주술이 통용되고 있는 현실을 감안해 독립적으로 다루고자 한다. 앞서 거론한 바 있는 광해군 9년에 인목대비를 비난하는 유생들의 통문에도 염승만이 단독적으로 활용되고 있다. 다만, '가위눌리다'는 의미의 염(魘)과 '누르다'는 뜻의 염(厭, 발음상으로는 '엽')은 사전적으로는 별개의 용어인 것 같지

---

47) 민족문화추진회, 『성호사설』2, 251쪽 (『星湖僿說』권5, 萬物門, 魘魅蠱毒).

48) 고양이나 개를 굶주리게 한 후, 음식물로 욕념을 자극하면서 머리를 잘라 귀매의 주술로 활용했던 일본의 사례에 대해서는 中山太郎, 『日本巫女史』, 東京: 大岡山書店, 1930, 544쪽. 참조. 한편, 일본의 무녀들은 건조시킨 묘두(猫頭)와 견두(犬頭)를 여러 인형류와 함께 자신들의 휴대용 비밀가방(外法箱)에 넣고 다니며 주술을 행했다고도 한다[堀一郎, 『我が國民間信仰史の研究-宗教史編』, 東京創元社, 1976(초판1953), 673-674쪽].

만, 타자에 대한 공세적인 의미를 공유한다는 점에서 간혹 염승(厭勝)으로 이해되기도 한다.[49] 특히 중국종교사가인 Jan Jakob Maria De Groot(1854~1921)가 지적한 대로, 염승의 염(魘)은 '악몽을 일으키는 요귀'의 뜻이라기보다는 '누르다'는 뜻을 지닌 염(厭)의 후기적 변형어라는 점[50]을 받아들인다면 염승(魘勝)과 염승(厭勝)은 의미상 상통한다고 할 수 있다.

염승은 직접적인 독소 물질이나 욕망과 한이 가득 찬 영혼을 이용하는 것이 아니라 화상이나 이미지를 통해 저주의 결과를 연상시키는 모방주술이라 할 수 있다. 주로 상징물에 공격적인 이미지를 부각시킴으로써 저주의 실현을 기대하는 방식인데, 대개 가시, 못, 화살 등으로 인형이나 화상을 찌르거나 쏘는 형태로 드러난다. 저주의 대상이 그려진 화상에다 무당들이 화살을 쏘는 석천(射天)의 방식이 대표적인데, 중남미 다크 샤머니즘에서 확인되는 'magic dart'나 'spirit dart'와 같이 공격적인 화살의 이미지를 저주에 활용한 예라 할 수 있다.

광해군 대에 국무당(國巫) 또는 큰무당(大巫)으로 알려진 나이 70의 수연개(水連介)는 인목대비 측이 획책했다는 유릉의 저주사건에 연루되었다가 훈방되기도 하였다.[51] 그러나 인조반정후 폐군의 학정을 도우며 온갖 매흉은 물론, 선왕의 능침을 훼손하며 화상에 활을 쏘며 능욕한 당사자로 수란개(秀蘭介)가 지목되었다.[52]

---

49) 『唐律疏議』(國學基本叢書) 권18, 賊盜2. "疏議曰, 有所憎嫌, 前人而造厭魅. 厭事多方罕能詳悉, 或圖畫形象, 或刻作人身, 刺心釘眼, 繫手縛足, 如此厭勝事非一緒. 魅者或假託鬼神, 或妄行左道之類."

50) J. J. M. De Groot, The Religious System of China, Vol.5, Taipei: Southern Materials Center, INC., 1989(Leiden: E.J.Brill, 1907), p.887.

51) 『光海君日記』 권68, 광해군 5년 7월 경신.

숙종 대에 소위 장희빈의 저주사건[53]으로 기억될 만한 사태가 벌어졌을 때에 여러 무당들이 저주에 가담자로 연루되었는데, 그중에서도 무당 오례(五禮)는 인현왕후에게 화살의 염승법을 활용했다는 혐의를 받았다. 즉 홍의를 입은 무당 오례가 활을 쏘면서 민중전을 죽일 것이라 기원했다는 공초의 내용이 그것이었다.[54]

한편 정조 대에도 위와 같은 석천의 염승법이 기록에 등장한다. 정조 즉위 당시 이찬 지지자인 반정세력들이 점방(占房)이라는 무당을 동원해 국왕 정조와 홍국영을 공격하는 데에도 그러한 저주술을 활용하였다.

> 효임(孝任)은 홍상범의 어미이자 홍술해의 처인데, 홍술해의 첩인 개련(介連)과 더불어 요망한 노비를 지휘하고 역적 무당과 결탁하여, 화상을 그린 후 화살을 매달고, 부적을 쓰고 저주물을 파묻으며, 감히 은밀하게 석천(射天)을 도모하려 하였다.[55]

위에서 언급한 저주문화의 유형과 특질을 도표화하면 <표 3>으로 정리될 수 있을 것이다. 고독, 귀매, 염승 이외에 거론하지 않았던 부서(符書)에 의한 저주술도 있지만, 대부분은 앞서 언급했던 세 가지 저주술이 초점을 받았다고 할 수 있다.

---

52) 『承政院日記』, 인조 1년 3월 17일.
53) 정재훈, 「조선시대 저주 문화에 대한 연구—숙종 27년 장희빈 저주 사건을 중심으로—」, 서울대학교 석사학위논문, 2011.
54) 『肅宗實錄』 권35, 숙종 27년 9월 임자. "上年十一月神祀時, 巫女着笠衣紅衣, 持弓矢舞且射曰, 吾當殺閔中殿, 閔中殿若死, 豈不好哉, 豈不好哉."
55) 『正祖實錄』 권3, 정조 1년 9월 병술. "孝任則相範之母, 述海之妻, 與其妾介連, 指揮妖婢, 締結賊巫, 圖像結矢, 寫符埋蠱, 敢爲暗地射天之圖."

〈표 3〉 저주술의 원리와 양상

저주의 명칭	저주의 원리	저주의 양상
고독(蠱毒)	유독물질의 제조와 전이	螳螂蠱, 蠱蠱 cf. 埋兒
귀매(鬼魅)	영혼의 개입과 매개	幼兒魂
염승(厭勝)	이미지를 통한 유사 공격	射天, 木偶, 가시, 못
부서(符書)	부적이나 문서의 매장과 소화	符書呪詛(관등성명, 생년월일)

법전에 극악무도한 십악의 대상으로 빠지지 않고 지목된 '고독염매'(蠱毒厭魅) 조는 위에서 언급한 고독(蠱毒), 염승(厭勝), 귀매(鬼魅)의 통칭이라 할 수 있다. 염매고독의 범죄는 사면과 경감이 불가하며, 연좌제로 다스려지는 엄격한 범죄행위였던 것이다.

무릇 고독(蠱毒)을 생성하여 능히 살인하거나 이를 시킨자는 참형에 처한다. 고독을 생성한 자의 재산은 관에 몰수하며, 그 처자 및 동거가족은 비록 그 실정을 알지 못하였더라도 모두 流 2천리에 안치한다. 만약 고독으로써 동거인에게 피해를 주었다면, 그 피해자의 부모, 처첩, 자손 중에 고독을 제조하는 상황을 알지 못한 자는 먼 곳으로 유배를 보내지 아니한다. 만약 이장(里長)이 그 실정을 알고도 알리지 않은 자는 각각 杖 1백에 처하며, 그 상황을 알지 못한 자는 연좌하여 처벌하지 않는다. 범인을 신고하여 포획하게 한 자에게는 관에서 은 20냥을 상급으로 준다. ○만약 염매(厭魅)와 부서주저(符書呪詛)로 살인하고자 하는 자는 각각 살인을 꾀한 율로 논죄하며, 그로 인해 사람을 죽게 한 자는 각각 살인법에 의거하여 처리하되, 만약 다른 사람을 병고에 빠지게 한 자는 2등급을 감하여 처리한다. 자손이 조부모나 부모에게, 노비나 고용인이 가장에게 한 것은 감형하지 않는다.[56]

---

56) 『大明律直解』(中樞院調査課編, 1936) 권19, 刑律, 造畜蠱毒殺人. "凡造畜蠱毒堪以殺人, 及敎令者斬. 造畜者財産入官, 妻子及同居家口, 雖不知情並流二千里安置. 若以蠱毒毒同居人, 其被毒之人父母妻妾子孫, 不知造毒情者, 不在遠流之限. 若里長知

그러나 무당이 동원된 왕실의 고독염매의 저주문화는 역사적 사실성에 대한 의심을 받기도 한다. 위의 『대명률』에서도 분명히 밝히고 있듯이, 고독, 귀매, 그리고 염승의 저주는 국법으로 엄금하는 십악(十惡)의 범죄였지만 상대방을 곤경에 빠트리는 무고(誣告)의 좋은 소재가 되기도 했다. 저주술은 범죄행위였지만 실증도 반증도 어렵고 조작도 왜곡도 쉽다는 점에서 정치적으로 악용될 소지가 많았던 게 사실이다.[57] 따라서 역사적 격변기에 소용돌이친 무고(巫蠱)의 변들이 역사적 사실성을 확보하는 것은 지난한 일이라 할 수 있다. 그러나 우리는 역사적 사실을 규명하기 어려운 혼란한 현실 속에서 어김없이 등장하는 무속의 저주 담론을 만나게 된다. 결국 역사적 사실성에 대해서는 유보할 수밖에 없지만 담론 속에 실재하는 무속의 저주문화에 대해서는 충분히 감지할 수는 있는 것이다.

而不舉者, 各杖一百, 不知者不坐. 告獲者官給賞銀二十兩. ○若造魘魅符書呪詛欲以殺人者, 各以謀殺論, 因而致死者, 各依本殺法. 欲令人疾苦者, 減二等. 其子孫於祖父母父母, 奴婢雇工人於家長者, 各不減."

57) Boudewijn Walraven, 「張禧嬪 詛呪事件의 新解釋─社會人類學 詛呪論을 中心으로─」, 『第一回 韓國學國際學術會議論文集─國內外에 있어서 韓國學의 現在와 未來─』, 인하대학교 한국학연구소, 1987. 참조.

5. 반역의 무속

앞 절에서 거론한 저주문화가 적대자의 몸에 질병과 죽음을 부과하는 반치료의 무속문화였다면 이 절에서 고찰하고자 하는 것은 왕조의 질서를 훼손시키거나 권위를 대체시키는 반사회적인 무속문화라 할 수 있다. 무속은 국가의 안녕과 왕실의 권위를 뒷받침 해주는 근왕의 직능을 발휘하기도 했지만, 간혹 역모와 반역을 강화하거나 지지하는 반왕조의 담론과 실천을 주도하기도 하였다. 치병의 기복과 무고의 저주를 병행하는 전문가였던 무당은 호국과 근왕의 지지자이면서 동시에 반란과 저항의 원조자가 될 수도 있었다.

사회적인 틀을 완전히 탈바꿈시키려는 혁명, 권위의 주체를 대체하려는 반란, 그리고 기존의 정치질서를 수용하지 않으려는 저항 등의 정치적인 변화는 가시적인 물리력이나 폭력만으로 완성되기 어렵다. 적어도 지적인 차원에서 이념적인 설득을 강화하고 감정적인 차원에서 정서적인 끌림을 수반하게 할 만한 종교적 담론 및 실천이 뒷받침될 때, 훨씬 더 가공할 만한 파괴력을 지닐 수 있었다.[58] 조선왕조의 무당은 정치적인 변동에 일조하는 종교적 담론과 실천을 생산하는 데에 기여하였지만, 그 이유로 인해 죽음을 감내해야 하는 운명을 맞이하기도 하였다. 조선시대에 국가로부터 죽임을 당한 무당들의 대부분은 저주 아니면 반역이었던 셈이다.

반역이나 역모와 관련된 무속은 다양할 수 있지만, 여기에서는 17세기에 사회에 크나큰 충격을 안겼던 세 가지 사건에 주목하면서 반왕조

---

58) Bruce Lincoln, *Discourse and the Construction of Society*, New York: Oxford University Press, 1989, pp. 3-11.

의 무속에 대해 탐색하고자 한다. 먼저, 살아생전에 생불로 추앙받으며 소현세자의 유복자를 자처하다 처형된 불승 처경(處瓊)을 제사하며 신앙한 어느 해주 무당의 사례이다.[59] 이는 반왕조의 인물을 추앙·추종함으로써 왕조의 권위를 훼손한 유형에 속한다고 할 수 있다. 두 번째로 17세기 말 사회를 떠들썩하게 했던 여환사건에서 반역의 힘을 지지하고 강화시킬 만한 담론과 실천을 생산했던, 소위 용녀부인(龍女夫人)이라 불린 무녀 원향의 사례이다.[60] 이는 역모의 동기력과 지속성을 환기시키는 담론과 실천을 생산한 유형에 속한다고 할 수 있다. 세 번째로 황해도 일대에서 한양이 장차 망할 것이며 정씨 생불이 거하는 새로운 땅, 전읍(奠邑)을 대망해야 한다는 도참을 유포시키며 지역의 무리를 이끌었던 무녀 애진(愛珍)의 사례이다.[61] 이는 반역의 중심에서 운동을 주동한 유형에 속한다고 할 수 있다.

1) 실패한 반역자, 처경을 추앙한 해주무당

숙종 13년(1687) 해주무당의 사건이 조정의 이목을 집중시켰다. 당시 해주무당이 그보다 11년 전인 숙종 2년(1676)에 소현세자의 유복자를 자처하며 대중으로부터 생불로 추앙을 받았다가 의금부로 잡혀 와 국문을 받고 처형되었던 처경이라는 역승(逆僧)을 신당에서 제사했다는 이유에서였다. 사실, 처경은 지금의 경북 평해에서 태어나 강원 원

59) 최종성, 「무당에게 제사 받은 생불」, 『역사민속학』40, 한국역사민속학회, 2012. 참조.
60) 최종성 외, 『국역 역적여환등추안』, 민속원, 2010. 참조.
61) 최종성, 「17세기 어느 무당의 공부」, 『종교와문화』24, 서울대학교 종교문제연구소, 2013. 참조.

주에서 자라다 절에 맡겨져 충청과 경기 지역을 떠돌던 승려로서 해주와는 전연 연고가 없었지만 해주무당은 처경과 함께 숙종의 왕권을 훼손시킨 인평대군의 3남 복선군 이남과 그의 동조자 허견을 함께 제사한 것이다. 당시 『승정원일기』의 기록을 들여다보자.

> 사헌부에서 아뢰었다. "지난번 경연 중에 특진관 이선이 진달한 바대로, 해주의 요망한 무당이 역적 이남(李枏)을 위한 신당을 세우고, 역적 허견(許堅)과 처경(處瓊)을 더불어 배향하였습니다. 이에 무녀를 멀리 외딴 섬으로 정배하라는 임금의 명이 있었습니다. 무격의 무리들이 은밀하게 사당을 세워 뭇 백성을 유혹하는 일이야 어쩌다 있는 일이긴 하지만, 어찌 이같이 흉악한 역모에 가담했던 신령을 취합하고 함부로 당우(堂宇)를 세우는 일이 있을 수 있겠습니까? 아마도 무녀가 스스로 건물을 세우고자 마음먹고 지었던 것은 아닐 것입니다. 그 범죄의 실상을 논해야 하므로 곧바로 정배시키는 것으로 그쳐서는 안 됩니다. 해당 관청으로 하여금 서울로 잡아오게 하고, 엄히 조사한 뒤 법에 따라 죄를 결정하기를 청합니다."[62]

먼저, 특진관 이선이 보고한 해주무당의 사건은 이보다 닷새 전에 주강에서 거론된 바 있는데, 그 결과 본도에서 역모자를 추앙한 사당을 허물고 제사를 주관한 무당을 외딴 섬으로 정배하라는 조처가 내려졌다.[63] 당시 해주무당은 '인조−봉림대군(효종)−현종−숙종'으로 이어지는 왕통에서 빗나간 '인조−인평대군−복선군'으로 왕통을 대체하려

---

62) 『承政院日記』 책322, 숙종 13년 5월 5일. "府啓. 頃日筵中, 伏聞特進官李選所陳達, 海州妖巫, 爲逆枏設神堂, 配以逆堅及瓊, 自上有巫女絶島定配之命. 夫覡巫輩陰祠惑衆, 雖或有之, 而豈有聚合凶逆之神, 肆然設置堂宇如是者哉. 其造意營建, 非巫女所自創爲. 而論其情犯, 不可直爲定配而止. 請令該曹, 拿致京獄, 嚴加究問, 依律定罪."
63) 『肅宗實錄』 권18, 숙종 13년 4월 정묘.

던 복선군 이남(李柟)을 위한 신당을 세우고, 복선군을 도운 실력자 역적 허견(許堅)과 '인조─소현세자─처경'의 왕통을 내세운 불승 처경(處瓊)을 배향하면서 대중들로부터 커다란 호응을 얻었던 것이다.

사실, 해주무당이 주향했던 복선군 이남과 허견은 처경과는 배경과 연고가 달랐던 인물들이었다. 이들은 처경이 처형된 뒤 4년이 지난 1680년에 서인의 경신대출척 사건 때 남인과 함께 희생된 인물이었다. 당시에 숙종의 왕권을 대체하고자 한 역모자로 몰린 복선군 이남은 당고개에서 교수형을 받았고 허견은 군기시 앞에서 능지처사를 당한 바 있었다. 이에 비해 처경은 자신이 강비가 화를 입기 전에 미리 강보에 싸인 채 궁 밖으로 맡겨진 소현세자의 유복자로서 인평대군의 아들인 복녕군·복창군·복선군·복평군 등과는 사촌관계에 있는 왕실의 지친임을 강조하면서 당시 영의정을 비롯한 고위급 신료들에게 접근하다 관에 고변되어 추문을 받고 1676년에 참형을 당한 인물이었다. 이남 및 허견과 처경 사이에 공통점이 있다면 숙종의 왕권을 부정하는 각각의 혈연적 정통성을 강조했던 역모자였다는 사실이다.

숙종의 입장에서는 이남과 허견의 '인조─인평대군─복선군'의 왕통론과 처경의 '인조─소현세자─처경(소현세자의 유복자)'의 왕통론은 자신의 왕권을 훼손시키는 유사 정통론에 불과한 것이었지만, 혈연 및 지연의 관련성이 적은 해주의 무당이 합사했다는 사실에 충격을 받았을 것이다. 그러나 해주무당을 의금부로 나래하여 세세한 추문을 전개하지 않고 금지된 인물을 기억시키는 장소로서의 신당과 금지된 실천을 주관하는 주체로서의 무당을 조용히 처분함으로써, 저항과 반란의 이데올로기와 정서를 불필요하게 확대시키지 않으려 했던 것이다. 그 바람에 해주무당 사건의 배경과 맥락, 그리고 경과 등을 탐색할 만한 자료들이 남아 있지 않아 더 이상 역사적 추적은 곤란하게 되었다.

사실 처경은 보잘것없는 양인의 집안에서 태어나 일찍이 부모를 여의고 어린 나이에 절간에 맡겨졌다가 유리승의 처지로 전전긍긍하던 인물이었다. 그런 처경이 의례적인 비범성과 수려한 외모로 인해 신도들로부터 '앞모습은 생불(生佛)이요 뒷모습은 왕자 같다'는 찬사를 듣게 된다. 처경은 비록 버려지긴 했지만 본래 왕족의 귀한 태생의 존재로 자신의 정체성을 확대해가다 결국 역모자로 몰려 죽음과 마주하게 된다. 이러한 소박한 역모자를 멀리 떨어진 해주무당이 의례적으로 기억해낸 것이다. 현재로선 그러한 기억의 경로를 추적하기 곤란하다. 대중으로부터 자연스레 숭앙받은 생불로서의 이미지에다 끝내 원을 풀지 못한 채 억울하게 죽음을 맞이한 소현세자의 유복자로서의 정체성이 가미된 처경의 죽음은 해주무당의 종교적 자원으로 활용되었고, 적어도 이남의 사당에 합사될 영적 에너지로 살아난 것이다. 해주무당의 종교적 의례는 더 이상 대중으로부터 호응을 받을 수 없었지만, 왕실이 꺼리는 역모자를 성스러운 제장에 불러내고 경건하게 기억해냄으로써 반왕조의 이론과 정서를 환기시키는 데에 일조하였던 것이다.

2) 반역의 지지자 용녀부인, 원향

숙종 14년(1688)에 조정에 광풍을 일으켰던 여환사건이 발발하였다. 본 사건은 『역적여환등추안』(규장각소장도서 규 15149) 등에 기록되어 있는데, 사건의 주인공인 25세의 불승 여환, 여주인공이며 여환의 처인 19세의 무당 원향, 이들 주인공을 앞세우며 실제적인 역모의 그룹을 조정하고 관리했던 지사(地師)인 황회, 그리고 성인무녀(聖人巫女)와 추종하는 신도들이 경기 북부지역에서 '미륵시대의 도래'와 '대우도

성경탕'(大雨都城傾蕩, 큰비가 내려 도성을 쓸어버림)을 믿으며 상경입성(上京入城)을 시도하다 발각된 이래 의금부에 나래되어 11명이나 능지처사를 당했던 대규모의 종교적인 역모사건이었다.[64] 당시의 실록은 본 사건에 대해 다음과 같이 기록하고 있다.

　　요승 여환(呂還) 등 11명이 불궤(不軌)를 도모했다가 복주되었다. … 모두 의금부에 국청을 설하고 죄상을 캐냈다. 여환은 본래 통천(通川)의 승려로서 스스로 말하기를, '일찍이 김화 천불산(千佛山)에서 칠성이 내려와 세 국(麴)을 주었는데, 국(麴)은 곧 국(國)과 서로 음이 같다.' 하였고, 또 '수중노인(水中老人)과 미륵삼존(彌勒三尊)은 자신이 부처를 숭배하면 나라를 전수받을 수 있다는 설이나 삼년공부 등등의 설을 말해주었다' 고 하였다. 드디어 영평의 지사(地師) 황회(黃繪), 상한(常漢) 정원태(鄭元泰) 등과 더불어 '석가의 시대가 다하고 미륵이 세상을 주관한다'는 말을 주장하며 결사를 맺고 경기와 해서 사이에 출몰하였다. 또한 여환은 말하기를, '천불산 선인(仙人)이 일찍이 영(盈)과 측(昃) 두 자를 암석 위에 새기고는, 이 세상은 오래 갈 수 없으니 지금부터 마땅히 계승(繼承)할 자가 있을 것이며, 용(龍)이 아들을 내어 나라를 다스릴 것이라고 말 하였다.'고 하였다. 드디어 은율(殷栗) 양인 집안의 딸 원향(元香)이란 여자에게 장가들었는데, 그녀는 신이한 징험으로 능히 구름을 일으키고 비를 불러오는 등의 변화불측(變化不測)의 조화를 부린다고 여겨졌다. 그녀는 양주 정씨 무녀 계화(戒化) 집에 와서 머물렀는데, 여환의 처를 용녀부인(龍女夫人)이라 불렀다. 계화는 정성인(鄭聖人)이라 불리었는데, 괴이한 문서를 짓기를, '비록 성인이 있더라도 반드시 장검(長劍)과 관대(冠帶)가 있어야 하니, 제자된 자들이 이 물건을 마땅히 준비하여 서로 전파하며 보여주어야 한다'고 하면서 인심을 유혹시키니, 한 마을 사람들이 거의 따랐

---

64) 최종성 외, 『국역 역적여환등추안』, 민속원, 2010, 해제. 참조.

다. 또 '7월에 큰비가 내리면 산악이 붕괴되고 국도(國都)도 쓸어버릴 것이니, 8월이나 10월에 군사를 일으켜 입성하면 대궐을 차지할 수 있다.'는 설도 괴서(怪書) 속에 들어 있었다. 곧 7월 15일에 여환, 황회, 정원태, 양주사람 김시동(金時同)·최영길(崔永吉)·이원명(李元明)과 영평사람 정호명(鄭好明)·이말립(李末立)·정만일(鄭萬一) 등과 더불어 각기 군장과 장검을 마련하고, 원향은 남복을 입고 성 안으로 잠입하여 비를 기다렸다가 대궐에 침범하기로 약속했지만, 그날에 끝내 비가 내리지 않았다. 이에 하늘을 우러러 탄식하기를, '공부가 완성되지 않아 하늘이 잠시 응해주지 않았구나' 하면서 드디어 삼각산에 올라가 경(經)을 외우고 하늘에 기도하며 대사의 성취를 발원하였다. ... 여환은 곧 그 무리의 괴수였고, 황회, 정원태, 원향, 정계화 등은 처음부터 끝까지 동조하며 은밀히 음모에 함께 한 자들이었다. 시동, 영길, 원명, 호명, 말립, 만일 등 6명은 모두 어리석은 백성으로서 요사하고 괴이한 말에 유혹되어 악한 짓에 동참한 자들이었다. 여러 역도들을 참형에 처하고 식솔과 재산의 처분은 형률에 의거해서 처리하였다.[65]

본 사건의 타이틀이 되기도 하고 얼굴마담 역을 한 여환이 미륵의 표상과 체험을 대표하는 인물이지만, 그의 처 원향(元香)은 사건에서 없어서는 안 될 주요 인물이었다. 당시 19세인 원향은 군관(軍官) 홍봉기(洪奉起)와 양녀인 후예(厚礼) 사이에서 태어나 황해도 은율에서 나고 자랐다. 고향인 은율에서는 성인무당으로 통하며 치병의 능력을 인정받는 무당이었지만, 여환과 결혼하면서 역모사건의 중심적인 인물로 자리매김하고 1688년 7월 15일 상경입성할 때 용녀부인으로 추대되기에 이른다.

석가시대가 가고 미륵의 시대가 도래한다는 미륵설은 여환사건에서

---

65) 『肅宗實錄』 권19, 숙종 14년 8월 신축.

변혁의 당위성과 임박성을 제공해주는 담론의 한 축을 이루긴 했지만, 역모의 실제적인 믿음과 힘은 용녀부인이 제공해줄 대우(大雨)에 의해 서울이 쓸려나가면 무혈입성할 수 있다는 담론이었고, 이것이야말로 사건을 추동하는 불가결한 축이었다. 여환의 무리들에게 구름과 비를 조정할 수 있는 사해용왕의 딸, 즉 용녀부인은 세상을 바꾸는 데에 있어 필수불가결한 존재였음에 틀림없었다. 석가시대에서 미륵시대로의 전환은 물, 즉 홍수에 의한 변혁으로 뒷받침될 수 있었던 것이다. 결국, 미륵신앙은 용신앙과 만나면서 실현될 수 있었고, 여환의 미륵 경험은 용녀부인으로 불리는 원향과 접목되면서 역모사건으로 발전할 수 있었던 것이다.

원향은 『대명률』「모반대역조」에 의거 능지처사를 당하며 19세의 짧은 일기를 마무리했지만, 변혁의 명분과 힘을 공고하게 자리 잡도록 만드는 데 크게 기여한 인물이었다. 미륵에 의해 암시된 변혁은 용녀부인의 대우경탕설로 구체화되었고, 원향은 단순히 치병의례의 전문가를 뛰어넘어 대우(大雨)를 조정하는 불가사의한 힘을 지닌 용녀부인으로 거듭난 것이다. 아래 사건의 연루자 이원명의 진술에서 그 단초를 확인할 수 있다.

용녀부인에 관한 말을 제가 특별히 들어 아는 것은 없습니다만 사람들이 말하기를, "원향은 사해용왕(四海龍王)의 딸인데 능히 구름을 일으키고 비를 내리게 하여 신변불측하다."고 했습니다. 황회를 비롯하여 모두가 이 사람(용녀부인)과 함께 일을 벌이면 무엇이든 이루지 못할 일이 없다고 생각했기에 저도 그와 함께 일하게 되었습니다.[66]

---

66) 『逆賊呂還等推案』(8월 6일). "龍女夫人之說, 矣身殊未問知, 而人言元香乃是四海龍

용을 조정해 기우하거나(祈雨祭龍) 홍수를 유발하는 의례들이 빈번하게 거행될 정도로 용과 비는 각별한 친연성을 갖는다.[67] 원향은 구름을 일으키고 비를 만드는 능력을 지닌 용녀부인으로 간주되었고, 대우를 불러오는 강우의 조정자로 주목받게 된 것이다. 용녀부인이 아니면 대우경탕(大雨傾蕩)은 불가능하며, 대우경탕 없이는 상경입성도 무의미하였다는 점에서 용녀부인은 여환사건의 의미론적인 주인공이라 할 수 있는 것이다. 여환사건은 물리적 폭력을 보장하는 군병과 무기를 확보한 군사적 반란이 아니라, 대우경탕설을 중심으로 한 종교적 담론이 반란의 핵심적인 역할을 하였고, 무녀 원향은 나이 어린 여자의 몸이었지만 완력을 휘두르는 무장한 남성보다 훨씬 강력하고 지속적인 담론을 생산해내는 사건의 주인공이었다고 할 수 있다.

앞의 해주무당이 역모자를 종교적인 힘과 영적 권위의 자원으로 활용한 역모의 추앙자였다면, 원향은 역모의 여주인공으로서 직접 반역에 가담하면서, 반역의 실천자들에게 믿음과 명분을 제공하고 강화시키는 담론의 생산자였다고 할 수 있다.

3) 정씨생불을 대망하며 반역을 주동한 무녀, 애진

처경을 제사한 해주무당의 사건이 있은 지 4년, 그리고 용녀부인 사건이 있고 3년이 지난 1691년, 황해도 재령의 무당 애진(愛珍)과 그의 남편 조이달(曺以達)을 중심으로 해주의 차충걸(車忠傑)과 그 밖의 추

王之女, 能興雲作雨, 神變不測是如. 黃繪等皆以爲與此人同事, 則何事不成之故, 矣身段置與之共事是白如乎."

67) 이에 대해서는 최종성, 「용부림과 용부림꾼: 용과 기우제」, 『민속학연구』6, 국립민속박물관, 1999. 참조.

종자들(신정희, 신정업, 한만주, 김성건 등)이 한양이 곧 망할 것이라며 정씨생불을 찾아 천기공부(天機工夫)라 일컫는 천제를 지내다 서울로 나래되어 추국을 받는 사건이 발생했다. 숙종 17년(1691), 무녀 애진이 주동한, 이른바 차충걸사건에 대해 당시 실록은 아래와 같이 서술하고 있다.

해서(海西)의 죄인 차충걸과 조이달을 나래하여 국문한 끝에 범죄의 정황을 알아냈다. 그들은 요언으로 임금을 범하였기에 참수되었다. 해주에 사는 차충걸과 재령에 거주하는 조이달은 양민(良民)으로서 무격을 업으로 삼았다. 조이달의 처 애진은 더욱 요탄하였다. 스스로 천기공부(天機工夫)가 있다고 일컫고 범자도 언문도 아닌 글자를 썼는데, 이해할 수가 없었다. 그리고 그녀는 한양이 장차 다할 것이며 전읍(奠邑)이 마땅히 흥할 것이라고 함부로 말하고는, 항상 전물(奠物)을 준비하여 산간에 들어가 제천(祭天)하였다. 또한 수양산 상봉에 있는 의상암(義相菴)에 정필석(鄭弼碩)이라는 이름의 생불이 있는데, 그가 바로 죽은 통제사 정익(鄭梲)의 부인이 낳은 아이로서, 7세에 이르러 행방을 알 수 없다고들 하는 바로 그 아들일 것이라고 암시하였다. 이에 차충걸이 그 말에 의지하여 정익의 손자인 정태창(鄭泰昌)에게 가서 물었고, 정태창이 놀라 관가에 신고함으로써 도신(道臣)이 보고하게 된 것이다. 드디어 국청(鞫廳)을 설치하고 모두 승복을 얻어내 처형하였다. 애진은 뒤쫓아 체포하여 국문하고 참하였다. 신정희(申廷希), 신정업(申廷業), 한만주(韓萬周) 등도 동참한 정황이 있었으나 끝내 부인하며 승복하지 않았다. 임금이 이들은 요사한 말로 뭇사람을 유혹한 난민(亂民)에 불과하니 이미 원악(元惡)이 처형된 마당에 나머지 부류들을 끝까지 심문할 필요가 있겠느냐며 살릴 방도를 의논하게 하니, 모두 사형에서 감면하여 유배형을 받게 되었다. 소위 정필석이라는 자는 수색하여 체포하려 하였으나 끝내 잡지 못하였으니, 실제로 그런 사람은 없었다고 한다.[68]

위 사건은 차충걸이 관에 고변됨으로써 비로소 사건의 실체가 드러
났기에 차충걸사건으로 명명되지만,[69] 실은 참여자들의 담론과 실천
을 주도하며 반역을 이끈 주인공은 다름 아닌, 무녀 애진이었다. 위 실
록의 기록에는 해주의 차충걸과 재령의 조이달이 양인으로서 무격노
릇을 했다고 하지만, 추안자료에 따르면 본격적인 무업을 한 인물은 조
이달의 처 애진이었던 것으로 보인다.

애진은 한양장망설(漢陽將亡說)을 주요 내용으로 하는 전읍지참(奠
邑之讖)을 주변의 신정희, 신정업, 한만주 등에게 제공하였다. 서울을
부정하고 새로운 땅을 강조하는 도참설은 공간적 변혁론의 대표적인
표상이었다고 할 수 있다. 문제는 그러한 공간적 변혁론의 중심지가 새
로운 미래의 주역이라 할 수 있는 정씨의 땅(奠邑＝鄭)으로 인식되었다
는 점이다. 결국, 공간에 대한 부정은 공간의 주체마저 부정하는 격이어
서, 서울의 부정은 곧 왕조의 부정을 의미했다. 새로운 땅, 전읍의 긍정
은 자연스럽게 전읍의 주체인 정씨를 대망하도록 유도하였던 것이다.

애진은 한양장망설과 전읍지참설로 대변되는 변혁의 담론을 천기공

---

68) 『肅宗實錄』 권23, 숙종 17년 11월 을해. "海西罪人, 車忠傑曹以達, 拿鞫得情. 以妖
言犯上斬. 忠傑居海州, 以達居載寧, 俱以良民, 業巫覡. 以達妻愛珍, 尤妖誕. 自稱有
天機工夫, 作書非梵非諺, 不可解. 倡言漢陽將盡, 奠邑當興, 常備奠物, 入山間祭天.
又稱首陽山上峰義相菴, 有生佛, 名鄭弼錫. 故統制使鄭楷之妻, 生子七歲, 不知去處,
得非此兒乎. 忠傑以其言, 往問于楷之孫泰昌. 泰昌驚駭, 卽詣官告. 道臣以聞, 遂設鞫,
皆就服正法. 愛珍追後捕來, 鞫斬之. 申廷希廷業韓萬周等, 亦有同參情節, 而抵賴不
服. 上謂此不過妖言惑衆之亂民, 元惡旣伏誅, 餘不必窮訊, 傳之生議, 竝減死定配. 所
謂鄭弼錫, 搜捕終不得, 實無其人云."

69) 서울대학교 규장각한국학연구원에 소장된 본 사건의 추안자료는 『車忠傑推案』
(규 15149 책104)으로 묶여져 있다. 아울러 본 추안자료의 국역본은 최종성 외, 『
국역 차충걸추안: 도참을 믿고 생불을 대망했던 민중들의 심문기록』, 민속원,
2010. 참조.

부 또는 산간제천이라 불리는 의례적 실천을 통해 구체화해 나갔다. 천
기공부는 우주론적 틀과 하늘의 뜻을 체현하는 비밀스런 실천으로서
실제적으로는 무당 애진이 주도한 산간의 천제의식과 통하였다.[70] 차
충걸을 처음으로 고변했던 정태창의 진술 속에서 무녀 애진이 주도한
천기공부와 산간제천이 일맥상통하는 실천체계였음을 엿볼 수 있다.

> 제가 또 천기에 대해 이야기를 듣고 싶다고 하니 그(차충걸)는 천기
> 라고 하는 것은 곧 정성스럽게 전물(奠物)을 준비하여 산간에서 제천
> 하는 등의 일이라고 대답했습니다.[71]

> 저는 놀라움과 두려움을 억누를 수 없어서 보다 상세히 알고자 하
> 여 다시 물었습니다. '천기라는 것은 무슨 일입니까?' 차가(차충걸)가
> '천기라 함은 전물을 정성껏 준비하여 산간에서 제천하는 일이라 하였
> 습니다.[72]

애진이 주도한 천기공부 곧 산간제천은 산중에 제물을 진설하여 치
르는 무속의 허공제사와 유사한 의례방식이었다고 할 수 있다. 흥미로
운 것은 이러한 산간제천의 의례적 목적이 바로 생불로 불리는 신화적
인물인 정필석을 위한 것이었다는 데에 있다. 이들 무리는 해주 북쪽의
수양산을 왕래하며 정씨생불을 대망하는 산간제천을 수행하면서 새로
운 주역이 다스리는 새로운 땅을 갈망했던 것이다. 무녀 애진은 조선후

---

70) 천기공부와 산간제천에 대한 관계에 대해서는 최종성, 「17세기 어느 무당의 공부」,
『종교와 문화』24, 서울대학교 종교문제연구소, 2013, 23-29쪽. 참조.

71) 『車忠傑推案』(1691년 11월 14일). "矣身又曰, 願聞天機之說. 答曰, 所謂天機, 乃是
精備奠物山間祭天等事也."

72) 『車忠傑推案』(1691년 11월 18일). "矣身不勝驚悚, 而仍欲詳探, 復問曰, 天機者何事
耶. 車哥曰, 天機乃精備奠物山間祭天之事."

기 변혁담론에서 주요한 두 요소라 할 수 있는, 생불신앙과 정감록신앙[73]을 결합해내고 이를 대망하는 의례적 실천을 주도했던 것이다.

신화적인 정씨생불론이 소강상태에 있다가 다시 활기를 띤 것은 해주의 차충걸이 집단에 가담하면서부터라 할 수 있다. 즉 차충걸은 자신의 지역에서 떠돌던 정아(鄭兒)의 설화, 즉 통제사를 지낸 바 있는 정익의 비범한 아들에 대한 담화를 무녀 애진에게 소개하였고, 무녀 애진은 자신들이 염원하는 신화적 인물인 정필석을 정통제사의 아들과 동일시하면서 정아의 탐색을 차충걸에게 명하기에 이른다. 그에 따라 차충걸이 송화의 정태창가를 탐문하다 결국 이들의 변혁적인 담론과 실천이 관에 고변되고 만 것이다. 무당 애진과 그의 남편 조이달, 그리고 차충걸은 '난폭한 말로 임금을 범한'(亂言犯於上) 죄목을 받고 그들이 그토록 부정했던 서울 땅에서 참형을 받고 생을 마감하였다.

정리하자면, 재령의 무당 애진은 실패한 역모자를 추모한 것도 아니고, 변혁의 담론으로 반역을 지지해주는 데에 그친 것도 아니다. 그녀는 한양장망설과 전읍지참을 통해 공간적 변혁담론을 제시하여 반왕조의 계기를 분명히 하고, 당시의 생불신앙과 정감록신앙을 결합하여 변혁의 주체를 강화하고, 천기공부와 산간제천을 통해 변혁의 담론을 의례화하는 실제적인 주도자였던 것이다.

위에서 거론했던 세 무당의 사례를 중심으로 반왕조, 반역의 무속을 도식화하면 <표 4>와 같이 정리될 수 있을 것이다.

---

73) 서명으로서의 『정감록』은 영조 15년(1739)에 이르러서야 조정에 공식적으로 알려지지만, 그 이전에도 이씨 왕조를 대신할 주체로서 정씨를 주목하는 담론은 폭넓게 유포되어 있었다고 판단된다. 특정한 서명에 제한되지 않고 정씨 진인을 대망하는 담론과 신앙을 염두에 두고 '정감록신앙'이라 명명한 것이다.

<표 4> 반왕조의 무속

반역의 유형	반역의 사례	행위자
반역자의 추앙	반역의 실패자 처경을 제사	해주무당
반역의 담론과 실천의 생산	대우경탕설을 통한 무혈입성	은율무당 원향(용녀부인)
반역의 주동	전읍지참과 정씨생불의 대망	재령무당 애진

저주의 혐의로 고발당한 무당들의 대부분이 죽음을 맞이했듯이, 위에서 거론한 반왕조의 대열에 동참하거나 반역을 주도한 무당들 역시 능지처사나 참형을 당하기 일쑤였다. 처경을 제사했던 해주무당은 의금부로 나래되지 않고 본도에서 처리되는 바람에 절도로 유배되는 선에서 사건이 일단락되었지만, 은율의 무녀 원향이나 재령의 무녀 애진은 모두 서울로 나래되어 고문이 가해지는 형문을 받다 결국 죽임을 당하는 운명을 맞이해야 했다. 이들 모두 황해도 해주, 은율, 재령을 근거지로 한 무당들이라는 점에서 공통되지만, 왜 하필 황해도의 무당들이 반왕조의 무속문화에 노출된 빈도가 높았는지에 대한 탐색은 보다 더 종합적이고도 다양한 접근이 축적되었을 때라야 가능할 것으로 보인다.

4장

왕실의 점복신앙

앞서 2장에서 왕실의 산천신앙 속에 자리잡은 양식, 주체, 제장 등을 고찰한 바 있으며, 이어 3장을 통해 왕실 무속의 문화, 특히 치병과 저주, 그리고 반역의 무속문화를 살펴보았다. 이 과정에서 무속이 국가왕실에 긍정적으로 봉사하고 기여한 것뿐만 아니라 반치료적, 반왕조적 이데올로기와 실천을 생성하고 유포하고 강화했던 장면들을 대조적으로 살필 수 있었다. 이는 그간 호국과 근왕의 밝은 민속만을 보려고 했던 연구자의 시선을 다각화하여 저주와 역모의 어두운 민속도 균형감 있게 바라보아야 한다는 중립성의 요구와도 맞물리는 작업이었다.

이제 왕실의 민속을 마무리하는 작업으로 왕실의 점복신앙에 대해 접근하고자 한다. 주지하다시피, 점복은 경험과학적 인과율에 의한 인식 및 해석보다는 초자연적인 신비와 믿음에 의존하는 해석체계에 가깝다고 할 수 있다. 이러한 독특한 해석체계는 특정 계층과 신분의 전유물이기보다는 인간이라면 누구나가 부분적으로라도 의존하는 인식-시스템이라는 점에서 왕실의 점복문화에 예외를 둘 수 없게 만든다. 또한 왕실이든 일반인이든 간에 초자연적인 해석체계는 인간의 구원론적 기대와 의례적 실천을 요청한다는 점에서 종교신앙과 결부될 수밖에 없다고 생각한다. 즉 점복은 인식-시스템이면서 실제로 상황을 전환시키는 극복-시스템과 연관될 수밖에 없는 것이다.

왕실의 점복신앙에 접근할 때, 우리는 몇 가지 사항을 고려할 필요가 있다. 먼저, 점복신앙이 언제, 어떤 맥락에서 요청되는지를 살피는 것이 중요할 것이다. 그것은 다른 일반 농민이나 귀족들의 점복과 왕실의 점복을 차별화할 수 있는 일차적인 지점이 될 것이다. 간혹 점복은 정치적인 전환기에 왕실의 권위를 강화시키기기도 하였지만, 그것을 훼손시키는 참언으로서 불온한 믿음체계로 간주되기도 하였다. 관상감을 중심으로 양재초복의 공적 양식이 제도화되는 과정에서도 다양한 형태의 비공인 점복문화가 왕실 가까이에서 여전히 유통되며 권위를 인정받고 있었음을 고려할 때, 이러한 다양한 점복의 개입이 타진되던 역사적 맥락을 읽어낼 수 있을 것이다.

두 번째로 왕실 점복신앙의 방식과 양상에 주목할 필요가 있다. 점복은 주어진 기호를 파악하고 그 기호의 의미를 판독하는 해석체계라는 점에서, 그 체계에 부응하는 독특한 방법과 양식이 뒤따르기 마련이다. 가령, 인격적인 신령의 조정이나 신의(神意)를 읽어내는 신점(possession divination)의 방식이 있을 수도 있고, 비인격적인 법칙이나 원리(易理, 相理, 地理)에 의존하는 지혜점(wisdom divination)의 방식이 주효할 수도 있을 것이다.

세 번째로 왕실 점복신앙의 주체로서의 전문가에 주목하는 것이다. 점복신앙의 양식에 따라 그것을 구사하는 전문가가 동원될 수밖에 없을 것이다. 우리는 왕실의 점복신앙에 동원된 신점전문가나 지혜점전문가의 면면을 발굴하고 그 인적 구성을 읽어낼 필요가 있을 것이다.

조선시대에 공식적인 국가의 점복은 천문학, 지리학, 명과학 등을 익혀 음양과(陰陽科)를 거친 이후, 관상감(觀象監: 세조 이전에는 서운관)에 소속된 일관(음양관)이 주도한 반면, 무당을 비롯한 신점전문가들도 왕실을 오가며 특유의 점복신앙을 강하게 유지하였음은 주지의 사실이다. 조선시대에는 무당의 점복에 못지않게 맹인의 점복과 독경(讀經) 의례가 국가왕실에 깊게 간여하기도 하였다.

본 연구는 이러한 사항을 고려하면서 1) 점복신앙의 원리와 구조, 2) 점복신앙의 전문가들, 3) 점후와 기양풍속 등을 기술하는 것으로 왕실의 민간신앙 전통을 매듭짓고자 한다.

1. 점복신앙의 원리와 구조

근대 이후 미신(superstition) 담론의 핵심 대상으로 지목받은 게 있다면, 그것은 다름 아닌 점복과 무속일 것이다. 그나마 무속이 민속학이나 종교학의 영역에서 자율적인 문화연구의 대상으로 자리잡아간 것에 비하면 점복은 여전히 비합리와 비윤리의 굴레에서 벗어나지 못한채 구태의 대상으로 여겨지고 있을 뿐이다. 대중을 미혹시킨다는 점에서 비윤리적이고 조리에 맞지 않은 어리석은 신앙이라는 점에서 비합리적이라는 것이다.

비난과 오해가 넘쳐나지만 점복은 그것 자체로 신성한 예지의 상징으로서 독특한 체계와 맥락을 담고 있다고 할 수 있다. 명예회복을 위해서가 아니라 어떤 사회와 문화를 적절하게 이해하는 학술적인 차원에서 점복은 도구상자로 활용할 만한 가치가 충분하다. 사라 존스톤(Sarah Johnston)이 고대의 점복연구서를 엮으면서 커다란 틀로 삼았던 '지적인 것'으로서의 점복과 '사회적인 것'으로서의 점복을 되새겨볼 필요가 있을 것이다.[1] 즉 점복은 세계관이라 할 만한 지식체계를 담고 있으면서도 지식의 문제로 한정되지 않고 그것이 생성·유통되는 과정에서 사회적인 맥락을 내포하게 되는 것이다. 왕실의 점복신앙을 다루면서 유념해야 할 것은 그것을 둘러싼 비난과 항변이 아니라 그 속에 내포된 지식체계이자 그것이 통용되는 사회적 맥락이라 할 수 있다.

---

1) Sarah Iles Johnston, "Introduction: Divining Divination", in *Mantikê: Studies in Ancient Divination*, eds. Sarah Iles Johnston & Peter T. Struck, Leiden: Brill, 2005, pp. 1-28.

1) 지식체계로서의 점복

점복이 비합리적인 것으로 치부되고 있더라도, 그것은 어디까지나 그것이 활용되는 시대와 사회의 인지적 해석체계를 담고 있음이 분명하다. 필연적이라고까지는 할 수 없어도 적어도 어떤 자연적인 사실이 문화적인 의미를 획득하는 과정에서 점복은 중요한 매개역할을 한다. 기호학에서 얘기하듯이 물리적인 기호(signifier)와 그 기호가 내포한 의미(signified) 사이에는 인과율적 상관성보다는 자의적인 관계가 있을 뿐이다. 물론 그러한 자의적인 관계는 대개 직관적인 경험에 의해 형성되었을 것이나 직관을 넘어선 복잡한 지식체계가 동반될 수도 있는 것이다. 우리가 거론하고 있는 점복은 기표와 기의 사이의 자의적인 관계를 형성해온 특수한 지식이라 할 수 있을 것이다. 특수한 지식이라 하는 것은 거기에 믿음과 신비가 동반되고 구원론적 기대와 의례적 실천이 곁들여지기 때문이다.

| 기표(signifier) | — | 점복(divination) | — | 기의(signified) |

위의 도식을 점복 내부의 용어로 전환하자면, 우선 기표는 외면적으로 드러나는 점상(占相)으로 대치될 것이고 기의는 그러한 점상을 해석한 점풀이, 즉 점의(占意)가 될 것이다. 점상이 암호화된 상징(encoded symbol)이라면 점의는 해독된 상징(decoded symbol)인 셈이다. 먼저, 점상은 자연에서 비롯된 현상(nature)일 수도 있고 인위적으로 가공된 문화(culture)일 수도 있다. 가령 별자리, 햇무리, 달무리, 나무의 모양, 동물의 동작이나 발굽의 형태, 주사위나 카드, 꿈, 사주(四柱), 수상(手相), 골상(骨相), 관상(觀相), 지상(地相) 등 온갖 사물과 현상이 점복의 기호

가 될 수 있는 것이다. 점의는 징조로서의 점상이 직관적인 경험에 의해 해석되거나 아니면 보다 초월적인 해석체계를 거쳐 풀이되고 적용된 내용이라 할 수 있다.

점상(encoded symbol) — 점복(divination) — 점의(decoded symbol)

사실로서의 점상이 의미로서의 점의로 터득되는 과정은 일종의 지식의 과정일 수 있다. 그러한 지식작용에서 점복은 중요한 매개역할을 한다. 물론 점상의 의미를 누구나가 직관적으로 터득하거나 상투적으로 도출한다면 점복의 매개역할은 느슨하고 유치할 수 있다. 특이한 자연현상을 보고 길흉을 판단하는 일반화된 점후(占候)의 경우가 여기에 해당될 것이다. 그러나 점상과 점의를 잇는 점복은 대부분 복잡하고도 비범한 지식체계를 구성함으로써 특별한 것으로 간주되었다. 물론 그것 때문에 억지스럽고도 비합리적인 것으로 비난받기 일쑤였다.

복잡하고도 비범한 지식체계로서의 점복은 신점(possession divination)과 지혜점(wisdom divination)으로 대분된다.[2] 관건은 점상에 암호화된 코드의 계통을 무엇으로 볼 것인가에 달려 있다고 해도 과언이 아니다. 신점은 점상을 신탁으로 이해하며 인격적인 신령의 의지나 메시지가 개입된 것으로 간주한다. 물론 그것을 헤아리기 위해서는 특별한 영적인 체험과 접근법이 필요하다. 경우에 따라서는 신의 메시지를 파악하고 확증하기 위해 점구(시초, 엽전, 방울, 쌀 등)가 동원될 수도 있다. 신

---

2) 신점과 지혜점에 대한 분류는 일반화된 사전적 지식으로 통용되고 있다. Mircea Eliade ed., *Encyclopedia of Religion Vol.4*, New York: Macmillan Publishing Company, 1987, "divination" 참조.

점을 통해 풀이된 점의는 곧 신의(神意)로서 권위를 가지게 된다.

지혜점은 점상을 신탁이기보다는 일종의 비인격적인 원리나 법칙이 암호화된 상징으로 받아들인다. 따라서 점상에 내재된 원리를 터득하고 법칙정립적인 해석을 통해 점의에 도달하는 것이 관건일 수밖에 없다. 가령 역의 원리(易理), 상의 원리(相理: 수상, 관상), 땅의 원리(地理), 수의 원리(數理), 천문의 원리(점성술) 등과 같은 복잡다단한 이론과 지식이 점상과 점의를 매개하는 것이다. 간혹 세간에서 점복을 일러 '철학'이니 '동양철학'이니 명명하는 것도 지혜점이 함축하고 있는 지식체계와 관련이 있다고 할 수 있다. 위의 '점상-점복-점의'의 체계에서 점복을 세분화하면 아래와 같이 도식화할 수 있을 것이다.

	신점(possession divination)	
점상(encoded symbol) —	지혜점(wisdom divination)	— 점의(decoded symbol)

신점과 지혜점으로 대변되는 점복은 인간사를 이해하고 해석하는 지식체계로 자리잡아 왔다. 그러한 지식은 특정한 징후가 초래할 결과를 예측하는 데에 활용되기도 하였고, 반대로 주어진 결과를 낳게 한 원인을 소급하는 데에도 동원되었다. 전자를 전망형 지식이라 한다면 후자는 회고형 지식이라 할 수 있다. 천문, 기상, 일진 등을 다가올 미래의 전조라 판단하고 점성술이나 역법을 통해 결과를 예단하는 것이 전망형 지식의 예라면, 주어진 질병을 초래한 병인(etiology)을 진단해내는 것은 회고형 지식의 경우라 할 수 있다. 점복은 현대는 물론 전근대에 있어서 불합리하고 불완전한 지식으로 비판받으면서도 삶과 세계에 대한 의구심과 불행을 해명해주는 해석체계로서 유지되어 왔다. 우리는 왕실의 점복신앙을 접하면서 통속적인 인과율이 아닌 독특한 민

음과 신비에 의존하는 지식을 만날 수 있을 것이다. 그것은 위기를 진단하는 밑천이면서도 극복을 위한 의례를 이끌어내는 광범위하고도 오묘한 지식이었다.

2) 점복의 정치학

앞서 언급한 대로, 점복은 단순한 것으로부터 복잡다단한 것에 이르기까지 다양한 형태로 구성되어 있는 하나의 지식체계이다. 그러나 지식은 지식 자체로 머무르지 않는다. 그것이 진공 속에 갇혀 있는 것이 아닌 한, 늘 정치적이고도 사회적인 맥락과 결부될 수밖에 없다. 아는 것이 힘이라는 말처럼 지식은 권력이 된다. 지식은 권위의 자원이며 그것의 조정과 배분에는 힘이 개입되기 마련이다. 당연히 점복도 이러한 사회적 역학에서 예외의 대상일 수 없다. 암호화된 점상을 누가 확보하는가, 숨겨진 점의를 누가 판독하는가, 그러한 점상과 점의에 매개된 지식을 누가 관리하는가, 그리고 누가 그 점복의 실질적인 효과를 보는가에 따라 점복의 정치학이 구성되는 것이다.

점복의 정치학을 구성하는 데에 있어 일차적으로 전제되어야 할 것은 점복의 지식이다. 그러한 지식이 사회적으로 생산되고 유통되고 소비되는 맥락을 이해하기 위해서는 점복(占卜), 점자(占者), 점객(占客) 등이 함께 고려되어야 할 것이다. 점상과 점의 사이를 매개한 지식으로서의 점복이 다시 점객과 매개되기 위해서는 점자의 사회적인 매개와 소통이 불가피하다고 할 수 있다. 우리가 지식으로서의 점복을 이해할 때, '점상-점복-점의'의 흐름을 염두에 두었듯이, 점복의 사회적 맥락을 고려할 때에는 '점복-점자-점객'의 구도를 고려하지 않으면 안

될 것이다.

점복(divination) － 점자(diviner) － 점객(customer)

점자는 점복을 다루는 전문가(expert in divination)로서 점복의 지식을 터득한 점복의 권위자라 할 수 있다. 사실 점자는 점상을 파악하고 점의를 판단한다는 점에서 점상과 점의를 매개하는 주체이기도 하다. 지식의 측면에서는 '점상－점복－점의'이지만, 주체의 측면에서 보면 '점상－점자－점의'의 구도도 가능하다. 그만큼 점복과 점자는 불가분의 관계에 있는 것이다. 점복의 지식을 구비한 전문가가 점자이고 점자가 구비한 전문지식이 점복이기 때문이다.

앞서, 점복을 신점과 지혜점으로 나누었듯이, 그에 따라 점자도 신점자(spiritual diviner)와 지혜점자(wisdom diviner)로 구분할 수 있을 것이다. 신점자는 무당이나 영매와 같이 빙의나 영적인 교류를 통해 점복의 지식을 획득하는 전문가라 할 수 있다. 점복의 학습도 중요하지만 무엇보다 자신의 영적 자질과 권위를 보여줄 수 있는 비범한 체험이야말로 신점자의 존립 근거라 할 수 있다. 신점자는 주어진 점상에서 신의를 헤아리기도 하고 신의를 헤아리기 위해 새로이 점상을 유도하기도 한다. 점상을 유도할 경우에는 주로 쌀이나 엽전 등의 점구가 동원되기도 한다.

한편 지혜점자는 역리(易理), 상리(相理), 지리(地理) 등에 대한 전문적인 학습을 통해 점복의 원리를 터득하고 이를 길흉판단에 응용할 줄 아는 점복전문가라 할 수 있다. 지혜점자는 신점자와는 달리, 일정한 교육과 선발제도를 통해 관청에 소속된 관리로서 전문직을 유지할 수도 있었다. 그중 역리점복자는 사주나 음양오행, 주역의 괘와 효, 역법 (calendar)과 상수학 등을 동원해 인간의 운명과 사회의 운수를 판단하는 전문가였으며, 간혹 맹인 점복자들도 이 부류에 속하였다. 상리점복자는 특정 신체의 선과 모양, 크기나 색채 등의 특징을 통해 개인의 자질과 운명을 결정하는 전문가였다. 한편 지리점복자는 풍수지리의 지식을 익혀 가택, 묘지, 국도(國都) 등의 입지와 방향을 결정하던 전문가였다.

점객은 점복의 지식을 통해 직접적인 효과를 기대하는 주체이자 점자의 점복을 유도한 의뢰자이기도 하다. 점복의 지식을 만들어내는 주체는 점자이지만 그것의 효과를 소비하는 주체는 점자가 아닌 점객이다. 점객은 개인일 수도 있고 기관일 수도 있고 국가일 수도 있다. 이에 따라 개인점복, 집단점복, 국가점복 등의 구분도 가능할 것이다. 우리가 주목하고자 하는 왕실의 점복신앙은 바로 왕실이 점객이 된 점복의 상황을 말하는 것이다.

2. 점복신앙의 전문가들

1) 일관

일관(日官) 혹은 일자(日者)의 점복행위에 대해서는 삼국시대의 자료부터 확인되고 있다.[3] 일관이나 일자는 주로 천문기상 문제를 다루는 관리로서 천체 및 자연기후의 이상 현상이나 자연의 괴이한 변화들의 의미를 해석하는 데에 전문적인 식견을 제시하였다. 가령, 고구려 차대왕 4년 5월에 다섯별이 동쪽에 모여드는 현상에 대해 일자는 임금의 덕이자 나라의 복이라고 진단하였다.[4] 다분히 천문현상을 정치적으로 맥락화한 점복가의 발언이라 할 수 있다. 백제의 경우, 온조왕 25년 2월에 왕궁의 우물이 넘치고 말이 몸뚱이가 둘인 소를 낳은 괴현상을 두고, 일자는 우물의 범람은 국왕의 발흥의 징조로, 몸이 둘인 소는 타국을 병합하는 의미로 각각 해석한다.[5] 한편 온조왕 43년 9월에 기러기가 왕궁에 모여들자 일자는 외방의 백성들이 투항해 올 징조라고 단언한다.[6]

신라 아달라왕 4년에 일월이 빛을 잃자 일자는 일월의 정수(연오랑 세오녀)가 도왜하였기에 일어난 괴변이라고 판단하였다.[7] 『삼국유사』 사금갑(射琴匣) 조에 따르면, 신라 비처왕 대에 일관은 어느 노옹으로부터 받은 편지 겉봉의 메시지를 해석하여 자칫 왕에게 닥칠 수 있는 불운을 걷어내고 은밀하게 통정하는 분수승과 궁주를 처단하도록 조

---

3) 고대 일관 및 일자에 관한 자료분석과 해설에 대해서는 신종원, 『신라초기불교사연구』, 민족사, 2001(초판 1992), 25-61쪽. 참조.
4) 『三國史記』 권15, 고구려본기3, 차대왕 4년.
5) 『三國史記』 권23, 백제본기1, 온조왕 25년.
6) 『三國史記』 권23, 백제본기1, 온조왕 43년.
7) 『三國遺事』 권1, 기이2, 연오랑세오녀.

처한 바 있다.[8) 효소왕 2년 6월에 동방에 혜성이 나타나자 일관은 그것이 만파식적에 봉작하지 않아 일어난 괴변이라 판단하기도 하였다.[9) 이 밖에 경덕왕 19년에 두 태양이 떠올라 열흘간 지속되었을 때[10)나 헌강왕이 개운포에 나들이 가서 자욱한 구름과 안개로 길을 잃었을 때[11) 일관은 점복전문가로서 괴이한 사태의 해결을 위한 대처법이나 원인의 진단을 제시하는 데에 있어 커다란 비중을 차지하였다.

고려시대에는 점복행정을 담당하는 관청과 관직이 제도화되었다. 특히 고려 광종 9년(958)에 실시된 과거제도가 중요한 계기가 되었다고 할 수 있다. 당시 과거제도는 유교적 소양을 갖춘 인재를 선발하는 시험(製述業, 明經業)에 비중이 있기는 했지만, 우리가 눈여겨 볼 대목은 중하위 기술관리를 선발하던 잡업(雜業)이라 할 수 있다. 과거제의 실행을 계기로 잡업의 한 분야로서 점복전문가의 시험과 선발제도가 본격적으로 자리잡게 된 것이다. 적어도 점상과 점의를 매개하는 복잡다단한 점복의 지식체계를 학습하고 이를 체계적으로 전수하는 전문가의 제도적인 공급이 뒷받침된 것이라 할 수 있다. 당시 일관(日官)이라 불린 점복전문가들은 복학(卜學)과 지리학(地理學)을 익히고 국가의 점복기관(司天監/太史局, 후에 書雲觀으로 통합)에 소속되어 국가적인 점복을 담당하였다. 그들은 제사의 길일을 택하거나 땅을 살피고(相地) 길지를 고르거나(卜地) 천체의 변화를 관찰하여 대비책을 제시하는 일에 종사하였다.

---

8)『三國遺事』권1, 기이2, 사금갑.
9)『三國遺事』권3, 탑상4, 백율사.
10)『三國遺事』권3, 탑상4, 오대산문수사석탑기.
11)『三國遺事』권1, 기이2, 처용랑 망해사.

조선시대에도 공식적인 국가의 점복은 과거제도로써 뒷받침되었고, 잡과에 속하는 음양과(陰陽科)를 거친 음양관(일관)이 점자로서의 권위를 이어나갔다. 음양과는 주로 천문학(天文學), 지리학(地理學), 명과학(命課學) 등 3분야로 나뉘어 치러졌다. 음양과 소속 관청이라 할 수 있는 관상감(觀象監: 세조 이전에는 서운관)에서 치러지는 1차시험(初試)에는 18명(천문10, 지리4, 명과4)이 선발되었고, 이어 예조에서 치러지는 2차시험(覆試)에는 1차 통과자 18명 중 9명(천문5, 지리2, 명과2)이 최종 선발되었다.12) 조선후기 『대전회통』에 이르면 운명과 길흉을 판단하는 명과학의 비중이 커지면서 1차 선발인원이 4명에서 8명으로, 2차 최종선발인원이 2명에서 4명으로 각각 배가되었다. 결국 음양과 최종 합격자의 수는 조선전기의 9명에서 11명으로 증가하였다.

〈표 1〉 조선시대 음양과 선발인원

구분	초시		복시	
	경국대전	대전회통	경국대전	대전회통
천문학	10	10	5	5
지리학	4	4	2	2
명과학	4	8	2	4
계	18	22	9	11

조선시대 음양과의 시험과목 및 시험방식에 있어서는 다소 변화가 있었다. 조선전기 경국대전을 근거로 하자면, 천문학은 중국 천문서인 보천가를 암송하고, 경국대전을 강독하며, 칠정산내외편과 교식추보가령을 추산하는 것을 평가하였다. 지리학은 청오경, 금낭경 등을 암송하며 강독하고, 호순신, 명산론, 지리문정, 감룡, 착맥부, 의룡, 동림조

---

12) 『經國大典』 권3, 禮典, 諸科.

담 등의 풍수지리서들과 경국대전을 보면서 강독하였다. 한편 명과학
은 원천강을 안 보고 강독하며, 서자평, 응천가, 범위수, 극택통서 등의
점복서와 경국대전을 보면서 강독하는 것이었다.

〈표 2〉 조선전기 음양과 시험과목 및 시험방식

구분	초시/복시
천문학	步天歌(暗誦), 經國大典(臨文), 七政算內外篇(算), 交食推步假令(算)
지리학	青鳥(背講), 錦囊(背講), 胡舜申(臨文), 名山論(臨文), 地理門庭(臨文), 撼龍(臨文), 捉脉賦(臨文), 疑龍(臨文), 洞林照膽(臨文), 經國大典(臨文)
명과학	袁天綱(背講), 徐子平(臨文), 應天歌(臨文), 範圍數(臨文), 尅擇通書(臨文), 經國大典(臨文)

천문역법(천문학), 풍수지리(지리학), 점복서(명과학) 등과 관련된 전
문서적을 암송하거나 강독하거나 추산하는 방식을 통해 최종 선발된
합격자는 관상감에 소속되었다. 관상감의 주요 업무는 천문(天文), 지
리(地理), 역수(曆數), 점산(占算) 등뿐만 아니라 측후(測候)나 각루(刻
漏)와 같이 일기를 관찰하거나 시간을 측정하는 사무와도 관련되었다.
대개 수석합격자는 종8품, 차석자는 정9품, 3위자는 종9품에 각각 임명
되었다.13) 그런데 관상감 소속원으로 눈여겨볼 만한 것은 명과맹(命課
盲)이다. 말 그대로 길흉화복이나 운명을 점치는 맹인 관직자가 관상감
에 소속되어 있었음을 의미한다. 관상감에 소속된 관리는 천문기후의
현상을 관찰하고 기이한 사건을 보고하거나, 역법을 통해 길일과 길방
을 택하거나, 점서에 근거해 길흉을 판단하거나, 시간을 측정하여 알려
주거나, 복지 및 상지의 역할 등을 담당하면서 국가의 점복행정을 실질

---

13) 『經國大典』 권1, 吏典, 諸科.

적으로 이끌어갔다고 할 수 있다.

점복이 전적인 신뢰를 얻은 것은 아니었지만 국가 및 왕실의 운영상 점복에 대한 의존도는 상당히 높았다고 할 수 있다. 그런 만큼 복잡하고 전문적인 점복지식을 충실하게 익힌 전문가를 발굴하고 양성하는 것이 점복행정의 관건이었다. 조선전기부터 천문, 역수, 점산 등에 모두 정통한 자는 현관(顯官)에 임용시켜 근무하도록 하였으며, 관상감의 직무에 정통한 자에게는 사습관(肆習官)이라는 관직을 부여하기도 하였다.14) 사실 역과(譯科), 의과(醫科), 음양과(陰陽科), 율과(律科) 등으로 구성된 잡과 중에서 인원수로 보나 비중으로 보나 가장 주목받은 것은 역과였다. 그러나 조선후기에 이르면 잡과의 선임역할이 역과에서 음양과로 바뀐다. 실제로 정조 대에 마련된 『대전통편』 예전(제과)에 "잡과의 차례는 이제부터 음양과를 수위(首位)로 삼는다"15)고 규정되기에 이른다.

음양과에 대한 위상을 제고시킨다 하더라도 관상감의 관원이 천문, 역법, 점산, 지리 등을 관통하는 복잡다단한 점복지식을 익혀 통달하기란 쉬운 일이 아니었다. 국왕 정조가 당시 관상감의 전문성에 의구심을 갖고 염려했던 대목을 참조할 만하다.

> 임금께서 전교하셨다.
> "최근 명과학이 제구실을 못한 채, 전혀 감각이 없는 자를 구차하게 충원하고 있으니 어찌 말이 되겠는가? 육갑과 오행성쇠의 방법의 경우에야 방서(方書)가 워낙 많고 습득해야 할 영역도 방대하므로 이들

---

14) 『經國大典』 권1, 吏典, 京官職, 正三品衙門.
15) 『大典通編』 권3, 禮典, 諸科. "雜科次第, 今以陰陽科爲首."

부류에게 그것을 요구하는 것은 무리이지만, 생기복덕(生氣福德)과 일기의 맑고 흐림이야 풍우부(風雨賦)를 한번 훑어보기만 하더라도 그 누가 모르겠는가? 그런데 이번 종묘 신실(神室)의 개수일을 택일하는 데 있어서는 신중히 살피지 않아 일에 그르침이 있었다. 서운관(관상감)의 제거(提擧)만이 천문학을 거칠게 이해하고 있을 뿐이다. 관리 중에 술업에 정밀하고 밝은 자는 그간의 공로를 헤아려 교수로 승진시키고, 생도 중에 재주가 있어 가르칠 만한 자는 시험공부를 독려하여 성취하게 하고, 독려해도 성취하지 못하는 자는 모두 도태시키라. 시험공부를 권장해 성취시키는 법은 몇 년을 기한으로 행하되 시정해야 할 사항은 절목을 만들어 차후 경연에서 아뢴 뒤 조처하게 하라."[16]

정조 15년(1791) 당시 종묘의 신실 개수를 위한 고유제(告由祭)에 금루관(禁漏官)이 대기하지 않고 택일상의 문제로 의례가 매끄럽게 진행되지 못한 일을 두고 국왕이 음양학과 관상감의 운영 전반에 대해 질타하며 개선을 요구하는 장면이라 할 수 있다. 먼저, 봉직하고 있는 음양관원들의 학문 수준이 미덥지 못한 점을 들고 있다. 복잡다단한 역법과 오행체계는 차치하더라도 기본적인 생기복덕과 일기 및 풍우에 관한 지식을 갖추지 못한 관원의 실태가 거론된 것이다. 둘째, 음양학에 대한 이해도가 결국 의례일을 택일하는 데에까지 미쳐 국가차원의 의례를 그르치고 있다는 비판이다. 셋째, 음양학과 음양관의 현실태를 극복하는 차원에서 해당 학문을 권장하고 시험제도를 통해 뛰어난 인재를 흡수할 수 있는 개선안을 촉구하고 있다.

6년 뒤인 정조 21년(1797)에 이르러 관상감 제조인 이시수(李時秀)가 음양과에 관한 두 가지 개선책을 제안하여 수용되었다.[17] 먼저, 명과학

---

16) 『正祖實錄』 권33, 정조 15년 7월 신축.
17) 『正祖實錄』 권47, 정조 21년 11월 정축.

의 초시합격자수를 4명에서 8명으로, 복시의 경우에는 2명에서 4명으로 각각 배가하도록 조처한 것이었다. 이는 전국적인 규모의 국가고시에서 모집단위가 너무 작아 폭넓게 선발하지 못할 뿐만 아니라 응시자의 수준이 기대에 미치지 못하고 있다는 점을 들어 설득시킨 것이다. 음양과의 지리학의 경우에도 상황은 같았지만 오로지 명과학의 입격자수를 늘린 것은 눈여겨볼 대목이다. 이러한 제도적 변화는 결과적으로 고종 대에 편찬된『대전회통』에 반영되었다. 두 번째로 명과학의 고시과목이었던 서자평(徐子平)과 범위수(範圍數)가 운명을 판단하는 방서이긴 하나 길일을 택하는 사항과는 무관하다는 점을 들어 본래 있던 원천강(袁天綱)에다 새롭게 협길통의(協吉通義)를 시강하도록 조처했다는 것이다. 결국 명과학 합격자를 늘리는 것과 더불어 명과학에 택일의 비중을 높이려는 변화는 조선후기에 국가의례가 완비되고 의례경건주의가 강화되면서 동반될 수밖에 없었던 조처라고 짐작된다.

음양학 공부와 시험을 거쳐 관상감에 소속된 음양관들의 면면을 전면적으로 이해하기란 쉽지 않다. 다만, 이남희가 잡과방목을 토대로 조선시대 잡과입격자들의 전력, 진로, 가계 등을 밝히면서 음양관의 실체도 조명하고 있어 좋은 참조가 되고 있을 뿐이다.[18] 조선이 개국한 이래 일관 11인이 원종 공신으로 포상을 받게 되었다. 검교밀직 부사(檢校密直副使) 유방택(柳方澤)과 노을준(盧乙俊) 등은 일관으로서 태조의 왕위를 견인했다는 평가가 있었기 때문이었다.[19] 특히 한양천도를 앞두고 일관은 송도의 지기가 오래되어 쇠해가는 반면, 삼각산 남쪽의 지세가 좋고 술법에 맞아 도읍을 정할 만하다고 한양 복지론(卜地論)을

---

18) 이남희,『조선후기 잡과중인 연구』, 이회문화사, 1999. 참조.
19)『太祖실록』권4, 태조 2년 7월 임신.

천명하였다.[20]

조선 개국 이래로 일관의 점복 영역은 확고부동했고, 수많은 점복전문가로서의 일관이 거론되었다. 그중에서도 광해군 대의 명과학 정사륜(鄭思倫, ?~1621)과 지리학 이의신(李懿信)의 사례는 도드라진다. 먼저, 정사륜이 언제 어디서 태어났는지는 알 수 없지만, 광해군 재임기간에 점복에 관한 한 임금의 신망을 두텁게 얻은 명과학 출신의 관상감 관원이었음은 분명하다. 광해군 13년(1621) 3월 3일에 세상을 풍미하던 일자(日者)인 정사륜이 세상을 떠났다. 당시 실록은 그가 죽자 묘지를 조성할 용역자[造墓軍] 50명을 보내 15일간 부역하게 했다고 기록하면서 다음과 같이 논평하였다.

사륜은 관상감 관원으로서 왕으로부터 총애를 얻었다. 대개 택일을 할 경우에는 먼저 사륜에게 물어본 후에 예관이 받은 날을 아뢰게 하였다.[21]

정사륜은 택일의 전문가로서 관상감의 관리에 소속되어 있었고 일자(日者)로 불리었던 주목받는 점복전문가였다. 국가의 중대사, 가령 사은사(謝恩使)를 보낼 경우에, 택일은 당연히 정사륜의 몫이었다. 당시 예조에서는 사신의 길흉을 판단하는 것은 국가의 일에 관계되므로 예부터 추택하지 않는 것이 원칙이라고 항변하였지만 사륜의 택일은 늘 주목거리였다. 그는 관상감의 택일관으로 통했고 거둥하기 좋은 날을 가릴 때에는 왕이 먼저 그를 불러 여부를 상의하고 나서 당기거나

---

20) 『太祖實錄』 권6, 태조 3년 12월 무진.
21) 『光海君日記』 권163, 광해군 13년 3월 을사. "思倫觀象監官, 得幸於王, 凡擇日, 必先問思倫然後, 令禮官擇啓."

미룰 정도였다고 한다.[22] 왕의 특별한 보살핌을 받은 정사륜은 택일뿐
만 아니라 왕의 지근거리에서 세세한 정무에 이르기까지 미리 성패여
부를 판단하였다.[23]

관상감에서 제안하는 길일 및 길방의 판단, 금기와 구기(拘忌) 등은
임금을 비롯한 왕실의 거처 혹은 거둥을 결정짓는 중요한 근거가 되었
다. 이 때문에 명과학 출신 정사륜은 왕의 신뢰를 온몸으로 받았지만
비판자들에게는 승려였다가 환속한 술사 이응두(李應斗)와 함께 비난
의 단골 대상일 수밖에 없었다. 광해군 3년(1611) 10월의 경연에서 이
원익(李元翼, 1547~1634)이 잡술과 참언을 경계해야 한다고 역설한
바 있는데, 그의 말에 사관의 평가가 덧붙여 있어 주목된다.

> 당시에 왕이 좌도에 깊게 빠져 있는 바람에 명과학 출신인 정사륜
> 과 환속한 승려 이응두 등이 모두 길흉과 운수를 점치는 일로 궁중 가
> 까이에서 왕을 모셨으며 임금의 총애와 대접이 두터웠다. 어떤 일을
> 앞두고는 늘 길흉과 구기의 설만을 듣고 법궁으로 이어하지 않은 것
> 도 이들의 말에 의지했기 때문이다. 귀신을 섬기고 복을 비는 일이라
> 면 안 해본 게 없을 정도였다. 장차 거처를 옮기는 거둥이 있을 즈음이
> 었는데 날마다 새로운 궁궐에서 음사가 행해지고 북과 장구 소리가
> 궐 밖에 들릴 정도였다. 이에 서울 사람들이 서로 말하기를, "죽어서
> 귀신이 되면 궁궐의 음식을 실컷 먹을 것이다"고 하였다.[24]

세간의 비평을 전하고 있는 사관의 논평에 따르면, 관상감 관원이었
던 정사륜은 명과학의 전공자였고, 택일과 금기에 관한 한 승려 출신의

---

22) 『光海君日記』 권147, 광해군 11년 12월 병인.
23) 『光海君日記』 권114, 광해군 9년 4월 정유.
24) 『光海君日記』 권46, 광해군 3년 10월 경진.

이응두와 더불어 궁중을 출입하면서 왕으로부터 무한한 신뢰를 얻었던 것으로 보인다.

광해군 가까이에서 정사륜과 공조하던 점복가로서 지리학 전문가 이의신이 주목된다. 지리학교수 출신답게 이의신은 왕도의 복지론(卜地論)으로 세간의 비판을 한몸에 받는 주인공으로 발돋움한다. 아마도 그의 교하천도론은 광해 4년(1612) 8월에 상달되었을 것으로 보이나 주변의 시선에는 좌도에 입각한 요언으로 취급받았을 것이라 짐작된다.25) 그해 9월 비판자들의 발언이 본격화되었으며, 이의신의 상소는 왕도의 기운이 쇠하였고 그것을 대신할 길지로서 교하(交河)를 주목해야 한다는 주장이었을 것이라 짐작된다.26) 11월에 이의신의 상소에 따른 후속조치로 왕은 예조로 하여금 논의하여 보고하게 한다. 예조판서의 회계(回啓) 내용은 이의신의 주장이 요망한 참위설이고 고려조의 요승 묘청의 경우와 견줄 만한 망국론일 뿐임을 천명하였다. 물론 광해군은 예조의 회계 내용을 일축하고 다시 의계(議啓)하도록 조처한다.27) 교하천도론을 염두에 두고 있던 광해군의 입장에서 이의신의 택지이론은 보호될 수밖에 없었다.

교하천도론과 맞물려 광해군은 법궁인 창덕궁으로의 이어도 지체하였다. 이는 궁궐의 이동보다는 왕기가 쇠한 도성으로부터 신도로의 천도를 주장한 지관(地官) 이의신의 논리가 주요했음을 의미한다. 광해 5년(1613) 신년에 즈음하여 예조에서는 다가오는 3월 12일에 창덕궁으로의 이어를 계청하였으나 법궁 이어의 길일을 다시 택해 올리라며 회

---

25) 『光海君日記』권56, 광해군 4년 8월 정묘.
26) 『光海君日記』권57, 광해군 4년 9월 을사.
27) 『光海君日記』권59, 광해군 4년 11월 을사.

피하는 데에 주력하였다.28) 그러나 거처하는 행궁에 변괴가 잇따르자 창덕궁으로의 이어가 단행되었다.

교하천도론과 법궁이어의 금기론은 조정대신과 유자들의 지탄의 대상이 되었고 그 주창자인 이의신과 정사륜은 탄핵의 위기에 몰렸으나 국왕에 의해 보호되었다. 사관들의 평가에 따르면, 왕이 이의신에게 천도에 관해 상소할 것을 부추겼고, 명과학 전문가인 정사륜에게 상소일을 택하게 했다는 것이다.29) 택지와 택일의 전문가이자 음양학 엘리트들이 공조한 국가왕실의 점복은 결코 평탄지 않았고 그리 길지 않았던 광해군의 치세를 떠받치는 근왕의 지식이었다.

2) 맹인 점복가, 판수

국가왕실의 점복전문가로서 맹인의 존재를 유념해볼 필요가 있다. 이규경(李圭景, 1788~1856)이 말한 대로, 마음으로 사물을 보고, 의사(意思)가 전일(專一)하여 정신이 흩어지지 않아서일까,30) 맹인의 점복은 국가왕실뿐만 아니라 대중들의 신앙을 이끌어냈다. 특히 조선시대에는 유자들 중에서도 과거급제의 여부를 맹인에게 묻기도 하고 치병의식을 의뢰하기도 할 정도였다. 맹인은 점복뿐만 아니라 독경전문가로서도 주목을 받기도 하였지만, 여기에서는 점복의 측면에 한정해서 언급하고자 한다.

종교전문가로서의 맹인의 존재가 확인되는 것은 고려 숙종 7년(1102)

---

28)『光海君日記』권52, 광해군 5년 1월 기미.
29)『光海君日記』권63, 광해군 5년 2월 신해.
30) 이규경,『五洲衍文長箋散稿』, 經史篇, 論史, 明通寺辨證說.

때의 기록이다. 당시 사문(四門) 진사(進士) 이제로가 과거를 응시하고
자 할 때, 어사대에서 그의 부친인 맹승(盲僧) 법종의 출신을 문제삼아
응시자격을 불허하려 하였으나 결국에는 응시할 수 있게 되었다는 내
용이 그것이다.[31] 점복과 관련한 맹인에 대해서는 고려 고종 45년
(1258) 김준(金俊)을 제거하려던 문황(文璜) 일파가 자신들이 벌이는 거
사의 길흉을 맹승 백량(伯良)에게 점치도록 했다는 기록에서 확인된
다.[32] 결국 맹승 백량은 김준에 의해 바다에 던져져 죽임을 당하고 그
의 집도 적몰을 당하는 것으로 일단락되었다. 충렬왕 3년(1277)에는 왕
종의 모친인 경창궁주(慶昌宮主)가 맹승 종동(終同)으로 하여금 제액의
방술과 초제를 설해 기도하게 하고 진설했던 제찬을 묻는 저주술(巫蠱)
을 은밀히 거행했다는 기록이 보인다.[33]

조선시대에 이르러 맹인 점복자는 공식적인 점복관청에 소속되어
있으면서 국가 및 왕실의 점복에 깊게 관여하였다. 앞 절에서 언급한
바 있듯이, 명과맹(命課盲)이라는 맹인 관직자가 관상감에 소속되어 있
으면서 길흉화복이나 운명을 점쳤던 것이다. 세종 27년(1445) 3월에 명
과학을 공부하는 맹인 중에 나이 젊고 영리한 자 10명을 뽑아 서운관에
소속시키고 4~5인의 훈도(訓導)를 두어 3일마다 한 차례씩 모여 학습
시키자는 의견이 수렴되었다.[34] 성현(成俔, 1439~1504)의 『용재총화』
에서도 조선의 명과류는 맹인이 도맡는다고 언급할 정도로 맹인의 점
복은 주목의 대상이었다.[35]

---

31) 『高麗史』 세가, 숙종 7년 3월 기묘.
32) 『高麗史』 권130, 열전43, 반역4, 김준.
33) 『高麗史』 권91, 열전4, 종실2, 순안공 종.
34) 『世宗實錄』 권107, 세종 27년 3월 무인. "戊寅, 議政府據禮曹呈啓, 課命盲, 擇年少
穎悟者十人, 屬書雲觀, 置訓導四五人, 三日一次聚會習業. 從之."

관상감에 소속되는 것 이외에도 맹인들은 도성 한가운데 위치한 명통시(明通寺)에 운집해 점복과 독경을 이어갔을 것이라 추정된다. 성현은 명통시는 맹인의 집회소로서 초하루와 보름에 맹인들이 모여 주기적으로 독경과 축수를 거행하였다고 기록한 바 있다.[36] 한편 이규경은 도성내 남쪽의 영희전 뒤쪽 건너편에 있는 맹청(盲廳)을 옛 명통시일 것이라 추정하면서 명통(明通)의 의미를 맹인 특유의 집중력과 정신통일에서 비롯된 것이라 주장하였다.[37] 마치 맹인이나 동자(童子)가 국행기우제에 동원된 것도 그들의 마음이 전일했던 탓에 있다고 간주한 것과 유사하다고 할 수 있다.[38]

태종 대에 검교호조전서를 지낸 유담(柳湛)은 맹인 점자로 유명하였다. 그는 본래 선명(善明)이라 불리는 맹승(盲僧)이었는데, 훈구지친(勳舊之親)이라는 이유로 검교직을 부여받은 것이 부당하다고 여긴 사간원의 상소에 따라 관직에서 삭탈되었다. 당시 서운관이 아닌 호조에 소속된 맹인 점자로서 관직에서 삭탈되긴 했으나 점을 잘 쳐서 이름이 날 정도였다.[39] 이외에 태종 대의 판수(判數)로서 조정에 이름이 오르내린 인물로는 한각운(韓覺云)과 정신오(鄭信悟)가 있었다. 이들은 성녕대군이 완두창에 걸려 위독할 때 길할 것이라는 판단을 내렸으나[40] 얼마 후 끝내 성녕대군이 세상을 떠나자 점업에 정밀하지 못하다는 이유로 치죄될 위기에 몰리기도 하였다.[41]

35) 성현,『慵齋叢話』권8.
36) 성현,『慵齋叢話』권5.
37) 이규경,『五洲衍文長箋散稿』, 經史篇, 論史, 明通寺辨證說.
38)『成宗實錄』권130, 성종 12년 6월 신미.
39)『太宗實錄』권9, 태종 5년 1월 무신.
40)『太宗實錄』권35, 태종 18년 1월 정축.

맹인 점자 지화(池和)는 태종 대부터 궁중에 출입하며 국가의 점복이나 혼인에 관여하지 않은 적이 없을 정도였다.[42] 어느 날 국왕 세종이 점치는 일로 사람을 보내었는데 술에 취하여 점치는 것을 거부하다 의금부의 문초를 받은 끝에 진도로 귀양 갔다가 다시 회령부로 유배되는 신세가 되었다.[43] 성현은 서울 광통교에 사는 나이든 판수 김을부(金乙富)를 소개하면서, 많은 사람들이 점을 치러 그에게 몰려들긴 했으나 결과가 늘 상반되어 세간으로부터 희롱의 대상이 되었다고 기록하였다.[44]

한편, 세종 31년(1449) 경상도 관찰사는 영천에 거하는 맹인 김고음룡(金古音龍)의 처리에 대해 품신하였다. 품신에 따르면, 고음룡은 자신에게 신이 내려 사람의 운명을 거뜬히 추산할 수 있으며, 대개 복화술의 형태로 사람의 화복을 전해준다고 하였다. 주로 역리에 의한 점을 치는 것으로 알려진 맹인들과는 달리 김고음룡은 무당의 빙의 형태로 운명의 길흉과 화복을 판단하였다는 점에서 특이한 사례라 할 수 있다. 자신에 실린 신이 을사년에 벼락 맞아 죽은 주씨라는 등의 요언으로 사람을 미혹시켰기에 중형을 내려야 한다는 것이 중론이었으나 허약자임을 고려해 변방에 정배하는 것으로 마무리하자는 황보인의 의견이 받아들여져 김고음룡과 그의 처자는 남해로 방치(放置)되었다.[45]

단종에서 세조로 교체되는 과정에서 맹인의 점복은 정파적 이해에 따라 근왕(勤王)이 되기도 하고 역모가 되기도 하였다. 세조가 왕위를 찬탈한 이후 단종의 복위설에 힘을 실어주었던 맹인 나가을(羅加乙) 혹

41) 『太宗實錄』 권35, 태종 18년 2월 임진.
42) 『世宗實錄』 권75, 세종 18년 10월 정묘.
43) 『世宗實錄』 권106, 세종 26년 12월 병진.
44) 성현, 『慵齋叢話』 권8.
45) 『世宗實錄』 권126, 세종 31년 11월 병오.

은 나가을두(羅加乙豆)는 그 중심에 있었다. 그는 단종 복위와 관련된 공초에서, 당시 대궐 북쪽에서 부엉이가 운 사연을 안락(安樂)의 징조로 보고 상왕(단종)이 머지않아 복위할 것이라 발언하였다.[46] 이 일로 인해 역당으로 몰려 능지처사를 당한 뒤, 335년이 지난 정조 15년(1791)에 맹인 지화와 더불어 장릉 배식단에 배향되기에 이르렀다.[47]

중종 대의 기록에 등장하는 맹인 박종선(朴從善)은 의뢰자들로부터 영맹(靈盲)이라는 칭송을 받기도 했지만, 동청례(童淸禮)와 신복의(辛服義) 등의 공초사건에 연루되어 조사받는 신세가 되었는데, 특히 사사로이 국왕의 성수(聖壽)의 장단(長短)과 액삭(厄朔)을 판단한 불온한 저의에 대해 의심을 받고 형신을 감내해야 했다. 신하로서 국왕의 사주(四柱)를 입수하여 성수(聖壽)를 판단하는 것은 참람한 범죄에 해당되었지만 자신은 국복(國卜)의 일환으로 점쳤다고 항변하였다.[48] 결국 동청례와 신복의는 능지처사되고 맹인 박종선은 영맹(靈盲)이 아닌 요맹(妖盲)으로 국복(國卜)이 아닌 참복(讖卜)을 행한 죄인으로 참형을 받게 되었다.[49]

사실, 조선시대 맹인 점복자로서 가장 주목받는 화제의 인물은 홍계관(洪繼寬)이라 할 수 있다. 김시양(金時讓, 1581~1643)은 자신이 함경북도 종성으로 유배되었을 때 지었던 『부계기문(涪溪記聞)』에 맹인 홍계관이 살던 서울에 '홍계관리'가 있다고 하면서 홍윤성(洪允成, 1425~1475)과 홍계관의 일화를 소개하고 있다. 호서의 홍윤성이 서울에 올

46) 『世祖實錄』 권4, 세조 2년 6월 병진.
47) 『正祖實錄』 권32, 정조 15년 2월 병인.
48) 『中宗實錄』 권7, 중종 3년 11월 임술.
49) 『中宗實錄』 권7, 중종 3년 12월 병인.

라와 홍계관을 찾아 운명에 대해 문복하였는데, 장차 형조판서가 될 것
이라는 답을 얻었다고 한다. 이에 홍계관은 홍윤성이 형관이 되었을 때
자신의 아들이 죄를 얻어 죽을 지경에 놓일 텐데 그때 구명을 바란다
고 요청한다. 실제로 10년 뒤 홍계관의 아들이 국문장에 끌려와 맹인
점장이의 아들이라 외치자 홍윤성이 옛일을 떠올려 방면했다는 이야기
이다.[50]

한편, 홍계관의 일화는 세대를 뛰어넘어 명종 때 영의정을 지낸 상진
(尙震, 1493~1564)과도 얽혀 있다.[51] 상진도 홍계관에게 운명을 점쳤
는데 길흉에 어긋남이 없었다고 한다. 그러나 운명의 날에 이르러 죽음
을 준비했지만 아무 탈 없이 지나가자 홍계관은 상진의 음덕(陰德)이
수명을 연장하게 하였다고 단정하였다. 그리고는 상진이 수찬시절에
대전별감이 수라간의 금잔을 몰래 가져다 조카의 혼례에 쓰고는 잃어
버려 난감해할 때, 귀가하다 노상에서 그 물건을 발견하고는 당사자에
게 돌려준 일이 있었는데, 이것이 수명을 연장시킨 후덕일 것이라 부연
하였다.[52]

조선후기 이규경은 조선의 맹인 점장이의 시조격이라 할 만한 인물
로 홍계관, 유은태(劉殷泰), 함순명(咸順命), 합천의 맹인 등을 들면서,
신복(神卜)이라 불린 홍계관의 일화를 짤막하게 소개하고 있다.

---

50) 『大東野乘』권72, 「涪溪記聞」.
51) 이 일화는 이긍익의 『연려실기술』(명종조고사본말)과 『성호전집』에 전하고 있다.
52) 『星湖全集』권8, 海東樂府, 感君恩. "尙領相震七十二而卒. 卜者洪繼寬推公命, 吉凶
不差. 至於棄世之年月, 公豫爲身後之具以待, 卒無恙. 洪曰古之人有以陰德延壽者,
公之厚德必有是也. 公曰豈有是哉? 但修撰時脫直還家, 路上有紅袱, 取而見之, 乃純
金盞一雙也. 默而藏之, 掛榜闕門 曰某日有失物者訪我來. 翌日一人來謁, 曰小人乃大
殿別監也. 子姪有昏禮, 竊借御廚金盞而失之. 已犯死罪, 後日現露, 則必伏法而誅. 公
出而與之. 洪曰公之延壽, 必以此也."

홍계관은 쥐 한 마리를 다섯 마리라 했다가 사형을 당할 처지에 놓였다. 그때 쥐의 배를 갈라 시험해보기를 원하기에 그 쥐를 잡아서 배를 갈라보니, 새끼 네 마리를 배고 있었다. 과연 모두 합해 다섯 마리의 쥐였던 것이다. 세상에서 그를 신복(神卜)이라 여겼다.[53]

위의 에피소드는 앞뒤가 축약된 형태이기는 하나 국왕(명종)과의 관계, 홍계관의 죽음, 지명(아차산)의 유래 등과 얽히면서 지금까지도 널리 회자되고 있는 얘기의 골자를 이루고 있다.

이규경이 맹인 점자의 시조격이라 할 만한 인물로 지목했던 유은태에 대해서는 언급이 없지만, 이규경의 조부인 이덕무(李德懋, 1741~1793)의 『청장관전서』에는 그가 황해도 봉산(鳳山) 사람으로서 사람의 운명을 잘 맞추어 나라 안에서 이름을 크게 떨쳤다고 언급하고 있다.[54] 사실 이규경도 맹인의 본고장으로 재변이 많았던 해서의 봉산과 황주를 꼽고 있다는 점에서 거국적으로 화제가 된 봉산의 유은태도 예사롭지 않아 보인다.

이제신(李濟臣, 1536~1583)이 『청강선생후청쇄어』에서 소개한 맹인 점복자의 일화는 유교사회 엘리트들이 과거시험을 앞두고 시험의 운명을 점쳤던 사실과 관계되어 흥미롭다. 이제신이 직접 대면했던 맹인은 다가오는 시험의 장원 급제자는 병신년 출생의 이씨라고 예지하였는데 과연 장원 급제자 이율곡의 이력과 일치하였다고 한다. 이후에도 윤기(尹箕)가 장원 급제를 할 때에도 그 맹인 점자는 5획의 글자로 이루어진 성씨라 지목하였는데 당시 복시 급제자의 방목에 윤기 외에

---

53) 이규경, 『五洲衍文長箋散稿』, 經史篇, 論史, 明通寺辨證說. "然洪以一鼠爲五鼠, 將就刑, 願剖鼠腹驗之. 剖見, 則孕四雛, 竝元鼠合五鼠. 世以爲神卜."
54) 이덕무, 『靑莊館全書』 권66, 入燕記上, 정조 2년 3월 22일.

는 5획자의 성씨가 없었다고 한다.55)

광해군 대에는 명과학 정사륜, 지리학 이의신, 환속 술사 이응두 이외에도 맹인 점자인 신경달(申景達), 함충헌(咸忠獻), 장순명(張順命) 등 3인이 국왕의 화복을 점치는 일에 깊게 관여한 것으로 보인다.56) 그중 맹인 장순명은 늙은 점장이로서 서울 지역에서 이름을 얻어 궁중을 출입하며 국왕의 문복에 부응하였던 인물이다. 그에게는 복채로 받은 쌀(卜糈)로 밥을 지어주는 춘이(春伊)라는 이름의 아내와57) 윤응현(尹應鉉)에게 시집간 딸이 있었던 것으로 보인다.58) 궁중을 출입하며 국복(國卜)의 위상을 누리던 장순명은 비단에 광해의 화상과 영창의 화상을 그리고 눈에다 침을 꽂아 궁중에 묻는 저주행위에 동참했다는 공초에 연루되어 심문을 받고 늙은 나이에 멀리 거제도로 유배를 당하게 된다. 그의 딸이 속은(贖銀)을 상납하여 구명을 애썼지만 70세의 나이로 절도에서 숨지고 말았다고 한다.59)

3) 점무(占巫)

점복전문가로서의 무당, 즉 점무(占巫)는 최남선이 반자로프의 설을 답습하여 제시한 바 있는 무당의 세 기능(司祭, 醫巫, 預言者)60)에 자리

---

55)『大東野乘』권57,「淸江先生鯤鯖瑣語」.

56)『光海君日記』권114, 광해군 9년 4월 정유.

57)『光海君日記』권67, 광해군 5년 6월 무신.

58)『光海君日記』권169, 광해군 13년 9월 갑자.

59)『光海君日記』권169, 광해군 13년 9월 갑자.

60) 일찍이 19세기에 반자로프는 샤먼의 직무를 僧侶, 醫師, 占者로 구분한 바 있는데[白鳥庫吉 譯,「黑敎或ひは蒙古人に於けるシャマン敎」(Dorzhi Banzarov, "The Black Faith, or Shamanism among the Mongols"),『シャーマニズムの研究』, 東京: 新時代

잡고 있을 정도로 무당의 보편적인 종교적 직능으로 주목받았다. 이후 민속학계에서 무속을 거론할 때 점무의 존재와 직능은 늘 계승되던 항목이었다. 가령, 손진태의 경우 운명점복자로서의 무당과 선지자나 예언자로서의 무당에 주목한 바 있고,[61] 임동권도 삼국시대의 무속을 정리하면서 점복무(占卜巫)에 관심을 둔 바 있으며,[62] 유동식도 고려시대의 무속을 다루면서, 예언적 기능에 착안하였고,[63] 조흥윤도 무당의 기능적 유형론을 종합하면서 예언점복 기능을 간과하지 않고 있다.[64]

사실, 점복의 지식은 단일하지 않았다. 단순한 형태로 대중들에게 회자되기도 하였고, 다년간의 학습이 요구되는 복잡한 지식체계를 구비하기도 하였으며, 특정 전문가의 비밀스런 경험과 전수에 의해 확보되기도 하였다. 점복 지식이 다양한 계통을 갖다 보니 그에 의존하는 전문가들도 마찬가지로 다양한 층과 결을 형성할 수밖에 없었고, 그만큼 그들 간의 갈등과 공존이 점철되는 점복의 사회적 맥락도 복잡성을 띨 수밖에 없었다. 이미 삼국시대에 무당과 일자가 국가 점복에 관여하였고, 불교 전래 이후에는 불승까지도 그 대열에 합류하였을 것이다. 고려시대에 복업(卜業)과 지리업(地理業)을 거친 일관들과 무당 사이의 갈등은 점복상의 경쟁이었다고 해도 과언이 아닐 것이다. 점복과 점객을 매개하는 점자의 권위가 국가나 왕실 차원에서 문제된 것이다.

社, 1971, 49쪽], 최남선의 주장은 바로 그 반자로프의 샤먼 직능설을 그대로 따른 것이다(최남선, 『薩滿敎箚記』, 京城: 啓明 19호, 1927, 8쪽).

61) 손진태, 「中華民族의 巫에 關한 硏究」, 『손진태선생전집』2, 태학사, 1981, 339-355쪽.

62) 임동권, 『韓國民俗學論攷』, 집문당, 1991, 289-300쪽.

63) 유동식, 『韓國巫敎의 歷史와 構造』, 연세대학교출판부, 1992, 151-154쪽.

64) 조흥윤, 『巫 한국무의 역사와 현상』, 민족사, 1997, 21-22쪽.

가령, 국가의 점복기관에 소속되었던 일관들이 길흉화복을 점치는 무당들을 혹세무민의 당사자로 지목하고 그들의 의례를 음사라고 비판하며 무당의 성외 축출을 주도한 것도 점자 간의 권위 다툼이었다고 할 수 있다. 고려 인종 대에 무당의 축출을 원하는 일관들의 요청이 무당으로부터 뇌물을 받은 귀족들에 의해 저지당한 사례도 저간의 사정을 보여주는 대목이다.65) 충선왕 때의 사례에서도 그렇듯이, 무당의 음사 비판과 성외 축출에 대한 의견은 일관이 소속된 태사국에서 비롯되었음이 분명하다.66)

점자 간의 분담, 경쟁, 갈등에도 불구하고 고대부터 무당은 특유의 점복 지식을 소유하고 이를 점객에게 전달하는 직능자였다. 점무의 직능은 질병의 근원을 밝히는 병인론(etiology)에서 두드러졌다. 무당의 치병적 직능도 병인론에서 출발한다는 점에서 점무(占巫)와 의무(醫巫)는 통하는 면이 많았다. 특히 점무의 병인론은 주어진 정보로 결과를 예측하는 전망형 예지가 아니라 주어진 결과의 소이연을 밝히는 회고형 탐색에 가까웠다고 할 수 있다. 주로 원혼의 개입에 의한 병인론 진단이 회고형 점복의 주류를 이루었으며, 일찍이 고구려 유리왕의 질병이 억울하게 죽은 탁리와 사비의 원혼에 의한 것이라 진단했던 사례가 그것에 부합한다.67) 고려 인종 24년에 발생한 국왕의 질병이 다름 아닌, 죽은 이자겸이나 척준경의 원혼이 빌미가 되어 발생한 것이라는 판단은 다른 점복 직능자와 차별되는 점무의 독특한 병인론이라 할 수 있다.68)

---

65) 『高麗史』 권16, 世家16, 인종2, 인종 9년 8월 병자.
66) 『高麗史』 권33, 世家33, 충선왕1, 충선왕 즉위년 4월 갑자.
67) 『三國史記』 권13, 高句麗本紀3, 琉璃明王 19년.
68) 『高麗史』 권17, 世家17, 인종 24년 정월 신묘. "辛卯, 王疾篤. 卜日, 資謙爲崇. 遣內侍韓綽, 徙置資謙妻子於仁州."

원혼의 빌미를 점치는 것이 무당 고유의 특질로 여겨지는 것은 점무와 결부되어 있는 초자연적인 존재와도 관련될 것이다. 빙의 혹은 탈혼의 전문가들, 즉 영혼의 드나듦이 자유로운 기술자들이야말로 병의 빌미가 된 원혼의 개입을 적절하게 읽어내고 해석하는 데에 전문성을 구비했을 게 분명하다. 점무는 초월적인 존재와 힘의 매개를 통해 병인론뿐만 아니라 여타의 길흉과 신탁을 점칠 수 있었다. 고려 의종 대에 어느 무당은 성황신이 실려 국가화복을 잘 맞출 수 있었다고 한다.[69] 공민왕비의 영혼이 매개된 무당이 국가의 길흉을 점친 것이라든지[70] 제석신이 실린 무당이 국가의 평안을 예지하는 대목[71]도 그 일환이라 할 수 있다. 점무의 권위는 점복 지식의 근원이라 할 수 있는 초월적 존재의 권위에서 나온 것이라 해도 과언이 아닐 것이다.

태조 이성계가 왕위에 오르기 이전에 사냥을 떠난 적이 있는데, 행차 이전에 무녀 방올(方兀)이 그의 낙마를 예견하고는 비유적으로 백척의 누각에 오르다 실족으로 떨어져 만인이 그것으로 모여들어 받드는 형국이라고 강비(康妃)에게 언급한 바 있다.[72] 점상이 전혀 주어져 있지 않지만 예언적 성격을 띤 점복의 형태라 할 수 있으며, 점상과 점의가 일대일의 대응을 보이지 않는 신점의 특질이 드러난 것이라 할 수 있다.

정종 대에 대세로 발돋음 하던 이방원을 견제하기 위해 이방간이 2차 왕자의 난을 일으켰던 즈음에, 어두운 밤에 요기가 서북쪽에 보이자 서운관에서는 종실에서 맹장이 나올 징조라고 해석하였고 사대부들

---

69) 『高麗史』 권99, 列傳12 咸有一傳.
70) 『高麗史』 권54, 志8 五行2.
71) 『高麗史』 권114, 列傳27 李承老傳(附 李云牧).
72) 『太祖實錄』 권1, 총서.

사이에서는 그 주인공이 정안공 이방원이라 지목하였다고 한다. 사실, 난의 평정을 앞두고 정안공 부인은 무녀 추비방(鞦轡房)과 유방(鍮房)으로 하여금 앞날의 승부를 점치게 하였고, 무녀들은 반드시 이길 것이라는 긍정적인 점의를 제공하였다. 한편 정안공 부인은 이들 무녀 이웃에 살던 정사파(淨祀婆)가 찾아오자 '태양 아래 한가운데 아기가 앉아 있었던' 자신이 꾼 꿈의 해몽을 요청하였다. 이에 정사파는 정안공이 왕이 되어 아기를 안아 줄 징조라고 해석하였다고 한다.[73] 당시 점복기관을 비롯한 민간의 점자들이 정변의 소용돌이 속에서 국가적인 점복에 동원되고 있음을 확인할 수 있다.

태종 대에는 경상도 보천(甫川)의 김을수(金乙守)가 궁궐을 방문하여 청옥석대인(靑玉石大印)을 바친 일이 있었다. 김을수는 언젠가 꿈속에서 교상암굴(交床巖窟) 아래에 있는 청옥인을 은밀히 찾다 조정에 봉헌하면 상을 얻을 것이라 전하는 중의 메시지를 듣고 청옥석대인을 바치게 되었다고 하였다. 인장에는 전자체도 아니고 그렇다고 뚜렷한 자형을 이루는 것도 아닌 흔적이 새겨져 있을 뿐이고, 옆으로 예서체로 '천자팔십구년'(天子八十九年)과 '오미지상'(午未志上)만이 쓰여 있었다고 한다. 의심을 받은 김을수는 공초를 받으며, 자신이 중이었다가 무업을 하고 있으며 가난을 타개하기 위해 충주에서 구한 돌에다 저화의 전자와 부적의 글자 모양을 본떠 인장을 만들게 되었다고 털어놓았다. 예서체의 글자는 실제로 그의 필체와 같았고 주상이 8~90년에 이르도록 장수하고 오년의 말과 미년의 초에 진상한다는 뜻으로 쓴 것이라 고백하였다. 결국 이 사건은 김을수가 서응을 거짓으로 꾸민 율(詐僞瑞應

---

73) 『定宗實錄』 권3, 정종 2년 1월 갑오.

之律)에 의해 처벌받는 것으로 일단락되었다.[74]

상서의 징험을 속이는 행위라는 죄목에서 알 수 있듯이, 그는 상서로운 점상을 제시하고 그에 걸맞은 점의를 국가에 제시함으로써 최종적으로 보상을 이끌어내려 했다는 점에서 흥미로운 점복의 지식체계를 운영한 점자라 할 수 있다. 조야하기는 하나 보상을 얻으려고 애쓴 노력은 순진하고 가상하기까지 하며, 승려 생활을 하다가 무업으로 전향한 것이나 민간에서 인장을 보물로 여긴 흔적들을 활용했던 것은 특이한 지점이라고 생각된다. 어쩌면 특정의 인장을 보물로 여기고 그것의 소지와 전수에 열정을 보이는 근년의 해인신앙(海印信仰)을 떠올릴 수 있는 단면이라 할 수 있다.

세종 25년(1443) 장령 조자(趙孜)는 도성 내에서 국무(國巫)와 동서활인원에 대한 새로운 법제정을 요구하고 나섰다.

> 또한 지금의 무녀는 모두 성 밖으로 내쫓아 동서활인원에서 병자를 구제하게 하였습니다. 국무(國巫)라 칭하는 자와 **점을 치는 무녀** 20여 명은 여전히 성 안에 있습니다. 청컨대 국무를 제외한 나머지 무녀들은 활인원에 소속시켜 질병을 구하게 해주십시오.[75]

새로운 법을 세우기보다는 이미 세워진 법을 철저하게 지키는 쪽으로 가닥이 잡히면서 조자의 건의는 수용되지 않았다. 당시에 무당을 성외로 축출하고, 축출된 무당을 동서활인원에 소속시켜 병인의 구제에 활용하고 있었음은 주지의 사실이다. 그런데 문제는 무당을 성외로 내

---

74) 『太宗實錄』 권28, 태종 14년 10월 갑신.
75) 『世宗實錄』 권102, 세종 25년 10월 정유. "且今巫女皆黜城外, 使救東西活院病人. 其稱國巫者, 占巫女二十餘人, 尚在城中. 請除國巫外, 其餘皆屬活院, 使救疾病."

쫓으면서도 도성 내에 성수청(星宿廳)을 두고 거기에 국무와 점무 20여 명을 소속시켜 국가와 왕실을 위한 산천 별기은을 거행하게 한 모순적 상황이었다. 당시 조자는 국무만을 남기고 나머지 20여 명의 무당을 성 외로 축출하고 활인원 활동에 투입하자는 의견이었다. 주목되는 것은 국무를 보조하며 수종하는 무녀 20명을 점무로 통칭하고 있다는 점이 다. 성수청에 소속된 20여 명의 점무야말로 도성 지근거리에서 국가 및 왕실 차원의 점자로 활동할 수 있는 공식적인 공간과 직무를 부여받은 셈이라 할 수 있다.

세조가 등극하기 이전 잠저에 있을 때 가마솥이 우는 기이한 현상이 일어나자 세조는 옛글에 의존해 집안에 잔치를 베풀 징조라고 해석하 였다. 그런데 무당 비파(琵琶)는 대왕대비를 알현한 뒤 그것은 곧 대군 (세조)이 39세에 등극할 징조라고 해석하였다.[76] 그에 대한 자세한 언 급 없이 무녀가 떠나갔으므로 점상과 점의 간의 상관성을 파악하기는 어렵게 되었으나 세조의 생년이 1417년이고 재위의 시작이 1455년인 것을 고려하면 무녀의 말은 어느 정도 역사적 결과에 부합한다고 할 수 있다. 세조가 왕위를 찬탈한 뒤 무녀 용안(龍眼)은 같은 무당인 불덕(佛 德)의 요청으로 운명을 점쳐보고 상왕(단종)이 복위하는 기쁜 일이 있 을 것이라 단정하였다.[77] 단종에게는 더할 나위 없는 우호적 여론이었 으나 세조에게는 능지처사를 시켜야 할 대역죄에 해당되었다. 당시에 무녀 내은덕(內隱德)과 덕비(德非)가 의금부 조사를 받고 능지처사된 것으로 확인되며,[78] 한참의 세월이 흐른 뒤 정조 15년(1791)에 무녀 용

---

76)『世祖實錄』권1, 叢書.
77)『世祖實錄』권4, 세조 2년 6월 갑인.
78)『世祖實錄』권4, 세조 2년 6월 을축.

안, 불덕, 내은덕, 덕비 등은 장릉의 배식단에 배향되며 명예를 회복하기에 이른다.[79]

점무는 신의(神意)를 헤아리기 위해 의도적으로 점구(占具)를 통해 점상을 유도하기도 한다. 무녀가 신의 뜻이 드러난 신시(神示)의 도구로 애용한 것이 바로 쌀이었다. 이덕무가 『청장관전서』(巫女擲米)에서 밝히고 있듯이,[80] 당시 조선의 무당은 백미를 소반 위에 쌓아 놓고 손으로 집어서 던진 뒤 쌀의 모양과 수를 가지고 길흉을 점치는 방식을 많이 사용하였던 것으로 보인다.

---

79)『正祖實錄』권32, 정조 15년 2월 병인.
80) 이덕무,『靑莊館全書』권56, 앙엽기3, 무녀척미.

3. 점후와 기양풍속

이번 절에서는 점자의 직접적인 개입 없이, 지식으로서의 점복과 지식의 효용을 소비하는 점객 사이에서 유통되는 일상화된 점복 지식과 관습화된 점복 생활에 주목하고자 한다. 점복의 사회적 맥락을 보여주는 '점복―점자―점객'의 기본틀이 점자를 누락시킨 채 '점복―점객'으로 일상화되는 경우는 다음 세 가지 상황일 것이다. 첫째, 복잡한 추론을 거치지 않고도 주어진 점상을 직관적으로 해석하여 점의에 도달하는 단순한 형태의 점복이 여기에 해당될 것이다. 둘째, 다소 복잡한 점복 지식이 장구한 시간을 거치면서 보편화되거나 일상화되어 전문적인 점자를 동원하지 않고도 점복의 유통이 가능해진 경우이다. 셋째, 다소 체계적인 지식을 요하는 점복이라 하더라도 공식화된 점복 지침서나 교과서를 통해 점의를 획득하는 경우가 있을 수 있다. 물론 이 경우엔 점복의 사회화 과정에 전면적으로 드러나진 않지만 점복서를 제작하거나 가공하는 데에 전문적인 인력이 전제될 수밖에 없다.

이번 절에서 다루는 점후나 기양풍속들은 자연의 관찰을 통해서, 혹은 세시의 전통에 입각해서, 또는 역법의 안내를 통해 생활 현장에서 준수되는 점복의 삶이라 할 수 있다. 물론 이러한 지식이 일반화되기까지 복잡한 형태의 점복 지식이 특별한 전문가들에 의해서 개발되고 축적되며, 그것이 농서나 의서, 그리고 역서 등의 형태로 보급되면서 훨씬 강화되기도 한다.

1) 점후

점후는 천문, 기후, 동식물 등 자연현상을 점상(占相)으로 하여 인간의 삶을 해석하고 예단할 수 있는 점의(占意)를 도출해내는 일체의 지식체계라 할 수 있다.[81] 자연에 의존도가 높았던 전근대 농업사회에서의 점후는 풍흉의 예견과 대비라는 측면에서 주목을 받았고, 각종 농서를 구성하는 주제로 자리잡았다고 할 수 있다.[82] 여기에서는 점후와 농업의 상관성이나 성격을 논의하기보다는 국왕 및 왕실의 신앙적인 측면에 자리잡은 점후의 측면에 주목하고자 한다. 특히 천변재이(天變災異)에 대한 대처와 세시적 관행과 관련된 점후에 대해 논의하고자 한다.

주지하다시피 전근대 동아시아 사회에서 천문현상의 변화는 인간사회와 분리될 수 없는 것이었다. 자연의 질서는 인간의 도덕과 불가분의 관계에 있었으며, 특히 통치자의 윤리적 수준과 자연의 순환은 밀접한 상관성이 있는 것으로 간주되었다. 통치자의 도덕적 통치는 자연의 상서(祥瑞)로 표상될 것이고, 반대로 통치자의 부덕은 자연의 일탈로 두드러질 것이다. 이른바 천인상관론 혹은 천인감응설로 대변되는 '우주-인간'의 일치론은 천변재이(天變災異)의 상황에선 국왕에게 늘 긴장과 압박으로 작용하였다. 사실, 천인상관론적 관점에 의거한다면 재이론(災異論)이나 상서론(祥瑞論) 모두 수용가능한 중립성을 띠지만, 정치적으로나 문화적으로는 재이론에 입각한 비평적 태도가 늘 압도적이었다. 상서론에 입각해 군왕의 정치와 도덕을 기리는 것은 비합리

---

81) 점후를 주제로 석사논문을 작성한 윤조철은 점후를 "천체와 기상, 동식물 등 자연계의 변화에 대한 관찰 및 관측, 혹은 이 정보를 토대로 자연현상 및 인사(人事)의 변화양상을 해석 또는 예측하는 지식과 행위"라고 규정한 바 있다. 윤조철, 「조선시대의 점후 연구」, 서울대학교 석사학위논문, 2009, 1쪽.
82) 농서와 점후를 다룬 연구로는 김연옥, 「조선시대 농서를 통해서 본 점후」, 『문화역사지리』7, 1995; 최덕경, 「17~18세기 조선 농서에 나타난 점후의 성격」, 『지역과 역사』16, 2005. 참조.

적인 것으로 경시된 반면, 재이론에 근거해 인정의 정치와 도덕의 회복을 강조할 때는 기계론적으로 수용한 측면이 강했던 것이다.[83]

상서론과 재이론은 일관의 관찰과 해석에 일차적으로 의존할 수밖에 없었다. 그중에서도 일식(日蝕)의 관측과 대처는 가장 시급한 과제였다. 태양은 군주와 지존의 표상으로서 그것이 잠식되는 현상은 부덕의 소치이자 반역의 기호일 수밖에 없었다.[84] 따라서 일식의 정확한 예측과 대처는 정치적으로 간과할 수 없는 국왕의 관심사였다. 일관의 입장에서도 일식에 대한 계산착오나 정치적 해석에 부담이 없었던 것도 아니고 늘 목숨을 걸어야 하는 긴장감이 있었던 게 사실이다.

태조 2년(1393) 7월 일관이 해질녘에 일식이 있을 것이라고 아뢰자 국왕이 소복 차림으로 근신하는 태도를 보였던 것도 그 때문이었을 것이다.[85] 사실 조선시대에 일식에 대처하는 구제의식은 오례 중에 군례(軍禮)에 편재된 '구일식의'(救日蝕儀)에 근거해 치러졌을 것인데, 태조 당시 소복 차림으로 대처했던 것도 그 일환으로 여겨진다. 일식의 구제의식은 국왕을 비롯한 참여자들이 소복차림을 하고 전악(典樂)이 태양빛이 회복될 때까지 북을 울리며 거행하는 의례였다.[86] 북을 울리는 것은 손상된 양의 기운을 북돋아 회복하려는 의도가 담긴 주술적 행위였다고 할 수 있다. 태종 15년(1415)에도 일식이 있자 국왕이 소복차림으로 인정전 월대에 대기하고 일관이 북을 치는 구제의식을 거행하였다.[87] 문종 1년(1451)에도 일식에 대비해 일식을 구제하는 의식을 준비

---

83) 권정웅,「조선전기 경연의 재이론」,『역사교육논집』13·14, 역사교육학회, 1990. 참조.

84) 이희덕,『고려 유교정치사상의 연구』, 일조각, 1997(초판 1984), 68-69쪽.

85)『太祖實錄』권4, 태조 2년 7월 갑진.

86)『國朝五禮儀』권6, 군례, 구일식의.

하였으나 날이 흐리고 비가 오는 바람에 국왕이 참여하지 않았다. 당시 일식에 대비해 조회의식과 시장을 중지했던 것으로 보인다.[88] 자책과 반성의 기조에서 음악과 주연이 금지되고 정전을 피하거나 음식을 절제하는 등의 조처가 일식과 관련된 풍속이었다.

일식에 버금가는 천변으로서 월식도 중시되었다. 해가 군왕과 지존의 상징이라면 달은 왕후와 조신의 표상이었다고 할 수 있다. 태조 7년(1398) 서운관주부 일관 김서(金恕)는 월식을 추보하는 데에 오류를 범해 논죄의 대상이 되었다.[89] 다만, 월식 예정일에 식이 일어나지 않는 것에 대해서는 계산상의 오류일 가능성이 높았겠지만 군주의 덕행으로 말미암아 자연의 법칙이 변경될 수 있는 것인지에 대한 의문이나 견강부회도 가능했을 것이다.[90] 일식과 마찬가지로 월식의 경우에도 구제의식이 있었지만, 조선후기 정조 대에 공식적인 의식으로 확립되었다고 할 수 있다. 대개 인정전 섬돌 위에 자리를 마련하고 승지, 사관, 관상감관원이 천담복(淺淡服)을 갖추어 입고 달을 향해 무릎을 꿇어앉아 있다가 식이 끝나면 퇴장하는 의식이었다.[91]

일식과 월식 이외에도 혜성의 출현이나 햇무리 발생은 변란이나 배반의 징조로 읽힌다는 점에서 긴장을 고조시켰고, 금성이나 유성의 출현도 재난을 예고하는 징후로 받아들여져 기양의식이 간구되기도 하였다. 기상이나 기후의 이변도 하늘의 경고[天譴]가 담긴 메시지로 이해되었다. 특히 가뭄의 경우에는 기양의식을 베풀기 이전에 국왕의 공

---

87) 『太宗實錄』 권29, 태종 15년 5월 정유.
88) 『文宗實錄』 권8, 문종 1년 6월 무진.
89) 『太祖實錄』 권13, 태조 7년 4월 계사.
90) 『燕山君日記』 권48, 연산군 9년 2월 계축.
91) 『春官通考』 권76, 군례, 구월식의.

구수성(恐懼修省)과 수덕(修德)이 우선적으로 요청되었다.

천문 및 자연의 변화를 통해 인간사를 예단하는 점후의 내용과 특성은 농서류의 점후설에서 본격화되고 있다. 그중에서도 ≪임원경제지≫(『위선지』)에서 제시하고 있는 점후는 일일이 거론할 수 없을 정도로 방대하며 특히 천문 및 자연의 이변에 관한 점후의 경우에도 다양하고 복잡한 정보를 담고 있다.[92] 『위선지』는 점천(占天), 점일(占日), 점월(占月), 점풍(占風), 점우(占雨), 점운(占雲), 점무하(占霧霞), 점홍(占虹), 점뇌전(占雷電), 점상로(占霜露), 점설(占雪), 점포(占雹), 점빙(占氷), 점천하(占天河), 점초목(占草木), 점곡(占穀), 점금수(占禽獸), 점충어(占蟲魚), 점역일(占曆日), 점성(占星), 점운기(占運氣) 등의 점후 목록에서 알 수 있듯이, 다양한 주제들을 포괄하고 있으며 천문, 역법, 기상, 기후 등의 점상에 따라 풍흉, 수한(水旱), 귀천(貴賤), 역병 등의 점의를 다양하게 취하고 있다. 다만, 내용이 풍부한 만큼 일정한 체계성이나 원리성보다는 절충주의적인 수렴성이 강한 농업 위주의 점후 모음집이라 할 수 있다.

2) 세시 점복

점복은 언제 어디서나 이루어질 수 있고, 특별한 사건이나 위기에서 환기될 여지가 많았지만, 일정한 형태로 풍속화된 세시 점복도 있었다. 앞서 언급한 『위선지』에는 세시적인 관점에서 연례적으로 반복되는

---

92) 서유구의 『위선지』에 수록된 방대한 양의 점후사례에 대해서는 김일권 역주, 『위선지』1-2, 소와당, 2011을 참조하면 손쉽게 접근할 수 있다. 이하에서 제시하는 세시점후(候歲)의 내용은 본서에서 취한 것이다.

점후도 다수 수록되어 있어 참고할 만하다. 아울러 각종 연중행사를 싣고 있는 세시류 문헌에서도 몇몇 점복행위를 담고 있어 주목할 만하다.

한 해의 시작을 여는 정월에 세시의 점복 풍속이 풍부한 편이다. 정초 원단은 닭의 날로 통해 벽에다 닭 그림을 그려 붙여 제액을 빌었다.[93] 『위선지』에서는 정월 1일(닭의 날)에 맑으면 나라가 태평하고, 3일(돼지의 날)이 맑으면 군주가, 4일(양의 날)이 맑으면 신하들이, 5일(말의 날)이 청명하면 사방 산천이 각각 순조롭고 평안하다고 하였다.[94]

새해의 신수를 보기 위해 오행점을 보기도 하였고, 새벽에 거리에 나가 처음 들려오는 소리로 일 년의 길흉을 점치는 청참(聽讖)의 풍속을 행하기도 하였다.[95] 청참은 『위선지』에 기록된 새해 설날에 도성과 고을 백성들의 소리의 높낮이(궁상각치우)에 따라 길흉을 판단하였는데, 가령 궁음은 길하고 각음은 흉한 것이며, 상음은 병란이 치음은 한발이 우음은 수해가 각각 예상된다고 했던 것과 유사하다고 할 수 있다.[96]

정월 대보름에는 영월(迎月)이라는 달맞이 행사를 하는데, 먼저 달을 보는 사람이 길하다고 한다. 그날 떠오른 달빛의 색깔을 보고 수한(水旱)을 점치기도 하고, 달의 고저나 두터움의 여부를 가지고도 풍흉을 예견하였다. 가령, 달빛이 붉으면 가뭄이 희면 장마를 예상하고, 달의 사방이 두터우면 풍년으로 그렇지 않으면 흉년이라고 판단하였다.[97] 『위선지』에서도 정월 보름에 달의 모양 및 빛깔과 월출 방향을 헤아려 풍흉을 예지하였다고 기록하고 있다.[98] 달빛뿐만 아니라 달빛에 비친

---

93) 『東國歲時記』, 正月, 元日.
94) 김일권, 앞의 책, 29쪽.
95) 『東國歲時記』, 正月, 元日.
96) 김일권, 위의 책, 65쪽.
97) 『東國歲時記』, 正月, 上元.

그림자의 길이를 가지고 곡식의 풍흉을 점치기도 했다. 자정 즈음에 한 자 길이의 막대기를 세워 그림자의 길이를 재는데 8치에 이르면 풍우가 고르고 대풍이 든다고 여겼다.[99]

입춘일에는 관상감에서 주사(朱砂)로 벽사문을 작성해 궁궐 안 문설주에 달아 재액을 막고자 하였다.[100] 그날 농가에서는 보리 뿌리의 가닥을 헤아려 풍흉을 점치기도 하였는데, 세 가닥 이상이면 풍년으로 간주하였다.[101]

대보름에 행하는 점복으로서 월자(月滋)라 하는 풍속이 있었다. 이는 보름 전날 콩 열두 개에 열두 달을 각각 표시하고 수수깡에 넣고 묶은 뒤 우물 속에 넣어 불린 콩알을 보고 각 달의 운수를 예상하는 것이었다.[102] 『열양세시기』에서는 달불이(月滋)를 윤월(潤月)이라 하였다. 이밖에도 보름날 각 지역별로 패를 나누어 싸움이나 놀이를 통해 승패를 가리고 그에 따라 풍흉을 판단하는 점복 풍속이 경향 각지에서 진행되었다.

2월 6일 농가에서는 달과 좀생이별(昴星)과의 거리를 보고 한 해의 운수를 점치기도 하였다. 양자가 가까이 평행에 놓여 있으면 길하고 앞뒤로 거리를 두고 있으면 흉한 것으로 판단하였다.[103] 한편 2월 20일에 비가 오면 풍년이 오고 적어도 흐려도 길하다고 여겨졌다.[104] 『위선지』에 따르면, 2월 19일은 관음의 생일로서 맑으면 좋지만 비가 오면 곡물

---

98) 김일권, 앞의 책, 70-71쪽.
99) 『東國歲時記』, 正月, 上元.
100) 『東國歲時記』, 正月, 立春.
101) 『洌陽歲時記』, 正月, 立春.
102) 『東國歲時記』, 正月, 上元.
103) 『洌陽歲時記』, 二月, 六日.
104) 『東國歲時記』, 二月, 月內.

이 줄어든다고 한다.105)

입춘 때와 마찬가지로 5월 단오에도 관상감에서 주사(朱砂)로 부적문을 작성해 궁궐 안 문설주에 달아 벽사를 기원하며 재액을 막았는데 사대부가에서도 유행한 것으로 보인다.106) 한편 5월 10일은 태종의 기일로서 백성에게 은혜를 베풀려 했던 태종의 유지로 인해 항상 비가 내리는데 그것을 태종우(太宗雨)라 불렀다. 그러나 임란이 일어나기 이전 몇 해 동안에는 태종우의 징험이 없었지만, 그 후 백성들의 염원이 영검을 얻어 비의 징험이 지속되었다고 한다.107)

한 해의 마지막 날인 제야에는 윷을 던져 64괘를 만들어 점을 쳤다. 대개 윷을 세 번 연이어 던져, 첫 번째 나온 것이 묵은해, 둘째 것이 새해 원일, 셋째 것이 정월 보름의 운수라고 여겼다.108)

3) 금기 및 기양풍속

점복이 매개된 왕실의 풍속으로서 합궁(合宮), 피방(避方), 이어(移御) 등에 주목하고자 한다. 대개 거둥의 시간과 공간 및 방향과 관련된 금기와 길흉에 대해서는 관상감에서 관리하는 당해년의 역서(曆書)에 이미 지침이 마련되어 있었다고 할 수 있다. 1644년 중국에서 시헌력이 반포된 이래 효종 4년(1653)부터 시헌력을 쓰기 시작하였고, 숙종 34년(1708)에 이르러 시헌오성법을 응용할 수 있게 되었다.109) 조선에서는

---

105) 김일권, 앞의 책, 112쪽.
106) 『東國歲時記』, 五月, 端午.
107) 『洌陽歲時記』, 五月, 十日.
108) 『東國歲時記』, 十二月, 除夕.
109) 이은성, 『역법의 원리분석』, 정음사, 1985, 336-339쪽.

동지사를 통해 청나라에서 제작한 시헌역서(時憲曆書)를 들여와 활용하였는데, 역서에서 주목되는 것은 연월일마다 그에 상응하는 길흉과 금기가 부가된 역주(曆註)의 내용이라고 할 수 있다.[110] 역주의 원칙은 일정하나 그것을 매해 일정하지 않은 달력에 적용하는 데에 복잡한 지식과 추산의 과정이 요구될 수밖에 없었다. 조선에서 그러한 역서를 적시에 구해서 적소로 보급하는 일은 국가 및 왕실의 운영에서 소홀히 할 수 없는 일이었고, 주무 관청인 관상감에게는 가장 큰 연중의 과제였다고 할 수 있다. '하선동력'(夏扇冬曆)이라는 말이 있을 정도로, 여름 단오에 관리가 아전에게 부채를 나누어 주는 반면 겨울 동지에는 반대로 아전이 관원에게 역서를 헌상하는 것이 서울의 세시풍속이 될 정도로 치자에게 역서는 중시되었다.[111]

왕조사회에서 왕실의 후손, 그것도 왕자를 생산하는 일은 무엇보다 중요하였다. 『동의보감』과 같은 의서에 여인의 잉태를 주제화하고 있는데, 여기에 길일(吉日)과 관련된 점복이 깊게 연관되어 있었다. 기본적으로 가임기 여성이 생리한 이후에 금수(金水)가 생기고 자궁이 열려 임신이 가능해지지만, 그 시기를 놓치면 자궁이 닫혀서 임신할 수 없다고 보았다. 여기에는 몸이나 분비물의 변화에 대한 기본적인 관찰과 경험적 이해가 깔려 있는 셈이다. 그러나 몸의 이해는 단순히 몸의 물리적이고 화학적인 변화를 이해하는 자체만으로 성취되지 않았다. 몸의 변화를 구분 짓는 데에 늘 문화적인 의미나 점복적인 시간배열이 개입되었다.

---

110) 이창익은 역서에는 천문학적인 특징을 갖는 '역법의 시간'과 점성학의 성격인 '역주의 시간'이 병행하고 있다고 지적하면서 후자의 특성과 의미를 밝혀내는 데에 주안점을 두었다. 이창익, 『조선시대 달력의 변천과 세시의례』, 창비, 2013.

111) 『東國歲時記』, 十一月, 冬至.

생리후 1일, 3일, 5일에 교접을 하면 남자가 되고 2일, 4일, 6일에
교접을 하면 여자가 된다. 이 시기가 지나면 임신되지 않는다. 자시 이
후에 교접해야 좋다(『醫學正傳』).112)

위에서도 보이듯이, 음수와 양수가 몸의 일련의 변화에 개입되어 구
별된 의미를 창출하고 있다. 월경 후 임신 가능성이라는 일반적인 지식
에다 남아 1·3·5일, 여아 2·4·6일을 각각 배당하고 이를 운명적으로 수
용하였던 것이다. 황상익의 연구에서 지적된 바 있듯이, 『동의보감』의
지식을 따른다면 임신 가능성보다는 피임 가능성이 훨씬 높다고 할 수
있다.113) 여성 사이에 생리주기상의 차이가 있긴 하지만 대개 생리후
6~8일에서 14~16일까지가 가임기임을 감안할 때, 위 『동의보감』의
지식은 피임주기와 다르지 않아 보인다. 더구나 남아를 고집해서 합궁
일을 잡는다면 가임성은 더욱 떨어졌을 것이다. 조선시대 왕실의 출산
율이 현저하게 낮았고, 『동의보감』이 활발하게 보급된, 더구나 왕실의
의학 지침서로 확립된 조선후기에 왕실의 출산율이 상대적으로 더욱
떨어졌던 것은 결코 이와 무관하지 않았을 것이라는 게 황상익의 연구
가 주는 의미 있는 암시였다.

다소 과장해서 말한다면 의학과 점복이 창출한 지식이 왕실 사회사
의 주요한 변동을 낳은 요인이었다고 할 수 있다. 앞서 인용한 의학-복
학 지식은 더욱 강화된 형태로 전개된다.

---

112) 『東醫寶鑑』, 雜病篇, 婦人, 胎孕. "月經行後, 一日三日五日, 交會者成男, 二日四日
六日, 交會者成女, 過此則不孕衣, 亦要在子時後方可也. 正傳."
113) 황상익, 「조선시대의 출산-왕비의 출산을 중심으로-」, 『두 조선의 여성: 신체·언
어·심성』, 혜안, 2016, 167-171쪽.

아들을 원한다면 오직 생리를 마친 후 1일, 3일, 5일 중에서 왕성한 날을 택해야 한다. 가령, 봄에는 갑을일, 여름에는 병정일, 가을에는 경신일, 겨울에는 임계일에 각각의 생기가 일어나는 야반(夜半) 이후에 교접하면 모두 남아가 되고 반드시 장수하고 현명할 것이다. 2일, 4일, 6일 이후에 교접하면 반드시 여아일 것이다. 6일 이후에는 교접하지 않는 것이 좋다(『世醫得效方』).114)

아들을 얻는 지식을 특화하고 있는 대목을 보자면, 생물학적인 시간과는 무관하게 음양과 오행의 점복적인 시간주기가 복잡하게 얽혀들고 있음을 한눈에 알 수 있다. 생리후 1, 3, 5일 중에서도 생기가 왕성한 날을 택해야 하는 문제가 여전히 남아 있으며, 이는 왕실 가까이에 있던 택일의 전문가, 즉 일관의 몫이었을 것이다. 오방(동, 서, 남, 북, 중앙)에 사계절과 천간일(天干日)을 각각 배당하고 그 둘 사이에 방위가 일치하는 날, 즉 계절의 방위와 일진의 방위가 일치하는 때를 왕성한 날로 간주하여 선택한 것이다. '동－남－(중)－서－북'의 오방위는 '봄－여름－( )－가을－겨울'의 사시의 흐름으로도, 다시 '갑을－병정－(무기)－경신－임계'의 일진의 흐름으로도 적용되었다. 봄의 동쪽 기운은 같은 방위를 표상하는 갑을일에 가장 충만할 것이고 여름, 가을, 겨울 또한 해당 방위일에 그러할 것이다. 남아든 여아든 생리 후 6일까지만 가능하고, 6일 이후에는 교접하지 않는 것이 좋다고 하는 지침은 결과적으로 피임을 조장하는 합궁의 점복이었다고 할 수 있다.

　『동의보감』은 합궁과 관련한 금기사항을 다음과 같이 언급하고 있다.

---

114) 『東醫寶鑑』, 雜病篇, 婦人, 胎孕. "欲求子者, 但待婦人月經絶後, 一日三日五日. 擇其旺相日, 如春甲乙, 夏丙丁, 秋庚辛, 冬壬癸, 以生氣時, 夜半後, 乃施瀉, 有子皆南, 必壽而賢明. 二日四日六日, 施瀉有子必女, 過六日後, 勿爲施瀉可也. 得效."

남녀가 교접을 할 때 병정일, 현일, 보름, 그믐, 초하루, 대풍, 대우, 대무, 대한, 대서, 대뇌전, 대벽력, 흐려서 캄캄한 날, 일식, 월식, 무지개가 설 때, 땅이 진동할 때는 마땅히 피해야 하며, 이럴 때엔 신기(神氣)가 상해서 불길하다. 남자에겐 상당히 해롭고 여자에게는 병이 든다. 이 경우에 임신이 되면 미치고 바보스런 애, 미련하고 어리석은 애, 벙어리, 귀머거리, 절름발이, 맹아를 낳거나 병치레를 많이 하여 단명하고 효를 다하지 못하고 인자하지 못할 것이다.115)

　　앞서 음양오행에 맞춰 합궁일을 선택하는 것보다는 훨씬 복잡다단한 지식이 결부되고 있다. 음양오행의 역법뿐만 아니라 천변재이의 항목들이 추가되어 훨씬 복잡한 금기사항을 이루고 있다. 아마도 일관들은 음양오행상의 왕성한 날에다 위의 역법과 천변재이를 예측하여 합궁의 길일을 선정했을 것이다. 적어도 이 단계에 이르러서는 의학의 범주를 뛰어넘는 관상감 고유 직능이 발휘될 수밖에 없었을 것이다. 택일과 금기일이 의서에 제시되었음에도 불구하고 합궁 자체가 왕실 내부의 밤 문화에 속하는 것이다 보니 합궁일과 관련된 점복의 실상은 겉으로 공식화되지 않은 채 궁궐 속에서 잠행하였다고 할 수 있다.

　　왕실의 이어(移御)도 주목할 만한 점복 풍속이라 할 수 있다.116) 이어는 주로 재액이나 변고를 피하는 방편으로, 혹은 피병의 일환으로 거행되는 게 일반적이었다. 어떤 이유에서든 이어는 공간과 방위를 바꾸는

---

115)『東醫寶鑑』, 雜病篇, 婦人, 陰陽交合避忌. "凡男女交會, 當避丙丁日·及弦·望·晦·朔· 大風·大雨·大霧·大寒·大暑·大雷電·大霹靂·天地晦冥·日月薄蝕·虹霓·地動,　則損人 神不吉. 損男百倍, 令女得病. 有子必癲痴·頑愚·瘖啞·聾聵·攣跛·盲眇·多病·短壽·不 孝·不仁."

116) 이에 대해서는 조선시대 기양의례를 전문적으로 다룬 김효경의 연구에서 정밀하게 분석된 바 있어 좋은 참고가 된다. 김효경,「조선시대의 기양의례 연구─국가와 왕실을 중심으로─」, 고려대학교 박사학위논문, 2008, 162-194쪽.

것이어서 점복의 주요 대상이 되었고, 이어의 길일을 선택하는 것 역시 일관의 주요 업무 사항이었다. 뿐만 아니라 금기시되는 방위와 일진을 피하는 금기사항도 이어를 결정하는 주요 변수가 되기도 하였다.

태종 18년(1418) 2월 5일에 국왕이 그리도 아끼던 성녕대군이 병을 이기지 못하고 14세의 어린 나이에 세상을 뜨고 말았다. 슬픔을 이기지 못하던 태종은 개성유후사로의 피방(避方)을 타진하게 되었다. 태종의 입장에선 애통한 심정을 가누기 위한 의도가 컸겠지만, 국왕 스스로 다섯 번째 천간인 '무'(戊)의 해에 액이 낀다는 옛 점복의 지식과 관행을 들추어내면서 당시 무술년(1418)에 자신이 거행할 이어도 재액을 피하기 위한 풍속의 일환임을 내세우며 이어의 논의를 제기하였다.117) 당시 태종은 서운관으로 하여금 이어의 길일을 택하게 하였고 나흘 뒤인 2월 10일을 행일로 삼았다.

세종 2년(1420) 5월부터 7월까지 학질에 시달린 대비를 위해 갖가지 치병의식과 방술이 동원되었는데, 노구의 대비를 이끈 국왕의 이어가 빈번하게 거행되었다. 뿐만 아니라 세종 본인의 구병을 위한 피방과 이어도 빈번하게 거행되었다. 피병을 위한 피방에는 당연히 방위가 중요했고, 달마다 병의 종류와 양상별로 설정된 흉방이 참조되었을 것이라 짐작된다. 참고로, 『촬요신서(撮要新書)』(病患門, 避病方)에 제시된 '피병26흉방' 체계는 다음 도표와 같이 도식화할 수 있을 것이다.

---

117) 『太宗實錄』권35, 태종 18년 2월 정해.

〈표 3〉 避病二六凶方 (『撮要新書』(病患門, 避病方))

	前六凶方							後六凶方					
	病符	死符		死氣	大殺	河魁	天罡	天刑	朱雀	白虎	天牢	玄武	句陳
子年	巳	亥	正月	午	戌	亥	巳	寅	卯	午	申	酉	亥
丑年	午	子	二月	未	巳	午	子	辰	巳	申	戌	亥	丑
寅年	未	丑	三月	申	午	丑	未	午	未	戌	子	丑	卯
卯年	申	寅	四月	酉	未	申	寅	申	酉	子	寅	卯	巳
辰年	酉	卯	五月	戌	寅	卯	酉	戌	亥	寅	辰	巳	未
巳年	戌	辰	六月	亥	卯	戌	辰	子	丑	辰	午	未	酉
午年	亥	巳	七月	子	辰	巳	亥	寅	卯	午	申	酉	亥
未年	子	午	八月	丑	亥	子	午	辰	巳	申	戌	亥	丑
申年	丑	未	九月	寅	子	未	丑	午	未	戌	子	丑	卯
酉年	寅	申	十月	卯	丑	寅	申	申	酉	子	寅	卯	巳
戌年	卯	酉	十一月	辰	申	酉	卯	戌	亥	寅	辰	巳	未
亥年	辰	戌	十二月	巳	酉	辰	戌	子	丑	辰	午	未	酉

태종 6년(1406)에 야조(野鳥)가 집에 들어와 울고 태백성이 대낮에 나타나는 변고를 근거로 국왕은 본인 스스로 피방의 논리를 강화하였다.[118] 천변재이의 소동이 이어로 이어진 것은 세조 9년(1463)에도 일어났다. 당시 기이하게도 겨울밤에 천둥이 치자(夜雷) 국왕 부부가 세자궁으로 이어한 것이다.[119] 변고는 불행의 암시이고 공간화되기 마련인데, 이러한 공간을 벗어남으로써 길흉의 점의를 무력화시키는 적극적인 행위가 바로 이어였던 것이다.

중종 12년(1517) 5월에 부제학 이언호는 피병차 외방의 사가로 이어하고자 하는 자전의 뜻이 음양구기에 현혹된 민간의 피우(避寓) 의식과 다를 바 없는 것으로 간주하고 경복궁으로의 이어를 주청하였지만 중

---

118) 『太宗實錄』 권12, 태종 6년 9월 정사.
119) 『世祖實錄』 권31, 세조 9년 11월 을묘.

종이 병세의 위중과 경복궁의 원거리 이격의 난점을 이유로 들어 받아들이지 않았다.[120)]

이어의 방향과 일진을 결정하는 지식체계는 매년 새로이 보급되는 역서에서도 중요하게 다뤄졌을 뿐만 아니라 음양구기(陰陽拘忌)의 형태로 관상감을 넘어 민간에까지 널리 유통되고 있었다. 특히 음양구기의 지식은 유자들에게 비합리적인 미신이요 맹목적인 체계라는 힐난을 받으면서도 일상의 삶과 풍속을 결정짓는 금기로서 기능하기도 하였다.

피방의 경우에는 이궁(離宮)의 조성이라는 커다란 비용을 요하는 것이어서 일정부분 희생을 감내해야 하는 일이었고, 그만큼 사가나 민가에 민폐를 끼치는 일이기도 했다. 더구나 피방과 이어에 있어 중요한 것이 방위이고, 그러한 방위는 때에 따라 뒤바뀔 수밖에 없으므로, 방위마다 이궁을 갖추는 것은 그만큼 사치와 부담의 전가를 초래하는 일로서 비판자들에게 회자될 소지가 다분하였다. 더구나 이어나 환어시에 동반되는 각종 기양의식도 점복 풍속에 동반된 의례화로서 내력 있는 전통이었지만 분명히 유교의 의례적 경건주의의 비판에서 자유로울 수 없었을 것이다.

---

120) 『中宗實錄』 권28, 중종 12년 5월 을유.

　지금까지 민속종교의 관점에서 왕실문화의 몇몇 단면을 탐색해보았
다. 민속종교를 통해 왕실문화를 걸러보겠다며 책을 열었지만, 여기저
기 눈에 띄는 부유물을 그저 뜰채로 떠 올리는 데 그치고 말았다는 쑥
스러운 자평을 남기며 책을 덮을 수밖에 없다. 꼼꼼하게 걸러 내리기보
다는 듬성듬성 건져 올리기에 급급했다는 게 솔직한 평일 것이다. 언젠
가 본격적인 체질[篩別]을 통해 곱게 걸러내는 게 모두의 바람이지만,
그에 앞서 설명과 해석을 기다리는 숱한 현상들을 걷어 올리고 그러모
으는 일도 마다할 수 없는 과제임에 틀림없다. 이 책이 그런 소임을 자
처한 불가피한 시론이라면, 시행착오를 겪는 것도 마땅하고 그에 따른
엄한 질타를 감내해야 하는 것도 당연하다.

　이 책은 왕실문화 속에 가려 있던, 그래서 독립적으로 주목받기 어려
웠던 민속종교를 다루고자 하였다. 이를 위해 우선적으로 민속 그룹으
로서 왕실이 지닌 기본적인 성격을 가늠해보고, 왕실문화의 명(明)과

암(暗)을 포괄할 수 있는 시각을 견지하려 하였다. 아울러 왕실문화의 신앙적 측면을 읽어낼 만한 틀로서 민속종교의 기반을 설정하되, 특히 민속의 일반성, 종교성, 일상성 등에 유념하였다. 그리고 그러한 틀에 적용될 만한 실태를 발굴하고 분류해서 서술하되, 일차적으로 산천신 앙, 무속신앙, 점복신앙 등으로 작업대상을 한정하고자 하였다. 이를 통해 가려졌던 왕실문화를 발견하고, 왕실의 신앙적 차원을 재조명하 며, 종국에는 민속종교에 대한 이해의 폭도 넓히려 하였다. 책을 마무 리하면서 지금까지의 논의를 되새겨 보고 앞으로의 연구를 전망해보 고자 한다.

1. 왕실문화와 민속종교

왕실문화와 민속종교에 관한 논의를 마감하려다 보니 사회학자 지그문트 바우만 특유의 액체론이 다시 떠오른다.[1] 물론 그는 근대(현대)를 특정하면서 사회의 액화 과정과 특질을 역설하고 있지만, 문화적인 측면으로 보자면 시대를 특정할 필요조차 없을 정도로 널리 공감될 수 있는 관점이라고 생각된다. 당연히 전근대 왕실문화와 민속종교를 이해하는 차원에서도 고체보다는 액체가 와닿는다. 단단한 고체로 둘러친 거대 장벽에 갇혀 있는 순수하고도 고유한 정태론적 본질이란 걸 좇을 수 없을 만큼, 문화의 경계는 유동적이고 동태적이라 할 수 있다. 피상적으로 간편하게 정의 내릴 만큼 만만한 문화는 없다. 왕실은 국가와도 혼재되고 민간과도 뒤섞이면서 자신을 복잡다단하게 변모시켜 나갔다. 민속종교는 성립종교와 대척점에 있는 고정된 기둥이라고 생각되기 쉽지만, 실은 가상의 두 기둥(민속종교/성립종교)을 오가며 역동적으로 자기를 형성해왔다고 할 수 있다.[2]

왕실의 민속종교를 본격적으로 다루기에 앞서 그와 관련된 언어의 정비가 필요했다. 그것은 왕실문화의 기본적인 속성과 민속종교의 범주에 대한 최소한의 전제를 마련하는 일이었다. 그러나 그것 역시 고유하고도 순수한 원형적 실체를 지정해두려는 의도가 아니라 복합적이

---

1) 이일수 역,『액체 현대』, 필로소픽, 2022.
2) 야나기타 구니오의 고유신앙론으로부터 점차 민속종교의 동태론으로 논의를 전환했던 사쿠라이 도쿠타로는 민속종교(固有信仰, 民族神仰)와 성립종교(創唱宗敎, 成立宗敎)를 양단으로 하는 방추형의 모델을 제시하고, 그 사이를 오가는 접합영역을 민속종교연구의 영역으로 삼고자 하였다. 櫻井德太郎,『日本民俗宗敎論』, 春秋社, 1982, 33쪽.

고도 유동적인 영역에 대한 최소한의 느슨한 합의라도 이끌어내자는 시도였다.

먼저, 왕실문화를 구성하는 주체는 순수 혈연중심의 왕실구성원만이 아니었다. 그들의 신앙적 바람을 매개해준 종교직능자뿐만 아니라 그들과 정반대의 목적을 실현하고자 했던 반왕조 세력도 조선의 왕실문화를 이해하는 데에 빠트릴 수 없는 인적 자원이었다. 3장에서 확인했듯이, 기주(祈主)로서의 왕실과 의례전문가로서의 무당이 결합하면서 왕실의 무속신앙이 전개되었다. 어떤 면에서 왕실은 민속종교의 충실한 소비자였고, 실제적인 종교적 원천은 외부자들의 손을 빌려 생산되었다고 할 수 있다.

둘째, 왕실문화의 실천 공간은 궁정을 넘나드는 개방성을 보여주었다. 2장에서 거론했던, 도성의 궁궐을 벗어나 지방의 여러 산천에서 거행된 왕실의 산천신앙이 그것을 입증하는 증거라 할 수 있다. 조선의 왕실문화는 왕실이 자리잡고 있는 궁정이라는 장소에 집착하기보다는 왕실의 안정이라는 목적에 충실한 편이었다. 다분히 공간지향적이기보다는 목적지향적인 의미로 왕실문화를 이해하는 것이 바람직할 것이다.

셋째, 왕실문화는 여러 단위의 인접문화와 접목되거나 부딪치면서 복잡다단한 종교문화를 형성하였다. 큰 줄기로 보자면, 왕실문화는 국가의 공식문화와 민간의 대중문화 사이에서 양자를 교차하거나 절충하는 이중적인 위치에 자리잡고 있었다. 이로 인해 유교의 문화적 정통성에 충실했던 유자들로부터 음사의 표본이라는 혹독한 비난을 감내해야만 했다. 유교문화의 출발지인 왕실이 오히려 민간문화의 오랜 폐습을 앞장서서 실천하고 있다는 것이 비판의 골자였는데, 말로만 드러내던 비판론은 성소를 파괴하는 실천으로 옮겨지기도 했다.

넷째, 왕실의 종교문화에는 상충된 권력관계가 개입되어 있었다. 왕실문화에는 왕실을 보호하고 긍정하는 힘과 그것을 거부하고 부정하는 힘이 결부되기 마련이다. 적어도 근왕(勤王)과 호국(護國)의 지향성뿐만 아니라 그에 반하는 힘의 대립과 발산도 이해의 범위에 넣어야 할 것이다. 왕실의 종교문화를 이해할 때에 충(忠)과 역(逆), 기복과 저주로 대비되는 두 가지 상반된 문화의 방향과 힘을 전제해야 하는 것도 그 때문이다. 저주와 반역의 꼬리표를 달고 죽임을 당했던 무당의 흑역사는 이러한 권력관계에서 벌어진 어둠의 무속이라 할 수 있다.

그렇다면 왕실문화는 민속종교와 어떻게 접목될 수 있을까? 누구나가 왕실문화의 신앙적 측면을 짐작하겠지만, 실제로 왕실의 종교문화가 민속종교의 범주에 포섭 가능한 것인지 타진해볼 필요가 있었다. 이 책에서는 '일반인의 종교적 일상문화'라는 틀로써 민속종교의 기초를 마련하고 이것이 왕실문화와 어떻게 관련될 수 있는지 고려하였다.

먼저, 민속종교의 주체는 일반인 전체로 열려 있다고 할 수 있다. 특정 신분, 계층, 직업, 지역 등으로 대상을 한정한 뒤 그에 부합하는 순수하고 단일한 원형적 민속을 발굴하겠다는 것 자체가 문화의 유동성을 배제한 정태론적 시각이라 할 수 있다. 1장에서 언급한 앨런 던데스의 주장처럼, 일반인 모두가 민속의 성원이 될 수 있다는 열린 시각을 주목하지 않을 수 없다. 그들만의 진성 성원이 아닌 우리 모두가 잠재적으로 참여 가능한 연성 성원일 수 있다는 개방적인 인식이야말로 왕실을 민속의 주체로 볼 수 있게 하는 근거가 된다. 국가적으로 유교의 제도화가 진행되던 상황에서도 왕실은 민속종교의 충실한 기주(祈主)로서 '일시적인 민속 그룹'(part-time folk group)으로 전환될 수 있었다. 이런 점에서 말 그대로 '호모 폴크로리쿠스'(Homo Folkloricus)[3]를 긍정할 만하며, 당연히 왕실도 회원권을 가진 민속의 주체였음을 승인할 수밖에 없다.

둘째, 동어반복처럼 들리겠지만, 민속종교의 종교성도 간과될 수 없다. 그러나 성립종교 혹은 세계종교에나 통용될 수 있는 딱딱한 요건을 일방적으로 들이댈 수는 없다. 외형을 갖춘 고체화된 '종교'(religion)보다는 액화 가능한 '종교적'(religious)이라는 개념으로, 그것도 내키지 않는다면, 좀 더 휘발성이 강한 '영성적'(spiritual)이라는 말로 민속의 신앙적 원천들을 고려할 수 있을 것이다. 조직화되거나 제도화되어 있지 않더라도 소박하게나마 종교적 원천을 활용하고 있는 면면들을 예민하게 읽어낼 필요가 있을 것이다. 이지적이고도 확고부동한 믿음은 아니더라도 삶의 위기를 진단하고 의례를 통해 그것을 극복하기까지 비범한 담론과 실천이 민속종교와 결부된다. 다만, 민속종교를 지탱하고 있는 담론과 실천이 단일하게 고정된 실체라고 보는 것은 곤란하다. 그보다는 종교의 경계를 오가며 혼합, 혼종, 교차 등이 끊임없이 거듭되는 복합적인 유동체로 보는 게 타당하다고 본다. 조직화되거나 제도화되어 있지 않더라도 종교적 원천은 적극적으로 상상되고 의례적으로 활용되었다. 특히 조선의 왕실은 국가시책과는 다른 방향에서 온갖 비난을 무릅쓰면서까지 전통적인 종교적 원천에 열렬히 환호하였다.

셋째, 민속종교는 종교적 원천으로 활성화되지만 기본적으로 일상

---

3) 이 말은 본래 인류학자 강정원이 '경제적 인간'에 대한 비판적 담론을 의도하며 제시한 개념이지만(강정원, 「민속인(民俗人; Homo Folkloricus)과 탈식민주의」, 『한국민속학』57, 한국민속학회, 2013, 141-176쪽), 여기에서는 누구나 민속의 잠재적인 주체가 될 수 있다는 가능성을 담고 있는 용어로 활용하고자 한다.

성에 뿌리를 내리고 있다. 종교는 비범함을 중시하지만 민속종교는 그 비범함이 일상의 루틴으로 자리잡은 것이라 할 수 있다. 민속종교에서는 생활세계의 기반과 일상의 가치가 범속한 것으로 폄하되기보다는 오히려 신앙의 터전이자 목표로 승화될 수 있다. 왕실의 민속종교는 일상을 초월하는 내면의 고양보다는 일상의 항상성을 유지하거나 잃었던 일상을 되찾게 하는 데에 주력한다. 엄청난 재화와 용역을 소비해가며 산천을 찾아 치병의식이나 축원고사를 지냈던 것은 왕실구성원의 안녕과 지배질서의 안정을 위하려는 것이었고, 그것을 통해 궁극적으로 왕실의 일상적 질서에 항상성을 부여하려 했던 것이었다. 왕실문화도 일상을 뛰어넘는 이익을 얻기보다는 일상의 결핍을 초래할 탈(頉)이라도 면하자는 일반인들의 바람을 공유했던 것이다. 다만 이러한 염원이 일상의 성취로 연결되지 못할 경우, 즉 의례적 실패를 직면할 때에 그에 대한 책임을 묻고 응징할 수 있는 힘이 왕실에 있었다는 게 다를 뿐이었다.

2. 왕실의 민속종교

왕실문화와 민속종교에 대한 총론적 논의에 이어 각론의 서술로서 왕실의 민속종교를 다루었다. 민속 성원으로서의 왕실이 주도한 종교적 일상문화를 발굴하고 서술하기까지 학술적 기초 작업과 다양한 탐색이 탄탄하게 뒷받침되어야 한다. 아직은 시행착오가 더 필요한 상황이다. 따라서 이 책은 왕실의 신앙적 삶을 담고 있는 민속의 경험군 중에서 다음 세 가지 기준을 충족시키는 현상에 우선적으로 주목하였다.

먼저, 왕실의 민속종교가 이루어진 장소성을 규명하는 차원에서 산천신앙을 주목해보았다. 민속종교의 현장인 산천은 그것 자체로 신앙의 대상과도 결부되었다. 왕실의 산천신앙은 국가차원에서 유교중심의 의례양식과 서울중심의 의례공간으로 산천제를 정비해나가던 맥락과 거리를 두고 있었다. 국가차원에서는 신도(新都)를 중심으로 한 유교적인 산천제장을 정비해나간 반면, 왕실차원에서는 구도(舊都)를 중심으로 한 전래의 산천제장을 그대로 애용하였다. 아울러 왕실의 유명 산천제장들에는 단일한 제당이 아닌 복수의 제당들이 한데 어우러진 소위 '사당 콤플렉스'(shrine complex)를 구성하고 있어 국가, 왕실, 민간의 의례문화가 상충되기 일쑤였고, 간혹 유자들의 실력행사로 왕실의 산천제당이 파괴되기도 하였다. 그럼에도 불구하고 왕실의 산천신앙은 별기은 혹은 별기도의 형식으로 전근대가 마감될 때까지 지속되었다. 그러나 왕실의 산천신앙과는 별도로 정감록을 위시한 비기도참의 전승에 기댄 산론과 의례적 실천들도 반왕조적인 힘을 발산하였다.

둘째, 왕실의 민속에 봉사한 종교전문가를 헤아려 보는 차원에서 왕실의 무속신앙을 다루었다. 이는 기주인 왕실의 요청에 따라 신앙과 의례를 도맡아온 무당들의 활동을 다루되, 무속을 왕실의 민속차원으로 이해하고 그 명암을 가감 없이 드러내고자 한 것이었다. 사실 무속은 민속의 한 분야로 이해될 수 있지만, 그것 나름의 자율성을 지닌 학문 영역으로 자리를 잡아 왔다. 이 책에서는 무속의 자율성보다는 그것이 민속종교로서의 특성과 맥락을 공유할 수 있는 가능성을 모색하였다. 속(俗)보다는 무(巫)를 강조하는, 기주(sacrifier)보다는 집례자(sacrificer) 를 중시하는, 신도(devotee)보다는 종교전문가(devoter)를 우선하는 기 존의 연구 경향 때문에 민속의 성원(folk)보다는 샤먼(shaman)이 이해 의 중심이 되었다. 왕실의 무속신앙이 민속종교로 수렴되려면 신도이 자 기주인 왕실을 세심하게 주목해야만 할 것이다. 이 책에서는 왕실문 화가 안고 있는 치료와 저주의 바람, 왕실문화의 권력성을 반영하고 있 는 근왕과 반역의 지향성을 균형 있게 살피기 위해 밝은 무속과 어두운 무속을 함께 다루었다. 그것이 명암이 교차하는 왕실문화의 총체일 수 있기 때문이다.

셋째, 왕실 민속종교의 지적 기반이 작동되는 방식을 이해하는 차원 에서 점복신앙에 접근해보았다. 왕실의 점복신앙을 통해 민속의 신념 이 어떻게 창출되고 어떤 방식으로 유통되는지를 살필 수 있다. 점복은 예지의 상징으로서 독특한 해석체계와 설득구조를 지닌다. 그것이 왕 실의 문화, 특히 정치권력의 전환기에 접목될 경우, 특정의 권력을 강 화시키는 상서로운 정보가 되기도 하고 반대로 그 권위를 훼손시키는 불온한 참언으로 간주되기도 한다. 왕실 가까이에서 유통된 점복신앙 의 체계는 크게 신점(possession divination)과 지혜점(wisdom divination) 의 방식에 따라 각기 다양한 점복전문가들이 동원되었다. 이 책에서는 왕실문화에 통용되고 있는 점복의 복잡다단한 현상보다는 점복의 생

산과 유통의 원리와 구조를 지식적인 차원과 정치적인 차원으로 정리
하였고, 점복신앙의 담당자들을 중심으로 왕실의 점복신앙의 실태를
점검하였으며, 일상의 루틴으로 자리잡은 점복신앙으로서 점후와 기
양풍속을 다루면서 왕실의 민속종교에 관한 논의를 매듭지었다.

3. 민속종교 연구의 전망

차제의 민속종교 연구에 대한 바람을 언급하는 것으로 책의 갈무리를 짓고 싶다. 전근대 왕실의 민속종교를 이해함으로써 왕실문화의 실상도 이해하고, 민속종교 일반의 이해력을 제고시키고자 한 기대는 단번의 시론적 접근으로 넘을 수 없는 큰 목표였음을 시인하지 않을 수 없다. 민속의 종교사를 이해하는 것은 외면받았던 특수한 사례를 발굴하는 데 그쳐서도 안 되지만, 그것이 충실하게 갖춰지지 않는다면 아예 시도조차 될 수 없는 것이기도 하다. 자료가 축적되고 그것을 통해 종교를 이해하는 새로운 안목과 관점이 구성된다면 역사와 문화에 대한 통합적 이해에 한발 다가설 수 있을 것이다.

사실, 이 책은 민속종교로써 왕실문화의 또 다른 측면을 살펴보려 했지만, 기초적인 논의에다 부분적인 자료의 제시에 머무른 감이 없지 않다. 아무리 시론적 연구였다 해도 아쉬움이 작지 않다. 우선, 민속종교의 유동적·동태적 특성을 언급하면서도 막상 변동을 충분히 살필 여력이 없었다. 그러다 보니 전근대 왕실문화의 시대적 변천을 파악하기보다는 긴 안목에서 통용될 만한 일반적 특질을 언급하는 데에 만족해야 했다. 둘째, 민속종교의 복합적·혼융적 특성을 본격적으로 다루지 못했다. 물론 왕실문화를 대상으로 하다 보니 그것을 활발하게 논의하기가 어려웠을 수도 있다고 본다. 그러나 왕실차원에서 행해진 민속종교의 주요 현상군을 분별하고 해당 자료를 계통화하는 데에 주력하다 보니 종교문화의 혼합성과 교차성에 대한 접근은 아무래도 다음 기회를 엿볼 수밖에 없는 상황이 되고 말았다.

이러한 두 가지 아쉬움을 타개하는 방안으로 민속종교를 구성하는 사람에 대한 직접적이고도 심화된 질적 탐색을 추구할 필요가 있다고 생각된다. 당연한 말이겠지만, 종교연구도 인문학에 뿌리를 내리고 있는 사람에 관한 학문이다. 간혹, 종교연구 혹은 종교의 이해에서 그것이 망각될 때가 있다. 사람이 만들고 축적해온 문헌과 제도의 전통이 워낙 지대하다 보니 정작 그 전통을 만들고 그 전통 속에서 살아가는 사람을 잊고 마는 것이다. 이것이 어제오늘의 얘기가 아니어서 노르웨이 출신으로서 네덜란드 라이덴대학교의 종교현상학 교수직을 역임했던 윌리엄 브레데 크리스텐센(William Brede Kristensen, 1867~1953)은 신도의 신앙(the faith of the believers)이 아닌 그 어떤 종교자료로도 종교의 실재나 종교적 가치에 제대로 접근할 수 없다고 잘라 말하면서 신도의 견지에서 종교연구가 출발되어야 한다고 역설한 바 있다.4) 그 뒤로 물상화된 '종교'라는 개념을 폐기하는 대신, 종교인의 내적 체험을 뜻하는 '신앙'(faith)과 역사적 제도나 경전과 교리 등으로 구축된 '축적적 전통'(cumulative tradition)을 대안적 용어로 제시하면서 살아있는 인격체가 그 둘의 연결고리가 될 수 있음을 강조했던 윌프레드 캔트웰 스미스(Wilfred Cantwell Smith, 1916~2000)의 발언5)도 철 지난 유행가의 가사처럼 들리겠지만 종교연구에서 인간의 경험이 갖는 중요성을 되새기게 하는 금언이라 하지 않을 수 없다.

종교연구는 종교인의 경험에 대한 공감적 이해와 괴리될 수 없다. 그러나 솔직히 크리스텐센처럼 "신도가 완전히 옳았다"6)고까지 평하며

---

4) W. Brede Kristensen (John B. Carman trans.), *The Meaning of Religion: Lectures in the Phenomenology of Religion*, Martinus Nijhoff, 1960, pp. 13-15.
5) 길희성 역, 『종교의 의미와 목적』, 분도출판사, 1991, 211쪽.
6) W. Brede Kristensen, op.cit., p. 14.

신앙인에게 절대적인 것을, 곧이곧대로 절대적인 것으로 파악하는 데까지 방법론적으로 세게 몰아붙일 자신은 없다. 그렇다 하더라도 왕실의 민속종교연구를 통해 종교연구가 문화전통을 구분 짓고 내용을 계통적으로 정리하는 것으로 완결될 수 없다는 각성을 얻게 되었다. 중요한 것은 그러한 문화적 전통을 구성하는 사람들의 종교적 측면에 귀기울여야 한다는 것이다. 민속종교의 총체적이고 동태적인 측면을 포착하는 것도 사람의 경험을 통해 확인하지 않으면 사실상 불가능하다. 이 책에서도 일반인의 민속에 주목하긴 했지만, 정태적이고 보편적인 인류 일반이 아니라 삶의 자리에서 생동하며 변화하고 접촉하는 에이전트로서의 인간을 발굴하고 그의 삶을 구체적으로 추적할 필요가 있다고 본다. 그럴 때라야 진정으로 민속종교의 복합성과 역동성을 읽어낼 수 있을 것이다. 인간 너머의 생명계는 물론 물질계까지 시선을 확장하려는 포스트휴먼 연구의 기세가 날로 더해지겠지만, 여전히 민속연구에서 절실한 것은 열 길 물속보다 더한 한 길 사람 속을 탐색하는 일일 것이다.

참 고 문 헌

『經國大典』

『高麗史』

『國朝五禮序例』

『國朝五禮儀』

『大明律直解』

『大典通編』

『東閣雜記』

『東國歲時記』

『東援日記』

『東醫寶鑑』

『東平尉公私聞見錄』

『東平尉公私聞見錄』

『潘谿集』

『牧隱詩藁』

『三國史記』

『石洲集』

『宣和奉使高麗圖經』

『星湖僿說』

『歲藏年錄』

『巢氏諸病源候總論』

『松京廣攷』

『松都志』

『松都誌』

『崧岳集』

『承政院日記』

『新增東國輿地勝覽』

『旅菴全書』

『洌陽歲時記』

『禮記』

『五洲衍文長箋散稿』

『慵齋叢話』

『類苑叢寶』

『林下筆記』

『潛谷先生筆譚』

≪죠션크리스도인회보≫

『中京誌』

『車忠傑推案』

『靑莊館全書』

『秋江集』

『치명일긔』

『薰陶坊鑄字洞志』

강정원, 「민속인(民俗人: Homo Folkloricus)과 탈식민주의」, 『한국민속학』

57, 2013.

구본인 역,『의료인류학』, 한울, 1994.

구형찬,「민속신앙의 인지적 기반에 관한 연구: 강우의례를 중심으로」, 서울대학교 박사학위논문, 2017.

구형찬,「'시베리아 샤머니즘' 재고: 샤먼에서 보통 사람들로의 초점 전환」,『종교학연구』31, 한국종교학연구회, 2013.

권용란,『조선시대 왕실 조상신에 대한 연구』, 민속원, 2015.

권정웅,「조선전기 경연의 재이론」,『역사교육논집』13·14, 역사교육학회, 1990.

길희성 역,『종교의 의미와 목적』, 분도출판사, 1991.

김동욱 역,『국역 동패락송』, 아세아문화사, 1996.

김동욱·최상은 역,『천예록』, 명문당, 2003.

김신회,「남사고 예언서의 성립과 확산」,『한국문화』94, 규장각한국학연구원, 2021.

김신회,「병자호란의 기억과 남사고 예언」,『한국문화』92, 규장각한국학연구원, 2020.

김연옥,「조선시대 농서를 통해서 본 점후」,『문화역사지리』7, 1995.

김용숙,「구한말의 궁중풍속」,『문화재』16, 1983.

김용숙,「궁중발기의 연구」,『향토서울』18, 1963.

김용주,『鄭鑑錄』, 한성도서주식회사, 1923.

김일권 역주,『위선지』1~2, 소와당, 2011.

김종서 역,『비교종교학』, 민음사, 1988.

김해영,『조선초기 제사전례 연구』, 집문당, 2003.

김효경,「조선시대의 기양의례 연구－국가와 왕실을 중심으로－」, 고려대학교 박사학위논문, 2008.

박명숙 역,『순례자』, 문학동네, 2006.

박병훈,「한국 비결가사 연구: 비결에서 비결가사로의 전환과 전개」,『종교와문화』41, 2021.

박옥줄 역,『슬픈 열대』, 한길사, 1998.

박호원,「한국 공동체 신앙의 역사적 연구」, 한국정신문화연구원 박사학위논문, 1997.

변동명,「성황신 소정방과 대흥」,『역사학연구』30, 호남사학회, 2007.

변동명,「전통시기의 감악산 숭배와 산신 설인귀」,『역사학연구』42, 호남사학회, 2011.

서영대,「고려 말, 조선 초의 三聖信仰 연구」,『한국학연구』46, 인하대학교 한국학연구소, 2017.

손진태,「中華民族의 巫에 關한 硏究」,『손진태선생전집』2, 태학사, 1981.

송정남,『베트남 역사 탐구』, 한국외국어대학교 지식출판콘텐츠원, 2010.

신종원,『신라초기불교사연구』, 민족사, 1992.

안대회 외역,『완역 정본택리지』, 휴머니스트, 2018.

안대회 외역,『주영편(晝永編)』, 휴머니스트, 2016.

안춘근 편,『鄭鑑錄集成』, 아세아문화사, 1981.

유기쁨 역,『문화로 본 종교학』, 논형, 2013.

유동식,『韓國巫敎의 歷史와 構造』, 연세대학교출판부, 1992.

윤조철,「조선시대의 점후 연구」, 서울대학교 석사학위논문, 2009.

이　욱,『조선시대 재난과 국가의례』, 창비, 2009.

이일수 역,『액체 현대』, 필로소픽, 2022.

이남희,『조선후기 잡과중인 연구』, 이회문화사, 1999.

이은성,『역법의 원리분석』, 정음사, 1985.

이창익,『조선시대 달력의 변천과 세시의례』, 창비, 2013.

이현진,『조선후기 종묘 전례 연구』, 일지사, 2008.

이혜구, "別祈恩考",『한국음악서설』, 서울대출판부, 1967.

이희덕,『고려 유교정치사상의 연구』, 일조각, 1984.

임동권,『韓國民俗學論攷』, 집문당, 1991.

정재홍, 「조선시대 저주 문화에 대한 연구-숙종 27년 장희빈 저주 사건을 중심으로-」, 서울대학교 석사학위논문, 2011.

조동일, 「진인(眞人) 출현설의 구비문학적 이해」, 『한국고전산문연구』, 동화문화사, 1981.

조흥윤, 『巫 한국무의 역사와 현상』, 민족사, 1997.

최 웅, 『주해 청구야담2』, 국학자료원, 1996.

최길성 역, 『조선무속의 현지연구』, 계명대출판부, 1987.

최길성, 「궁중무속자료」, 『한국민속학』2, 1970.

최길성, 「한말의 궁중무속」, 『한국민속학』3, 1970.

최남선, 『薩滿敎箚記』, 啓明 19호, 1927.

최덕경, 「17~18세기 조선 농서에 나타난 점후의 성격」, 『지역과역사』16, 2005.

최종성, 「17세기 어느 무당의 공부-≪車忠傑推案≫을 중심으로」, 『종교와 문화』24, 서울대학교 종교문제연구소, 2013.

최종성, 「감악산의 민속종교」, 『종교와 문화』31, 서울대학교 종교문제연구소, 2016.

최종성, 「국무와 국무당」, 『비교민속학』21, 비교민속학회, 2001.

최종성, 「무당에게 제사 받은 생불-≪요승처경추안(妖僧處瓊推案)≫을 중심으로」, 『역사민속학』40, 한국역사민속학회, 2012.

최종성, 「무업(巫業) 없는 무당: 개종상황에 놓인 조선의 무당들」, 『종교학연구』32, 한국종교학연구회, 2014.

최종성, 「巫의 치료와 저주」, 『종교와 문화』7, 서울대학교 종교문제연구소, 2001.

최종성, 「생불과 무당-무당의 생불신앙과 의례화-」, 『종교연구』68, 한국종교학회, 2012.

최종성, 「생불로 추앙받은 조선의 여인들」, 『두 조선의 여성: 신체·언어·심성』, 혜안, 2016.

최종성, 「숨은 천제(天祭)−조선후기 산간제천 자료를 중심으로」, 『종교연구』53, 한국종교학회, 2008.

최종성, 「어둠 속의 무속: 저주와 반역」, 『한국무속학』27, 한국무속학회, 2013.

최종성, 「용부림과 용부림꾼: 용과 기우제」, 『민속학연구』6, 국립민속박물관, 1999.

최종성, 「일제강점기의 의례 매뉴얼과 민속종교」, 『역사민속학』52, 한국역사민속학회, 2017.

최종성, 「정감록 백년왕국론과 조선후기 위기설」, 『역사민속학』61, 한국역사민속학회, 2021.

최종성, 「조상에 대한 의례학적 쟁점: 기복, 윤리, 구제」, 『종교연구』81-2, 한국종교학회, 2021.

최종성, 「조선전기 종교혼합과 反혼합주의」, 『종교연구』47, 한국종교학회, 2007.

최종성, 『기우제등록과 기후의례: 기우제, 기청제, 기설제』, 서울대학교 출판부, 2007.

최종성, 『역주 요승처경추안』, 지식과교양, 2013.

최종성, 『조선조 무속 국행의례 연구』, 일지사, 2002.

최종성 외, 『국역 역적여환등추안: 중·풍수가·무당들이 주모한 반란의 심문 기록』, 민속원, 2010.

최종성 외, 『국역 차충걸추안: 도참을 믿고 생불을 대망했던 민중들의 심문 기록』, 민속원, 2010.

한승훈, 『무당과 유생의 대결』, 사우, 2021.

한승훈, 「미륵·용·성인−조선후기 종교적 반란 사례 연구−」, 『역사민속학』33, 한국역사민속학회, 2010.

한승훈, 「조선후기 혁세적 민중종교운동 연구−17세기 용녀부인 사건에서의 미륵신앙과 무속」, 서울대학교 석사학위논문, 2012.

현병주, 『批難鄭鑑錄眞本』, 우문관서회, 1923.

황상익, 「조선시대의 출산－왕비의 출산을 중심으로－」, 『두 조선의 여성: 신체·언어·심성』, 혜안, 2016.

堀一郎, 『民間信仰』, 岩波書店, 1951.

堀一郎, 『民間信仰史の諸問題』, 未來社, 1971.

堀一郎, 『我が國民間信仰史の研究-宗教史編』, 東京創元社, 1953.

宮家準, 『宗教民俗學』, 東京大學出版會, 1989.

藤卷一保, 『呪いの博物誌』, 學習研究社, 2005.

柳田文治郎, 『眞本鄭堪錄』, 以文堂, 1923.

白鳥庫吉 譯, 「黑敎或ひは蒙古人に於けるシャマン敎」, 『シャーマニズムの研究』, 新時代社, 1971.

細井肇, 『鄭鑑錄』, 自由討究社, 1923.

櫻井德太郎, 『日本民俗宗敎論』, 春秋社, 1982.

子安宣邦, 『鬼神論: 神と祭祀のディスクール』, 白澤社, 2002.

中山太郎, 『日本巫女史』, 東京: 大岡山書店, 1930.

池上良正, 『民間巫者信仰の研究』, 未來社, 1999.

池上良正, 『死者の救濟史: 供養と憑依の宗敎學』, 角川選書, 2003.

浦慕州, 「巫蠱之禍的政治意義」, 『歷史語言研究所集刊』 57－3, 1986.

Adas, Michael. *Prophets of Rebellion: Millenarian Protest Movements against the European Colonial Order,* The University of North Carolina Press, 1979.

Bell, Catherine. *Ritual Theory, Ritual Practice,* Oxford University Press, 1992.

Bowie, Fiona. *The Anthropology of Religion,* Blackwell, 2000.

Brown, Michael. "Dark Side of the Shaman," *Natural History* no. 11, 1989.

Buckser, Andrew & Glazier, Stephen eds. *The Anthropology of Religious*

Conversion, Lanham: Rowman & Littlefield Publishers, Inc., 2003.

De Groot, J. J. M. *The Religious System of China,* Vol.5, Taipei: Southern Materials Center, INC., 1989(original edition, Leiden: E.J.Brill, 1907).

Douglas, Mary. *Purity and Danger: An Analysis of Concepts of Pollution and Taboo,* London: Loutledge, 1966.

Dundes, Alan. *Interpreting folklore,* Bloomington: Indiana University Press, 1980.

Eliade, Mircea. *Shamanism: Archaic Techniques of Ecstasy,* Prinston University Press, 1964.

Evans-Pritchard, E. E. *Witchcraft, Oracles and Magic among the Azande,* Oxford: Clarendon Press, 1937.

Foster, George M. & Anderson, Barbara Gallatin. *Medical Anthropology,* John Wiley & Sons, New York, 1978.

Gluckman, Max. *Order and Rebellion in Tribal Africa,* New York: Free Press, 1963.

Harner, Michael. "The Sound of Rushing Water", *Natural History* Vol. 77, no. 6, 1968.

Harner, Michael. *The Way of the Shaman,* New York: Harper & Row, 1980.

Hubert, Henri & Mauss, Marcel (translated by Halls, W. D.). *Sacrifice: Its Nature and Function,* University of Chicago Press, 1964.

Johnston, Sarah & Struck, Peter eds. *Mantikê: Studies in Ancient Divination,* Leiden: Brill, 2005.

Kertzer, David. *Ritual, Politics, and Power,* Yale University Press, 1988.

Kristensen, W. Brede. *The Meaning of Religion: Lectures in the Phenomenology of Religion*(trans. by John B. Carman), Martinus Nijhoff, 1960.

Lincoln, Bruce. *Discourse and the Construction of Society,* Oxford University

Press, 1989.

Narby, Jeremy & Huxley, Francis eds. *Shamans Through Time: 500 Years on the Path to Knowledge,* New York: Penguin Group Inc., 2001.

Nye, Malory. *Religion: The Basics*, London: Routledge, 2003.

Smith, Jonathan. *Imagining Religion: From Babylon to Jonestown,* The University of Chicago Press, 1982.

Stewart, Charles & Shaw, Rosalind eds. *Syncretism/Anti-Syncretism: the Politics of Religious Synthesis,* New York: Routledge, 1994.

Thomas, Nicholas & Humphrey, Caroline eds. *Shamanism, History, and the State,* The University of Michigan Press, 1994.

Wach, Joachim. *The Comparative Study of Religions,* New York: Columbia University Press, 1958.

Wallace, Anthony. *Religion: An Anthropological View,* New York: Random House, 1966.

Walraven, Boudewijn. 「張禧嬪 詛呪事件의 新解釋－社會人類學 詛呪論을 中心으로－」, 『第一回 韓國學國際學術會議論文集－國內外에 있어서 韓國學의 現在와 未來－』, 인하대학교 한국학연구소, 1987.

Whitehead, Neil & Wright, Robin eds. *In Darkness and Secrecy,* Durham: Duke University Press, 2004.

Yang, C. K. *Religion in Chinese Society,* Los Angeles: University of California Press, 1961.

| ㅂ |

최종성

서울대학교 인문대학 종교학과를 졸업한 후 같은 대학원에서 박사 학위를 받았다. 2004년부터 서울대학교 종교학과 교수로 재직하고 있으며 한국역사민속학회장을 역임하였다.

지은 책으로는 『한국 종교문화 횡단기』(이학사, 2018), 『역주 요승처경추안』(지식과교양, 2013), 『동학의 테오프락시』(민속원, 2009), 『기우제등록과 기후의례』(서울대출판부, 2007), 『조선조 무속 국행의례 연구』(일지사, 2002) 등이 있으며, 공저로는 『시천교조유적도지: 그림으로 읽는 또 다른 동학사』(모시는사람들, 2020), 『신과 인간이 만나는 곳, 산』(이학사, 2020), 『두 조선의 여성: 신체·언어·심성』(혜안, 2016), *Korean Popular Beliefs* (Jimoondang, 2015), 『고려시대의 종교문화』(서울대출판부, 2002) 등이 있고, 옮긴 책으로는 『국역 차충걸추안』(민속원, 2010), 『국역 역적여환등추안』(민속원, 2010), 『세계종교사상사2』(이학사, 2005) 등이 있다.

▪ 이 총서는 조선시대 왕실 문화가 제도화하는 양상을 고찰하여 그 전반을 종합적으로 구명하는 데에 목적을 두었다. 제도화 양상은 유교적 제도화와 비유교적 제도화 그리고 이 두 방면에 서로 걸치는 형태로 진행되었다고 보았다. 연구 결과, 전반적으로 조선 왕실에 대해서도 유교문화의 지배력이 강화되어 가는 추세 속에, 부문에 따라 종래의 왕실문화 전통과 연결되거나 사회 구성원 대다수가 향유하는 속성의 문화 요소가 예상보다 강력하게 유지되었음을 확인할 수 있었다. 요컨대 조선 왕실의 문화는 왕실문화로서의 정체성을 확보하려는 의지, 양반 사족의 기대에 부응하려는 노력 및 알게 모르게 서민들과 정서를 소통하는 양상이 공존하였던 것이다.

[조선 왕실 문화의
  제도화 양상 연구
  4]

조선 왕실의 민속종교

| 초판 1쇄 인쇄일 | ㅣ 2022년 09월 21일 |
| 초판 1쇄 발행일 | ㅣ 2022년 09월 28일 |

지은이	ㅣ 최종성
펴낸이	ㅣ 한선희
편집/디자인	ㅣ 우정민 김보선
마케팅	ㅣ 정찬용 정구형
영업관리	ㅣ 한선희 남지호
책임편집	ㅣ 김보선
인쇄처	ㅣ 으뜸사
펴낸곳	ㅣ 국학자료원 새미(주)

등록일 2005 03 15 제25100 · 2005 · 000008호
경기도 고양시 일산동구 중앙로 1261번길 79 하이베라스 405호
Tel 442 · 4623 Fax 6499 · 3082
www.kookhak.co.kr
kookhak2001@hanmail.net

| ISBN | ㅣ 979-11-6797-073-2 *93910 |
| 가격 | ㅣ 28,000원 |